秦皇
冀事录

李季平◎著

经济日报出版社
北京

图书在版编目（CIP）数据

秦皇冀事录 / 李季平著 . —北京：经济日报出版社，2024.8

ISBN 978-7-5196-1441-6

Ⅰ.①秦… Ⅱ.①李… Ⅲ.①河北-地方史-史料-秦代 Ⅳ.①K292.2

中国国家版本馆 CIP 数据核字（2024）第 013408 号

秦皇冀事录

QIN HUANG JI SHI LU

李季平　著

出　　版：	经济日报出版社
地　　址：	北京市西城区白纸坊东街 2 号院 6 号楼 710（邮编 100054）
经　　销：	全国新华书店
印　　刷：	北京文昌阁彩色印刷有限责任公司
开　　本：	710mm×1000mm　1/16
印　　张：	18.25
字　　数：	270 千字
版　　次：	2024 年 8 月第 1 版
印　　次：	2024 年 8 月第 1 次
定　　价：	68.00 元

本社网址：www.edpbook.com.cn，微信公众号：经济日报出版社
未经许可，不得以任何方式复制或抄袭本书的部分或全部内容，**版权所有，侵权必究**。
本社法律顾问：北京天驰君泰律师事务所，张杰律师　举报信箱：zhangjie@tiantailaw.com
举报电话：010-63567684
本书如有印装质量问题，请与本社总编室联系，联系电话：010-63567684

李季平，男，汉族，籍贯：河北省邢台市南和县。生于1954年7月，中共党员，毕业于中国新闻学院新闻专业，长期供职于某国家级媒体，资深媒体人士，曾在《中国青年报》《中国改革》《上海证券报》《现代快报》《每日经济新闻》《燕赵都市报》、网易财经频道等媒体，发表时政、财经类文章百余篇。

前　言

一提到千古一帝秦始皇，人们通常首先想到的地方是陕西，是西安的秦始皇陵，是临潼的兵马俑博物馆，是巍峨的咸阳古都，是雄伟的万里长城等。其实，在河北这片古老的土地上，从南到北，从东到西，从平原到山区，从内陆到沿海，从村落到闹市，从史料记载到民间传说，多处留有秦始皇的遗址遗迹。为多层次、多角度了解秦始皇在河北的活动情况，自2016年开始，笔者历时五年有余，通过研究史料、实地探访、请教专家、走访村民等多种方式采访调查，最终以图文并茂的形式形成本书。

文似看山不喜平。对于与秦始皇相关的文化主题，历代专业或业余研究者众多，再加大量影视剧等文娱作品影响，公众对一些历史事件难免形成固化的思维定式。有鉴于此，本书内容在尊重历史的基础上，以现代人的思维方式对秦始皇以及那个时代的尤其是与河北相关的一些历史人物、事件予以分析，切入角度以小见大，由浅入深；表现形式夹叙夹议，叙议结合，力求在内容文本上有所创新。

在创作期间，因多方条件所限和新冠疫情因素等，史料上已经明确的一些遗址遗迹，没有能够进行踏勘和进一步了解，有的相关图片虽经数次补拍，仍难满意，此乃一大遗憾。党的十八大以来，中央高度重视旅游业发展，人文旅游也迎来了难得的历史发展机遇，但愿能够凭借秦始皇这一国际级主角，在河北遗址遗迹众多的独特优势，助推河北人文旅游跃上新的高度。

李季平

2023年1月于石家庄

目 录

第一编　天崩地坼朱家巷

天崩地坼朱家巷（朱家巷系列之一） ……………………………… 3
秦始皇回邯郸活埋了谁（朱家巷系列之二） ……………………… 8
吕不韦河间之地始末（朱家巷系列之三） ………………………… 14
风投一号代价几何（朱家巷系列之四） …………………………… 19
邯郸献姬与李园献妹（朱家巷系列之五） ………………………… 24
抗枉令直说赵姬（朱家巷系列之六） ……………………………… 29
赵高因何罪被判死刑（朱家巷系列之七） ………………………… 34
秦昭王以城易璧魔变记（朱家巷系列之八） ……………………… 39
郡守冯亭不寻常（朱家巷系列之九） ……………………………… 45
邯郸保卫战的史学价值（朱家巷系列之十） ……………………… 49
君王谋变：自己动刀割自己的肉（朱家巷系列之十一） ………… 54
秦国战事略考（朱家巷系列之十二） ……………………………… 60

第二编　劫秦与刺秦

劫秦与刺秦（荆轲系列之一） ……………………………………… 69
血染的名牌（荆轲系列之二） ……………………………………… 74
流浪歌手高渐离（荆轲系列之三） ………………………………… 79
苍天不忘樊於期（荆轲系列之四） ………………………………… 84
田光之死（荆轲系列之五） ………………………………………… 88
秦舞阳悲情录（荆轲系列之六） …………………………………… 92

1

轻虑浅谋太子丹（荆轲系列之七） ········· 96
"袖绝"之追责与赏赐（荆轲系列之八） ········· 100

第三编　风雪千童祠

风雪千童祠（巡游系列之一） ········· 105
皇帝奋威碣石门（巡游系列之二） ········· 113
秦始皇何时到大城游猎（巡游系列之三） ········· 118
天下裘都的历史与传说（巡游系列之四） ········· 122
秦皇行宫沉思录（巡游系列之五） ········· 126
秦长城觅踪（巡游系列之六） ········· 131
多面赵佗（巡游系列之七） ········· 135

第四编　刀光剑影沙丘宫

沙丘宫变觅踪（沙丘系列之一） ········· 143
困龙之地的刀光剑影（沙丘系列之二） ········· 148
棺车驶过古驿道（沙丘系列之三） ········· 152
扶苏之死（沙丘系列之四） ········· 155
秘不发丧的难度有多大（沙丘系列之五） ········· 160
被欲壑吞噬的赵高（沙丘系列之六） ········· 166
贼船上的那只仓鼠（沙丘系列之七） ········· 171
亡国之君未自知（沙丘系列之八） ········· 176
殉国与亡国（沙丘系列之九） ········· 181

第五编　隐忍中的爆发

项羽：隐忍中的爆发（巨鹿大战系列之一） ········· 187
熊心：宁折不弯（巨鹿大战系列之二） ········· 192
不可低估陈余的谋略（巨鹿大战系列之三） ········· 197
破釜沉舟古城营（巨鹿大战系列之四） ········· 202
人生跌宕数章邯（巨鹿大战系列之五） ········· 206
拨开巨鹿大战第一战多重迷雾（巨鹿大战系列之六） ········· 211

范增出走与霸王之亡（巨鹿大战系列之七） ………………………… 215
张耳浮沉录（巨鹿大战系列之八） ………………………………… 221
巨鹿大战主战场寻踪（巨鹿大战系列之九） ……………………… 227

第六编　纵深

吴起：最失败的成功者（纵深系列之一） ………………………… 233
商鞅：斯人不朽（纵深系列之二） ………………………………… 238
赵武灵王：自酿的苦酒（纵深系列之三） ………………………… 244
范雎：高处不胜寒（纵深系列之四） ……………………………… 249
周亚夫：三张反对票要了丞相命（纵深系列之五） ……………… 254
叔孙通：七易其主图大业（纵深系列之六） ……………………… 258
田横：粪土万户侯热血洒尸乡（纵深系列之七） ………………… 262
骊姬：步步惊心富贵梦（纵深系列之八） ………………………… 266

附　篇

附一　河北秦文化旅游前景展望 …………………………………… 273
附二　河北省与秦始皇历史文化相关遗址遗迹名录 ……………… 277
附三　参考书目 ……………………………………………………… 279
后　记 ………………………………………………………………… 281

第一编
天崩地坼朱家巷

秦始皇出生地纪念馆

　　学者牵于所闻,见秦在帝位日浅,不察其始终,因举而笑之,不敢道,此与以耳食无异。悲夫!

——司马迁《史记·六国年表》

天崩地坼朱家巷

（朱家巷系列之一）

司马迁在《史记·秦始皇本纪》开篇写道："秦始皇帝者，秦庄襄王子也。庄襄王为秦质子于赵，见吕不韦姬，悦而取之，生始皇。以秦昭王四十八年正月，生于邯郸。及生，名为政，姓赵氏。年十三岁，庄襄王死，政代立为秦王。"你看，到底是司马迁，包括标点符号，仅仅数十个字，就写了秦的三位国君，特别是把秦始皇身世以及即位称王的全过程描写得曲折而生动。我们看有关秦始皇出生的史料记载，最突出的一个特点就是真实，丝毫没有其他一些帝王出生时那些神话般的描述。比如，刘邦因其母亲与龙相交而生；李隆基占卜曰"蓍立，奇瑞非常也"；朱元璋出生时整个庭院都是火光，邻居们都认为他家着火了……他们之所以宣扬这类信息，根本原因在于其对自己君位来历缺乏自信，目的在于迷惑百姓。秦始皇自然不用这些，照样是"千古一帝"。明代大思想家李贽在《史评纲要·后秦记》中说："始皇出生，天崩地坼，掀翻一个世界。"从秦始皇具体实践看，笔者认为这样的评价再确切不过了。

一

就秦始皇出生地而言，虽然司马迁在这里给出了一个大的范围，即出生时间为公元前259年和出生地点赵国邯郸，但是具体在当时邯郸的什么地方，司马迁在文中并没有记载。后来，经过邯郸史学专家考察论证，将坐标锁定为丛台公园西南一侧的串城街朱家巷。至此，朱家巷这个普通的胡同就与

"千古一帝"秦始皇连在了一起。

2016年10月的一天,我见到了邯郸历史学会会长刘心长先生,话题很自然谈到秦始皇出生地,他很热情地作了介绍。其实,早在2002年,刘心长先生就将这一研究成果公开发表在《邯郸师专学报》上。刘心长先生通过大量史料考证认为,秦始皇出生地分为大、中、小概念三个区位:大概念区位是出生于邯郸,中概念区位是经考古发现的大北城内的丛台和温明殿遗址以南、人民路以北。主要依据是:

第一,秦始皇出生地不大可能在他父亲所居住的廓城,而应该在他的母亲赵姬娘家住宅附近。因为当时秦赵关系紧张,在秦始皇出生几个月前,秦国在长平坑杀了45万赵卒,邯郸城笼罩在一片哀痛悲愤之中。在这种紧张的气氛下,秦始皇父亲异人的处境相当危险,如果赵姬在异人为质邯郸所居的廓城生子,安全是没有保障的,因此,赵姬只好在娘家分娩。但按照中国传统习俗,出嫁的姑娘是不能在娘家生子的,作为特殊情况,赵家只好把赵姬安排在附近邻居或亲友家中秘密生下秦始皇。赵姬是邯郸的"豪家女",并且极有可能是赵奢的孙女,或是与赵奢关系密切的近亲本家。秦始皇有极大可能是出生在赵奢宅附近。赵奢生前在赵国是一位深得军心民心的将军,很多人与赵奢关系密切,这就为保护秦始皇母子提供了种种有利条件。

第二,秦始皇出生的赵奢宅附近在今丛台和温明殿遗址以南、人民路以北的地段。赵奢当时在赵国曾经达到"与廉颇蔺相如同位",由此推断,赵奢宅应当位于邯郸城中除赵王宫城以外的最佳地段。实际考察证明当时邯郸城中建宅的最佳地段,在现今邯郸市丛台和温明殿遗址以南、人民路以北一带。

第三,经地下考古勘探证明,这个地段战国时期曾有诸多的重要建筑物。如曾出土过12个大石滚,北距赵奢宅不远,都在贯穿大北城的南北邯郸道上,可能是这一带建筑豪华住宅的石料作坊。其南北穿城大街通过牛首水时,河上架有桥。在桥与大街的交会处,当是歌舞场、酒肆繁盛之地。濮阳大贾吕不韦来邯郸做生意之余,应经常到这个地方歌舞消遣并与赵姬相识。后经过吕不韦的策划,赵姬成了异人的夫人并生下了"千古一帝"秦始皇。

小区位概念是现今人民路以北串城街以东朱家巷一带。这个地段很早就有秦始皇出生在这里的传说,也是全国唯一一个有秦始皇出生地传说的区域,当地居民家中有的还保存着古代秦始皇的画像,该地段正位于赵奢宅附近,很可能是赵母将赵姬安置在自己宅第附近朱家巷一带的邻居或亲友家中，秘密生下了秦始皇。

二

刘心长等专家学者有关秦始皇出生地位于邯郸市串城街朱家巷的研究成果被确认以后，接下来相关秦始皇出生地纪念馆建设的信息不断传出，但是，近20年时间过去了，到2021年12月，官方仍然没有公布该纪念馆对外开放的确切日期。

2001年11月13日，中新网发布消息：河北省邯郸市政府作出决定——在秦始皇出生地建设一座纪念馆。该消息称，经邯郸市历史文化名城专家委员会考证，秦始皇确切出生地为邯郸市城内中街朱家巷。邯郸市规划局将馆址初步选定在城内中街北段以东、丛台公园以西、永安路以北、太平胡同以南区域，纪念馆建成后，将展出战国时期出土文物，陈列已出版的有关秦始皇学术著作和文学作品以及历代相关秦始皇研究史料等。因纪念馆主角是秦始皇，该消息被国内外媒体大量转载。但消息公布10多年，秦始皇纪念馆却无任何进展。

2013年2月27日，邯郸市历史文化名城专家委员会有关人士在接受《第一财经日报》采访时谈到，该委员会联络邯郸市相关专家，研究秦始皇出生地等，使秦始皇出生地朱家巷再次进入公众视野。

2014年7月，随着邯郸高铁东站秦皇大街的建成和使用，秦始皇纪念馆进展情况又一次引起当地和全国一些人文旅游爱好者关注。

2016年5月，由邯郸市旅游局编写出版的《邯郸深度旅游》画册，在《邯郸名人·秦始皇》篇目中介绍："目前，邯郸市正筹备建设秦始皇出生地纪念馆，将以充分的史料和文物展示这位帝王与古城邯郸之间的故事。"

2017年5月，在串城街人民路以北区域建设"邯郸勒泰城"的消息横空出世。凤凰网2017年4月24日讯：勒泰城项目立足于邯郸串城街深厚的历史文化根基，总占地面积约11.36万平方米，总建设规划面积33.7万平方米的文化旅游步行街，打造辐射北方乃至全国范围的旅游景区，正如金丝雀码头之于伦敦，横滨港未来21区之于横滨，升级邯郸在全国乃至全世界的城市影响力。如此气魄，不能不谓之大手笔。

继续挖掘与秦始皇出生地有关的信息。该项目规划显示：从人民路进入串城街，一路向北依次是武灵阁、观音阁，与其历史元素相对的西边临街则是14万平方米超大型一站式购物中心。继续往北，穿过武灵阁与武灵广场，即为以清真寺和始皇故里为核心的历史文化开放街区。遗憾的是，该项目进展并不顺利，到2021年初，笔者在邯郸勒泰城现场看到：项目四周仍然被围挡，位于清真寺教堂后侧，是一个由钢筋水泥构筑而成的古铜色尖顶角亭半拉子工程，一位在清真寺工作的人员对我说，此系规划中的秦始皇出生地纪念馆。

2020年4月，邯郸市城市管理综合执法局公布消息：在丛台公园内原动物园区域规划建设秦始皇出生地纪念馆。该消息既没有公布建成开放时间，更没有公布该纪念馆与邯郸勒泰城内规划设计的秦始皇纪念馆二者之间关系以及相关运行或处置方式。

2021年11月，笔者专程到丛台公园内参访秦始皇出生地纪念馆，看到该工程主体已基本完工，该纪念馆外部布置得古色古香，室内布置尚未完成。2023年8月，从北京再次到邯郸丛台公园参访，看到秦始皇出生地纪念馆已开放。

三

民国时期大学者夏曾佑在其编著的《中国古代史》一书中写道："中国之教得孔子而后立；中国之政得始皇而后行；中国之境得汉武而后定。"由此看来，秦始皇是中国乃至世界知名度较高的历史人物之一。

邯郸作为历史上毫无争议的秦始皇出生地，其纪念馆自2001年对外公布算起，建设时间长达20年。但在具有3000多年的历史文化名城邯郸，别说是外地人，就是当地人，也很少感受到秦始皇元素。

在京港澳高速通往市区的迎宾大道，在闻名全国的赵王城遗址公园，在繁华的城市中心广场等一级窗口场所，邯郸人世世代代崇拜的是赵武灵王，是胡服骑射；距离秦始皇出生地数公里的秦皇大街，是2014年才有的。在此之前，从1978年到2003年，笔者在邯郸市工作，记忆中邯郸市街区的公共场所很难看到与秦始皇相关的文字与图像。

秦始皇——这个旅游行业世界级金字招牌，在省内国内以及世界范围内大多将与其沾边的景点发挥到极致，文化娱乐界与秦始皇相关的题材更是千年不衰，秦始皇这个特殊品牌为该行业创造的价值不断增长。可是，炙手可

邯郸市东开发区秦皇大街

热的秦始皇到了自己的出生地邯郸，为什么会有如此遭遇？就此问题，不仅仅是一些邯郸居民，甚至一些知识界人士也坦诚地说：秦昭王、秦始皇等秦王，对赵国杀戮太多，尤其长平一战，坑杀赵卒40多万，直至灭国。这样的历史世世代代邯郸人都清楚，在这种情结下，饱受秦欺辱的邯郸人，怎会再去称颂纪念？

对此，笔者查阅《史记·赵世家》记载，自公元前403年韩赵魏三家分晋开始到秦军灭代王赵嘉，秦赵两国大大小小战争十七次，其结果赵败十胜七；《秦本纪》记载，自秦昭王十一年开始到秦昭王五十一年期间，秦赵两国开战十次，结果为赵国五败五胜；《秦始皇本纪》记载，秦王政元年到秦王政二十六年平天下期间，秦赵两国开战六次，结果为两胜四败。这些数据尽管不精准、不科学，比如重复计算，比如一次战争伤亡数量悬殊等，但秦强赵弱的基本态势是不争的事实，赵国屡遭秦国杀戮是不争的事实。赵国败亡，一方面是强秦杀戮，另一方面是赵国君臣对局势判断、决策失误，但更重要的是历史潮流，所以赵国后人不宜将此作为沉重历史包袱一代又一代永远背下去。

其实，现代人对此大可不必纠结，大名鼎鼎的赵武灵王胡服骑射，不是也将人家中山国灭国了吗？

新的历史时期，邯郸必将以世界眼光审视邯郸发展、邯郸旅游，跳出长期以来崇拜赵武灵王的地域性思维，以秦始皇出生地纪念馆建设、开放为契机，进一步挖掘和利用"秦始皇"这一世界级人文旅游金字招牌的文化价值。

秦始皇回邯郸活埋了谁
（朱家巷系列之二）

司马迁在《秦始皇本纪》中写道："十八年（公元前229年），大兴兵攻赵，王翦将上地，下井陉，端和将河内，羌瘣伐赵，端和围邯郸城。十九年（公元前228年），王翦、羌瘣尽定取赵地东阳，得赵王。引兵欲攻燕，屯中山。秦王之邯郸，诸尝与王生赵时母家有仇怨，皆阬之。秦王还，从太原、上郡归。始皇帝母太后崩。赵公子嘉率宗族百人之代，自立为代王。"

每当看到《史记》中这段文字时，笔者心中便生疑问：一是秦王嬴政为母报仇起因；二是秦王母亲赵姬在邯郸的仇家是谁；三是活埋地点在哪里。如果这三个问题搞不清楚，秦王嬴政回邯郸为母亲报仇记载的真实性就值得高度怀疑。

秦王嬴政为母报仇起因

关于秦王嬴政在公元前228年，为什么要去邯郸为母亲报仇，是秦王嬴政主动去的，还是其母亲赵姬要求秦王去的。我们不妨从以下几个方面作分析。

首先，秦王嬴政自公元前238年亲政，到公元前228年的10年时间里，根据史料记载，概括起来是四件大事：粉碎嫪毐叛乱、处置吕不韦事件、平息逐客令，当然，最重要的还有一件大事，就是自公元前230年开始的扫灭六国的大战略。这期间，公元前230年灭韩，攻赵的战争持续不断，直到公元前228年攻破邯郸城，俘虏赵王迁。

既然攻赵战斗进行得尚且顺利，秦王嬴政为什么要在这个时间节点去邯郸？是督战吗？不需要。此时的邯郸已经掌握在秦兵手中，不同于长平之战决战阶段，昭襄王亲自督战。研究战略部署吗？同样不需要，因为部署已经完毕，接着是"驻军中山，攻打燕国"，那么，没有了这些国事，秦王嬴政此次去邯郸的理由就完全成为为母亲赵姬官报私仇了。这样的理由成立吗？我认为不成立，因为从秦王嬴政亲政10年的所作所为看，不值得为这样的私仇专程去邯郸。从此事起因分析，公元前228年扫平六国的大幕刚拉开不久，许多重要事情需要处置，嬴政主动作出专程去邯郸为母报仇的决定不符合逻辑。

其次，从赵姬角度讲，她会主动向嬴政提出到邯郸为其报仇吗？我们知道，公元前238年，秦王嬴政举行加冠礼佩剑亲政的当年，果断处置嫪毐事件，车裂嫪毐，将赵姬与嫪毐生的两个年幼孩子囊捕而死，将赵姬赶出咸阳到雍地居住，后来又将吕不韦流放并致死……自此开始，母亲赵姬与儿子嬴政的关系可以说降到了冰点，虽然后来经过茅焦劝解，秦王嬴政将母亲赵姬从雍地接回咸阳甘泉宫，但数年来几乎与世隔绝，直到公元前228年去世。对于赵姬来说，她在生命的最后几年中，需要思考的事情实在太多了，其中随便拿出一件都比在赵国与嬴政一起生活的九年要惊天动地得多，要撕心裂肺得多。从这个层面分析，在生命的最后一年，赵姬主动要求秦王嬴政去邯郸复仇的可能性微乎其微。这样一来，他本人不主动去，母亲赵姬缺乏要求他去的动机，难道还有比这更充足的理由吗？

最后，从一个侧面分析。公元前228年，秦王嬴政如果到邯郸去为母亲报仇，无论是随军，还是专程，李斯作为廷尉，又是秦王嬴政比较信任的臣子，都应该参与，或者跟随前往，因为国王离开国都，到战火纷飞的邯郸战场前线，不仅是秦王私事，更是国家大事。那么，既然如此，秦王嬴政到邯郸为母报仇的事情应当在《史记·李斯列传》中或简或繁地有所体现。仔细查阅李斯列传，却并无与此相关的任何蛛丝马迹。

谁是赵姬在邯郸的仇家

既然《史记》说秦王嬴政公元前228年回邯郸是为母报仇,那么,分析一下秦王母亲赵姬的仇人都是谁。按照史料记载,秦王嬴政是公元前259年在邯郸出生,赵姬和嬴政在邯郸度过9年的战乱生活。

这9年间,赵国与秦国之间都发生了哪些大事。公元前259年,也就是嬴政出生的当年,秦攻赵,占领赵国两城;公元前258年,秦攻赵都城邯郸,魏王派晋鄙率10万大军救赵;公元前257年,秦攻赵,秦败,秦将郑安平降赵,嬴政父亲异人逃到秦军中归秦,赵姬和三岁的嬴政继续留在邯郸;公元前256年,秦继续攻赵,占20余城,杀赵俘9万;如果加之嬴政出生前一年秦赵长平之战,秦坑杀赵兵40余万的残酷现实,在嬴政母亲赵姬和嬴政幼小的心灵中,作为赵国人,对秦国更多的是国恨而非家仇。

那么,作为赵国人的赵姬和幼年时的嬴政在邯郸生活的9年中,有没有家仇呢?从赵姬的身份展开分析。按照《史记》记载,赵姬的身份,一说是舞女,一说是富家女。综合赵姬带着幼小的嬴政在秦赵两国战争频繁背景下能够安全隐匿9年的事实,我更倾向于赵姬是出身于富家的舞女。我们不能认为当时一说到舞女,就是穷人家的代名词。司马迁在《史记·货殖列传》中介绍赵国邯郸称"赵女郑姬,设形容,揳鸣琴,揄长袂,蹑利屣,目挑心招……游闲公子,饰冠剑,连车骑,亦为富贵容也。"这段话,翻译成白话,就是:赵国的女子郑姬,打扮得漂漂亮亮,弹着琴瑟,舞动长袖,踩着轻便舞鞋,用眼挑逗,用心勾引……游手好闲的贵族公子,帽子宝剑装饰讲究,外出时车辆马车成排结对,也是大摆富贵架子。可见,这里的舞女以及来这里消费的男人,完全是富人阶层,贫民阶层的舞女,贵族公子哥是看不起的。如果赵姬不是富户的大家闺秀,像大商人吕不韦能把其看在眼里吗?

更重要的一个因素是,如果赵姬不是富家女,不可能在如此残酷的两国交战并且赵国因秦攻击而面临亡国情况下,还有人为赵姬母子提供保护、提供隐匿场所。严格讲,这是要冒着生命危险的。这样的人,除了是大户富户,有经济实力，还需要一定的政治背景。刘心长先生在《秦始皇出生地考证》一文中同样认为，赵姬是邯郸的"豪家女"。据他考证，赵姬极有可能是赵国大将赵奢的孙女，或是与赵奢关系密切的近亲本家。赵奢生前在赵国是一位深得军心民心的将军，很多人与赵奢关系密切，这就为隐匿、保护秦始皇母子提供了种种有利条件。

按照《史记·吕不韦列传》记载，公元前257年，秦军攻赵战败，异人在吕不韦帮助下逃出邯郸后归秦，赵国又欲追杀赵姬母子，因赵姬是富家女，而得以隐匿。这样的行为能成为赵姬的家仇吗？是否认定为国恨才确切？即使退一步，将此认定为家仇，那么，当年作出追杀赵姬母子决定的赵孝成王，早在公元前245年去世，秦王嬴政于公元前228年回邯郸后怎么去活埋这样的仇人？

除此记载以外，我们不仅看不到赵姬带着嬴政在邯郸战乱状态下生活9年中，遭受过赵国哪些人欺凌而结下私人冤仇，相反，无论原因是什么，其结果倒是赵国给予赵姬母子一定的生存空间。如嬴政出生和成长期间受到大户人家的保护、隐匿；异人子楚立为太子后，赵国迅疾将赵姬母子送回秦国等。还有，据《史记·刺客列传·荆轲》记载，少年嬴政在邯郸期间与同在赵国做人质的燕太子丹相交甚欢。这说明，少年嬴政在邯郸的生存环境并非平民。从上述事实看，成人后的秦王应当感谢为他提供保护的人、其母亲赵姬应当感谢赵国才是，哪儿来的家仇呢？

活埋地点在哪里

按照《史记》记载，公元前228年，在秦军攻破邯郸后，秦王嬴政到了邯郸，找到当年其母赵姬仇人，"皆阬之"。"皆"的意思是"都""多"，说文解字称"俱"。也就是说，秦王嬴政到邯郸后活埋了"很多"其母亲的仇人。

如果仅从字面叙述看，这里至少传达了这样几个方面的信息。一是秦王嬴政到邯郸了，二是把其母亲当年的仇人都找到了，三是找到的仇人还不少，四是这些仇人全部被活埋了。可惜的是，秦王嬴政亲自督办的如此重大的事情，司马迁在《秦始皇本纪》中不含标点符号，仅用了22个字，实在太简单了，给后人留下的疑点太多。

第一，人们一说到秦始皇，其最大的恶行就是暴政，如果公元前228年，还没有当皇帝的秦王嬴政在邯郸还坑杀过一批其母亲的仇人，那在历史上绝对是一件大事，最起码《史记·赵世家》应当有明确记载。对此，我们看看同样是司马迁，在《史记·赵世家》中是如何记载公元前228年赵国大事的。《赵世家》这样写道："七年（公元前228年），秦人攻赵，赵大将李牧、将军司马尚将，击之。李牧诛，司马尚免，赵怱及齐将颜聚代之。赵怱军破，颜聚亡去。以王迁降。"

根据赵姬、嬴政、异人等这些关联人的身份看，如果真正作为当年赵姬仇家，应该是在朝堂中有一定影响力的人家，而绝非普通庶民。史料应当有所记载。我们看，连记载赵国的《史记·赵世家》在公元前228年大事记中，对秦王嬴政回邯郸为母报仇并活埋仇家的事情都只字未提，可见这件事的真实性非常值得怀疑。

除《史记·赵世家》没有记载秦王嬴政到邯郸为母报仇这件事以外，与文字叙述比较更具真实性的《史记·六国年表》中，公元前228年这一年，秦国的记载为"王翦拔赵，虏王迁邯郸。帝太后薨"。而赵国的记载为"秦王翦虏王迁邯郸。公子嘉自立为代王"。可见秦、赵两个当事国对于秦王嬴政坑杀母亲仇人这件事都无记载。

第二，我们在司马迁的《史记》相关篇章中，难以找到与《秦始皇本纪》中记载的秦王嬴政到邯郸坑杀母亲仇人的关联性信息，那么，当地学者对此问题有无进一步研究发现呢？我们看几处学术研究："前228年，秦将王翦攻克邯郸，夺取赵国大部分领土，又俘获赵王，秦始皇亲临邯郸，大开杀戒，将与母亲家族有仇怨者一律坑杀。"（张分田著《秦始皇传》，中国文史出版社2006年版，第380页）；"秦王翦大破赵军，攻克邯郸，虏赵王迁，赵亡。秦于此地设邯郸郡。秦王嬴政至邯郸，杀昔日与其母亲家有仇怨者。"（孙继民、夏自正著《河北通史·先秦卷》，河北人民出版社2000年版，第349页）；"秦王嬴政得知赵都邯郸被攻破后，在咸阳片刻也坐不住了，亲自驾临邯郸，将过去与他母亲有仇怨的人全部杀了。"（杨金廷、张润泽、范文华著《赵国史话》，中国文史出版社2010年版，第305页）。此外，还有杨宽的《战国史》、马非百的《秦始皇帝传》等，仔细查阅这些河北籍或者与河北相关的史学著作中对于秦王为母亲报仇的叙述，基本是按照司马迁《秦始皇本纪》中语义认定的，与司马迁《史记》中的记载比较，找不到更进一步信息，哪怕是一点点。

第三，活埋仇家的地点在哪里。公元前228年，以秦王嬴政的身份而言，如果到赵国邯郸找到当年母亲仇家，而且将其全部活埋，这对当时天下来说，当属爆炸性新闻，无论是当事国秦国、赵国，还是其他国家，都是重大事件。最基本一点是，赵国人作为受害者一方，会记录秦王嬴政是在赵国哪个地方，通过什么方式，将赵姬仇家"全部"坑杀。但公开资料显示，邯郸作为都城从赵敬侯元年开始，到赵王迁八年被秦所灭，共159年。赵都邯郸古城根据考古勘探证实，该城由赵王城和大北城两部分构成，总面积18.87平方公里，仅从面积比较，还不及现在一个乡镇范围大。在如此狭小地域内，两千多年来，史学家们以及考古学家历年考古，对于战国时期各类文物多有发现，而遗憾的是，一直没有与秦始皇到邯郸坑杀母亲仇怨者相关的文字记载，也很少有相关实物、遗址等被发现的公开信息。另，汉唐以来，历代文人对秦始皇或有或无的暴戾行为揭露颇多，其独无相关秦始皇回邯郸坑杀母亲仇家的进一步续写。

综合多方面信息分析，司马迁在《史记·秦始皇本纪》中关于秦王嬴政于公元前228年到邯郸为母亲报仇并将众多仇家坑杀的记载或有夸大之词。鉴于司马迁《史记》中史料来源途径复杂，此记载难以排除其在游学途中所闻所见因素。

吕不韦河间之地始末

（朱家巷系列之三）

吕不韦在秦庄襄王和秦王嬴政两任君王时均为丞相，直到嫪毐事发被牵连、免相、流放而饮鸩自杀。人们一说到吕不韦，都知道他慧眼识珠，使秦异人转瞬间成为秦孝文王太子继而成为秦庄襄王；都知道他是秦始皇仲父，并与赵姬保持有几十年关系；都知道他养士三千，著书《吕氏春秋》，试图从政治上弱化或改变秦始皇法家暴虐执政理念……但对于其河间封地的受贿事件，司马迁《史记》的《秦本纪》《秦始皇本纪》《吕不韦列传》《燕召公世家》《六国年表》等与此相关的篇章中，均无此记载。这是一件怎样的事情？

事　发

1970年考古工作者在长沙马王堆汉墓出土大量秦代竹简，后来据此整理出版了《战国纵横家书》，其中记载了吕不韦得河间十城一事。描述为：秦将井忌据赵攻燕，并已经攻取燕国两座城池。燕王为了消除这一祸患，采取了离间秦赵关系的做法。燕王派谋臣蔡乌偷越赵国来到秦国，见到秦相吕不韦，拿出燕王信符，交给吕不韦，内容为将燕国河间十城献给秦相吕不韦作为私邑。

吕不韦看了燕王的信件以后，对使者蔡乌说，自己无功怎么能受十城之地？蔡乌说：你如果真的认为对秦国没有功劳，你怎么不把你的丞相权力让给蒙骜、王龁等大将？再说，燕国所献河间十城之地，原来并非秦国所有，你如果不接受，就是对秦王不忠。吕不韦听了以后，似乎感到有些道理，就向秦王如实禀告,秦王令受之。吕不韦接受了燕国河间十城以后,秦与燕"为上交",并令赵国不得攻燕。但是,赵国不听,继续攻燕,还将秦将井忌逐回秦国,秦把井忌杀死。

后来,据《战国策·秦策五·文信侯欲攻赵以广河间》记载,吕不韦联合燕国伐赵,以扩大他在河间地盘。吕不韦派刚成君蔡泽出使燕国,迫使燕国派太子丹作为人质送到秦国。吕不韦又派张唐前往燕国担任相国。吕不韦这些活动,表面上是为加强秦燕合作,实际上是为了控制燕国。张唐对吕不韦的安排辞命不行。理由是,去燕国需要经过赵国,而他曾经率军伐赵,赵王也曾经悬赏以求擒获。在这种情况下,吕不韦年仅12岁门客甘罗自告奋勇向赵悼襄王游说,迫使赵悼襄王割让赵国五城予吕不韦,"以广河间之地"。

至此,我们可以看到,燕国为了离间秦赵,向吕不韦献河间地十城;赵国在吕不韦门生甘罗游说下,割让五城"以广河间之地"。可以说,吕不韦两次共计受贿燕国和赵国15座城池。《战国策·燕策一·苏秦将为从北说燕文公》记载:"燕国东有朝鲜、辽东;北有林胡、楼烦;西有云中、九原;南有滹沱、易水。"可见,当时燕国土地辽阔,将位于与赵国交界的河间十城献给吕不韦作为私邑并不影响燕国大局,而赵国北部西部与燕国接壤,献五城给吕不韦,"以广河间之地",从地域概念看,也完全做得到。

斗　智

战国时一座城池面积有多大?《孟子·公孙丑下》曰:三里之城,七里之郭。除了各诸侯国都城以外,其他一般的城,面积都不大。即使每座城面积不是很大,但15座城,也是颇具有规模的。以每座城1万户计算,便有15万户食邑,比秦庄襄王封给他的洛阳十万户还大;可是,对吕不韦来说,河间之地不同于洛阳封地那样踏实自得。因为此地是燕国赵国"献"给他的,而不是秦王封给他的。

据史书记载,燕国献河间十城给吕不韦发生在公元前245年,是秦王嬴政继位的第三年,距离公元前238年秦王嬴政亲政还有7年;赵国献五座城给吕不韦"以广河间之地"发生在公元前241年，距离秦王嬴政亲政只有3年时间。吕不韦心里明白，这15座城虽然表面是自己的"私邑"，虽然秦王口头同意，但并没有经过依法履行给予自己的程序，吕不韦更明白，如果真的按照秦律封地，自己也没有功劳被封这15座城。

这期间，吕不韦最大的优势就在于，秦王嬴政年幼，太后赵姬只顾与嫪毐厮混，荒于朝政，真正掌握朝中大权的是吕不韦。而此时的吕不韦，实现他的政治抱负——以自己的方式帮助秦王嬴政统一天下，比任何时期都迫切。他要在秦王嬴政亲政前的六七年时间内，作出较大政绩给秦王看，给天下人看，以证明自己的实力。

公元前247年嬴政继位，吕不韦仍为丞相；这年他的门客队伍进一步壮大至三千多人，开始编撰《吕氏春秋》；公元前246年，他派蒙骜伐韩，重建太原郡；公元前245年，秦将麃公攻魏，斩首3万；公元前242年，他派蒙骜攻魏，占山阳等二十城，设置东郡；公元前241年（秦王政六年），楚春申君率韩赵魏等五国攻秦，被秦击退，秦胜；公元前239年（秦王政八年），《吕氏春秋》编撰完成，并悬挂于都城咸阳城门，在秦王嬴政亲政前夕，将自己的施政纲领公示于秦王政。他坚信，秦王亲政以后，只要自己仍坐在丞相位置，燕国所献河间十城以及赵国五城即仍为自己私邑，就没有人敢以受贿名义奏明王政。

正当吕不韦处于人生仕途顶峰时期，满怀期望试图鼎力相助秦王嬴政完成统一大业的时候，他的主公秦王嬴政不动声色地、坚定地选择了自己所走的道路——让吕不韦消失。嬴政于公元前247年（13岁）登基继承王位，到公元前245年燕国向吕不韦贿赂十城作为他的私邑时，嬴政15岁；公元前241年，赵国献五城给吕不韦时，嬴政已经19岁；公元前238年嬴政亲政时，已22岁。

可以说，嬴政在自登基到亲政的九年期间，对丞相吕不韦在自己眼皮底下所作所为，包括嫪毐事件、燕国河间十城、三千门客、《吕氏春秋》目标指向等，早已形成自己的认识和判断，"千红万紫安排著，只待新雷第一声"。只是等待亲政这一天。这一天已到，就要让吕不韦离开丞相这个位置。尤其是政治纲领，根据司马迁《史记·老子韩非列传》记载，秦始皇看了韩非的著作以后，感慨地说："我要是能见到这个人并且能与他交往，死而无憾！"

可见法家思想在秦王嬴政心中多么根深蒂固，他怎么能接受《吕氏春秋》的杂家理念呢？年轻的嬴政心中更明白，吕不韦封地在洛阳，只要摘去丞相官帽，吕不韦也就没有资格去享用河间十五城食邑了。

结　局

公元前 238 年，嬴政亲政，不理睬吕不韦的杂家理念；公元前 237 年，被免相；公元前 235 年，吕不韦接到嬴政信函，感到大势已去，饮鸩自杀。到死，燕国所献河间十城以及赵国所献五城，吕不韦也没有踏进过一步。

从性质而言，燕国使人向秦国丞相的吕不韦个人献河间十城，应当是战国时期国与国之间发生的案值最大的一起贿赂案，只不过当时由于秦王嬴政没有亲政、吕不韦又主持朝政，行贿的燕国和受贿的秦国都没有进一步追究罢了。《中国历史大辞典》对此事作出了同样的认定。该辞典在燕国谋臣"蔡乌"条目下的解释为："蔡乌，战国时燕国谋臣。燕王喜十一年（公元前 244 年），秦将井忌连赵攻燕，他受燕王喜命，秘藏信符，偷越赵境，入秦见文信侯吕不韦，贿以河间（今河北献县东南）十城，请求罢兵。秦受燕贿，劝赵勿攻燕，井忌被杀，燕祸遂解。"

燕国向秦相吕不韦贿赂十城事件的始末足以说明，克己奉公，廉洁自律的重要性。认识到这一点，是政治家应具备的基本功。恰恰在这一点上，燕王喜和吕不韦都在对大势判断上发生失误。

如燕王喜作为一国之君，对秦王统一六国的大势缺乏基本认识，结果自秦赵长平之战以后，屡屡决策失误：先是趁赵国国力较弱时伐赵，后来又实施刺秦，再后来又将自己儿子太子丹头颅献给秦军……这些都阻挡不了秦统一六国的脚步。吕不韦败给秦王嬴政的根源在于政治抱负太强烈，太自信，至于与赵姬私情、嫪毐事件，不足以构成嬴政亲政后免其丞相的原因，而真正的原因是政治因素，如三千门客、如《吕氏春秋》政治导向，如在嬴政亲政后，多国政要集于洛阳封地……凡此种种，均为政治因素，构成嬴政执政体制威胁，所以必须除之。郭沫若先生在著名的《十批判书·吕不韦与秦王政批判》中评价，吕不韦是我国历史上一位少有的政治家，并被埋没了两千多年。可以说，郭沫若的判断是准确的，秦王嬴政正是认识到了这一点才将吕不韦彻底根除。

风投一号代价几何

（朱家巷系列之四）

根据《史记·秦本纪》《史记·吕不韦列传》《战国策·濮阳人吕不韦贾于邯郸》等记载，战国时期的大商人吕不韦通过资金投入将一个人质变为太子继而成为国君，从商业操控角度看，可以说是中国风险投资的一号项目，这个项目可以说是成功的，但是，吕不韦为此付出的代价实在太大了！

以利切入——立竿见影

两千多年来，提到司马迁，人们先想到他是位史学大师，其实，他同时也是一位经济学大家。我们看看他的《史记·货殖列传》，通篇讲市场、讲商品、讲价值、讲流通、讲积储疏，尤其是其中论述的"天下熙熙，皆为利来；天下攘攘，皆为利往"的观点，直白明了，一个"利"字，成为解决经济与社会诸多难题的"万能钥匙"，对此，商业精英吕不韦更是运用娴熟。他将异人"包装"为太子、国君，这个风投项目从立项开始，吕不韦完全是"利"字当头。《战国策》记录的吕不韦与其父亲谈话，将其表现得淋漓尽致。吕不韦问父亲："耕田种地获利几倍？"父回答："十倍。"吕不韦又问："经营珠宝玉石获利几倍？"父接着说："百倍。"吕不韦直指这次对话议题中心："如拥立一国之君获利几倍？"父叹曰："无数。"用现在的话说，就是 N 倍，无限多。于是，吕不韦亮明态度："今愿往事之。"

该项目虽然风险较大，可是立项核准投资实施监管多个环节都是吕不韦一人确定，不需要谁来核准。在具体操作阶段，吕不韦仍然选择从"利"的角度突破。根据《史记·吕不韦列传》描述，当他第一次见到事情的主角——在赵国邯郸做人质的秦异人时，对秦异人说的第一句话就直奔主题："我能光大你的门庭。"此时，秦异人再落魄，毕竟是贵族血统，根本不把吕不韦这样的商人放在眼里。因为那个时代，士农工商，商人地位末流。于是，秦异人回应吕不韦："还是先光大你的门庭吧。"见异人不理解，吕不韦进一步说："我的门庭要依靠你的门庭光大。"

这句话说完以后，异人听懂了，吕不韦即刻将异人从质子到太子再到国君的风投一号项目方案和盘托出，异人听后异常激动，当即承诺："如若成功，与之分土。"

首战告捷，吕不韦接下来西行咸阳游说秦国，仍然以利益为导向，站在对方角度，直至对方心底近忧远虑所思所想，并提出切实可行的解决方案，并通过华阳夫人弟弟、华阳夫人姐姐、华阳夫人本人等安国君近亲，重点勾画"以色侍人，色衰爱弛"这一主题。恰逢公元前257年，秦攻赵，赵欲杀质子异人，危急关头，吕不韦以600金贿赂赵国守城人员，帮助异人离赵归秦，华阳夫人甚是喜欢，为其改名子楚，最终由华阳夫人向安国君提出认子楚为嗣子及封为太子的请求，并顺利获得安国君认同。这就意味着，吕不韦成功实现了风投一号项目方案的第一阶段伟大目标。

昭王长寿——焦急等待

有资料显示，吕不韦生于公元前292年。公元前267年，秦昭王太子悼死于魏国。公元前265年，秦昭王立次子安国君为太子，同时，安国君20多个儿子当中的一个儿子——异人被派往赵国邯郸做人质。也就是这一年，在邯郸经商的吕不韦发现了具有极大升值潜力的异人并着手制订实施将异人包装为太子进而继位国君的风投计划。这一年，当朝国君秦昭王60岁，太子安国君38岁，吕不韦27岁，秦异人17岁。公元前257年，当异人子楚被确定为安国君嗣子时，距离吕不韦实施这个风投项目又过了8年，秦昭王68岁，安国君46岁，吕不韦35岁，子楚25岁。

此时吕不韦非常明白，要想实现使子楚由嗣子到太子的晋升，首先需要满足的条件是安国君成为国君；而安国君成为国君则需要当朝国君秦昭王让位。或许，当初吕不韦信心满满冒险投入秦异人的一个最有利的因素是，秦昭王年事已高，过不了几年就会去世，然后安国君继位，异人成为太子的目标就实现了。但是，秦昭王超级长寿，直到秦昭王五十六年（公元前251年）才去世，距离异人子楚被安国君确定为嗣子的时间又过了6年。等待呀，等待，这一等就是14年，可见吕不韦的心情该多么焦急！其实，吕不韦对于风投项目中所涉及君王在位时间风险应当有所考虑，数据显示：由秦昭王四十二年（公元前265年，即吕不韦策划风投项目年份）上溯至公元前778年秦庄公时期的500多年间，秦国共经历28位国君。其中，在位40年到50年以上的4位；在位30年到39年的3位；在位20年到29年的5位；在位10年到19年的11位。秦国国君大多在位时间较长，这样的情况或许出于吕不韦预料，或许吕不韦对此有难以公开的应对预案，史料无此方面记载。

　　通过漫长的等待，公元前251年，在位长达56年的秦昭王去世，太子安国君继位（即秦孝文王），遂册立华阳夫人为王后，立子楚为太子，至此，吕不韦风投项目总体计划中的第二阶段目标艰难实现。可是，太子毕竟不是国君，作为太子的子楚，是没有权力兑现当初对吕不韦"分土"承诺的。吕不韦明白，要想实现风投项目的回报，只有继续等待，等待实现风投项目的第三个目标任务——秦孝文王的去世，太子子楚继位。吕不韦心里仍然是心急火燎，万一这位秦孝文王也像他的父亲秦昭王一样长寿，自己何时才有出头之日呢？

三日即死——福兮祸兮

　　按照老秦国制度规定，老国君去世，新国君要为老国君守孝一年才能正式即位，公元前250年，秦孝文王守孝期满后正式即位，子楚也随之正式成为太子，但出乎人们预料之外的是，秦孝文王新国君正式即位的第三天死亡，享年54岁。

关于这一重大事件，《史记·吕不韦列传》记载："王立一年，薨，谥为孝文王。"《史记·秦本纪》记载："孝文王除丧，十月己亥即位；三日辛丑卒，子庄襄王立。"注意到没有，两篇史料中，均没有死因的记载。至此，自公元前265年到公元前250年，吕不韦策划的风投项目用了15年时间实现了第三阶段目标，即：子楚继位，吕不韦本人官职国相，封文信侯，采洛阳十万户食邑，门客三千，家奴过万，开始步入人生顶峰。

随之，在吕不韦风光无限的同时，对于秦孝文王蹊跷死亡的原因，人们将凶手直接指向吕不韦，因为秦孝文王之死，太子子楚几乎不用等待即直接继位，吕不韦更是成为子楚即位的最大受益者。然而，这两位是当朝的一二把手，谁敢追问呢？对此，《东周列国志》第一百零一回中这样描述："秦孝文王继位后，子楚为太子，在为其父秦昭襄王除丧三日后，与群臣宴会散席回宫后去世。国人都怀疑是吕不韦准备让子楚提前登基，买通秦孝文王身边的人毒杀秦孝文王，但都畏惧吕不韦的势力，不敢多言。"三年后，秦庄襄王崩，年仅13岁的秦王嬴政继位，吕不韦掌握实权，既富且贵。秦王嬴政22岁亲政后，吕不韦因嫪毐事件牵连被罢官、流放，途中饮鸩而亡，享年56岁。

富贵双至——代价太大

公元前249年，秦庄襄王元年，这一年号标志着秦异人的目的达到了，华阳夫人高兴了，赵姬贵为皇后，似乎也超出了她的预料。此时，秦庄襄王32岁，吕不韦43岁，而回到咸阳不久的秦嬴政只有10岁，这样一个懵懂少年，几乎每天看着围绕在自己身边的这些大人喜笑哀怨。最值得庆贺的是吕不韦，他经过十多年的朝思暮想，风投一号项目终于获得了成功，集侯爵将相为一身，富贵双至。对此，我们不妨计算一下，吕不韦付出了多大代价。

根据《史记·吕不韦列传》记载，直接投入资金：给予秦异人购买衣物、结交名流以提升自身形象500金；到咸阳游说需各种礼物，即其他开支1000金；其间，秦昭王攻邯郸，赵国准备杀死秦异人，危急关头，吕不韦行贿赵军守城人员600金,异人逃回秦国。虽然战国时期秦的币值单位"金",不是指的黄金,可这2100金在当时来说,应当是相当大的一笔投入。间接投入:将爱妾赵姬让给异人;十几年放弃经商,其损失更无法计算;甚至是其尤为看重的名誉损失,秦王亲政前的8年时间内,与赵姬旧情复燃;派人毒死秦孝文王污名伴随终身……最后,连身家性命也搭进去了,生命年轮不情愿地定格在56岁刻度上——这样的代价在起初的风投一号项目方案中有吗?

邯郸献姬与李园献妹

（朱家巷系列之五）

司马迁在《史记》中，记载了邯郸赵姬、楚国李园之妹两个女子分别与吕不韦、春申君同居怀孕后，而隐匿怀孕另嫁诸侯国高官的故事。因故事情节曲折动人，又牵涉到皇家血脉，朝代更替，则数千年来，一直被学术界以及民间津津乐道。细品这两个故事，越发感到邯郸献姬就是李园献妹的移花接木。

一

我们先看看这两个故事的大致情节。司马迁在《史记·吕不韦列传》中讲述的邯郸献姬故事为：吕不韦与秦在赵国邯郸质子异人达成将其策划为秦太子意向并付诸实施后的某一天，吕不韦故意设局，举行家宴，宴请异人，将已有身孕的赵姬献于异人。席间，当吕不韦小妾、邯郸绝好女子赵姬载歌载舞向异人敬酒时，异人被赵姬美貌所吸引，随即向吕不韦提出，要赵姬做夫人。这正中吕不韦下怀，吕不韦在假装很不情愿的情况下，同意了秦质子异人的要求。后来生下了秦始皇。秦始皇出生于公元前259年，这件事发生的时间，根据《史记·吕不韦列传》记载，应当为公元前260年。

我们再看看楚国李园献妹故事大致情节。司马迁在《史记·春申君列传》中讲述的李园献妹故事为：楚考烈王无子，相国春申君想尽多种办法，除了后宫以外还为考烈王送去许多女子，结果没有一个能为楚考烈王生下子女。这件事被赵国人李园知道了，他就想办法来到春申君门下做了舍人，后来通过精心设计，将自己漂亮的妹妹送给春申君，李园妹妹怀上春申君孩子以后，李园、李园妹妹、春申君三人又通过谋划，将已有身孕的李园妹妹送给考烈王，生下的孩子被立为太子，李园妹妹被封为王后，李园本人也参与国政。考烈王死后，李园妹妹的孩子楚幽王继位登基，春申君被李园秘密培植的杀手所杀。根据《史记·春申君列传》记载的故事情节推论，春申君任楚国国相二十五年这一年，楚考烈王病死，秦始皇在雍地佩剑秦政，平定嫪毐叛乱，免除吕不韦相国职务。李园向春申君献妹这件事发生的时间应当为公元前238年。

二

吕不韦邯郸献姬故事发生于公元前260年，向楚春申君李园献妹故事发生于公元前238年，邯郸献姬在前，李园献妹在后。按照时间顺序，如果说两者之间移花接木，应当是邯郸献姬移花接木于李园献妹才合乎逻辑，怎么会有后发生的李园献妹移花接木于先发生的邯郸献姬呢？其理由为：

其一，两个故事版本情节高度雷同。主要涉事者都是赵人，都是知己者令女子怀孕，都是通过策划决定隐匿怀孕情况，都是隐匿怀孕情况时不知道腹中胎儿男女性别；都是通过女当事人的容貌引诱或直接表述使男方上钩，且男方都是国王级别（准国王或预备国王），都是受蒙骗的国王或王子不知情；都是通过此方式达到夺取江山目的，且恰恰都是生下男孩并达到了策划时的目的。自然界中尚没有完全相同的两片树叶。而人类的生活更加多彩复杂，两件事时间跨度长达22年、地域跨度数百里的当时应定性为国际性事件，在细节上则更不应该完全一致。但为什么后人们看到的是邯郸献姬与李园献妹这两个故事在情节上的多处高度雷同？只能说明一点，并非事实如此巧合，而是故事作者的人为设计与安排。

其二，文献记载不支持邯郸献姬。邯郸献姬在《史记·吕不韦列传》有记载，而《战国策·秦策五·濮阳人吕不韦贾于邯郸》，专讲吕不韦与异人故事，但并未出现吕不韦向异人邯郸献姬情节。同为司马迁所著《史记·秦始皇本纪》开篇写明："秦始皇帝者，秦庄襄王子也。庄襄王为秦质子于赵，见吕不韦妾，悦而取之，生始皇。"这里的记载简单明了，有基本事实，并无曲折细节。

再从吕不韦与其父亲的谈话看，吕问其父三个问题，分别为种地、经商、拥立国君的利润是多少。其父答曰：十倍、百倍、无数倍。可以看出，吕不韦拥立异人做秦国国君，目的是弃商从政追求富贵，并无通过设局、与赵姬怀孕然后赵姬嫁给异人、在异人不知情的情况下生下自己儿子夺取江山的目的。这一点，从吕不韦与异人在邯郸初次见面的谈话中也可以看出，当吕不韦对异人承诺可以通过运作让异人成为安国君的太子时，异人答应给吕不韦的回报是"分秦国与君共之"，就是为吕不韦分封国土。事实上，异人做到了，其继位后，既为吕不韦分封洛阳万户侯，又任命其做相国。这两件事足以说明，吕不韦以敏锐的目光经营异人，最终目的是拥立异人做国君，而不是像邯郸献姬所编的故事一样，在于通过不能见到阳光的手段，悄悄使秦国易姓到吕家。

其三，李园献妹情节曲折，吸引司马迁目光。与邯郸献姬故事比较，在情节方面，李园献妹不知道要曲折、诱人、惊险多少倍。比如，邯郸献姬的主要人物就只有三个人，即吕不韦、赵姬、秦异人；故事情节也就是从设局、酒宴到赵姬出场引诱异人不能自持从而将赵姬带走就结束了。

再看看李园献妹就大不同了。该故事的主要人物有名有姓的就有李园、李园妹妹、春申君、楚考烈王、朱英等，没有留下姓名而参与了此事的还有许多，比如李园暗地豢养的刺客等。其情节方面，李园这个关键人物比邯郸献姬中吕不韦的档次不知道低多少倍，其完全是有预谋地通过其妹妹换取春申君欢心，怀孕后再献给楚考烈王，再杀死春申君从而达到窃国目的。从政治高度来考量，李园从开始策划到实际结果都是一场有预谋有准备的以李园妹妹为作案工具、以春申君为掩护的宫廷政变。不是吗？李园从做春申君舍人开始—在春申君面前说谎话献出漂亮妹妹—李园妹妹怀上春申君孩子—春申君将带有身孕的李园妹妹献给楚考烈王—李园豢养刺客—楚考烈王病—朱英进谏—楚考烈王病死—春申君被刺死—李园政变成功楚幽王继位。显然，这个故事情节比邯郸献姬曲折、惊险、刺激得多。

再从文献记载看，司马迁笔下的《史记·春申君列传》《史记·楚世家》、刘向的《战国策·楚四·楚考烈王无子》、司马光《资治通鉴·秦纪》等或繁或简都有李园献妹的记载。从这些文献记载中可以看出，李园献妹的故事在战国以及以后的传播率、影响率，比起早于其发生的邯郸献姬故事都要大得多，并引起历代文人、史家的重视，很自然，这个故事更会引起专业人士司马迁的特别关注。

其四，司马迁的移花接木术。这就要回答本文开头的疑问：为什么说吕不韦邯郸献姬故事发生在前，楚春申君时期李园献妹故事发生在后，而邯郸献姬属于李园献妹故事的移花接木呢？其原因在于司马迁的移花接木术。因为司马迁写《史记》的时期为西汉，秦国早已灭亡数年，并且《史记》从写作到成书问世总计18年，这期间，司马迁无论是查阅史料还是走遍全国高山大川民间访问，对邯郸献姬和李园献妹两个故事都是了解的，再加之从楚汉之争项羽分封十八诸侯到刘邦再度实行全国大一统，被灭亡的六国对秦始皇充满仇恨，如果邯郸献姬的故事成立，那么历史就会改写，就不是秦始皇统一六国，而是秦被六国所灭。司马迁将李园献妹故事嫁接于邯郸献姬，正是迎合了这一思潮。

三

这一推论，能够从史料中得到证明的是：《史记·楚世家》《战国策·楚四·楚考烈王无子》《资治通鉴·秦纪》这些关于李园献妹的故事记载结尾处完全一致，都是结束于楚考烈王病死，李园妹妹所生儿子楚幽王继位。唯独不一样的是，在《史记·春申君列传》中，司马迁在写到"楚幽王继位"后，又增加了这样一段："是岁，秦始皇帝立九年矣。嫪为乱于秦。觉，夷其三族，而吕不韦废。"司马迁在《春申君列传》末尾，很突兀地增加有关吕不韦一段，无意中透露出这样两个信息：一是他在写李园献妹文章时，是想到吕不韦邯郸献姬故事的；二是同时期写的《秦始皇本纪》与《吕不韦列传》两篇文章中，对于秦始皇身份，前者如此简单明了，后者却增加许多故事情节，其原因是其将李园献妹的情节嫁接到邯郸献姬故事上。

秦汉史专家李开元教授认为，《史记》中的文章，本纪较为真实，司马迁作本纪主要依据是皇家档案资料，如秦国的秦纪；而列传系列就不同了，列传系列是司马迁在查阅多方面资料包括民间采集的相关信息综合而作，所以，本纪的真实度比列传要高一些。这一观点，同样支持邯郸献姬故事为李园献妹移花接木所致。

还有，细读《史记》，可以发现该书不少篇章充满了虚构情节：如赵高杀了胡亥以后，想做皇帝，结果龙椅突然晃动了起来；项羽大战彭城，刘邦大败，被项羽军队团团包围，此时，忽然一阵大风，惊天动地，刮得飞沙走石，刘邦趁机逃跑到荥阳；还有在一个电闪雷鸣的夜晚，刘邦父亲看到一条大龙趴在刘邦母亲刘媪身上交合，后来生下刘邦；刺客豫让藏匿在厕所中行刺赵襄子，赵襄子一进厕所就感到心跳加快，豫让被抓等。认识到这一点，司马迁关于将李园献妹故事部分情节嫁接到邯郸献姬故事身上，就不难理解了。

抗枉令直说赵姬

（朱家巷系列之六）

两千多年来，只要一说起秦始皇母亲赵姬这个名字，在大多数人的脑海里，立刻会蹦出来"舞女""荡妇""吕不韦情人""嫪毐淫妇"等污名化字眼，好像这个女人所做的一切全是大逆不道、早该千刀万剐似的。其实，这样的结论对赵姬来说，是不公平的，是莫大冤枉。从现有史料分析，真实的赵姬不仅具备中国妇女善良、忍耐、坚强等所有优良品德，还在政治方面颇具大局观念。我们看下述查到的事实。

独居邯郸六年艰辛

赵姬生于哪一年，史书没有记载。按照《史记·吕不韦列传》记载，公元前267年，秦昭王太子悼死于魏国。公元前265年，秦昭王立次子安国君为太子，同时，安国君20多个儿子当中的一个儿子——异人，被派往赵国邯郸做人质。也就是这一年，在邯郸经商的吕不韦发现了具有极大升值潜力的异人，并着手制订实施将异人包装为太子，进而继位国君的行动计划。一直到五年后的公元前260年，赵姬第一次登台亮相的角色是被大商人吕不韦看中的绝色舞女，秦异人看到后一见钟情，吕不韦很不情愿地将赵姬送给秦异人。在这件事情上，吕不韦、赵姬、秦异人这三个人可以说都是主角，没有配角，但是历史只记载了吕不韦与异人的做法，赵姬在这里只是充当了服从者的角色。对吕不韦而言，这是赵姬大局意识的最初显现，如果此时的赵姬在风光无限的吕不韦与落魄质子异人之间，毅然坚持对吕不韦不离不弃，那么，秦国的历史走向可能就是另一回事了。

在吕不韦将赵姬送给秦异人的第二年，即公元前259年，赵姬生秦嬴政，其舞女的生涯结束，与秦异人一起开始家庭主妇的角色。可好景不长，在秦嬴政三岁那年，即公元前257年，秦军攻打邯郸，兵临城下，赵国决定处死秦国人质异人。在情况万分紧急之下，吕不韦用600金收买赵国的看守官吏，与秦异人二人逃出邯郸城，进入秦军军营，被护送回到咸阳。赵姬和年仅三岁的嬴政被留在了邯郸城内，东躲西藏，九死一生，多次面临被杀的危险。所幸赵姬是豪门大户之女，才得以隐藏起来。因此，母子二人竟得活命，直到公元前251年，秦昭王驾崩，安国君继位，异人正式做了太子，赵姬和九岁的嬴政才回到秦国，一家人得以团聚。

读到这里可以想想：在生死存亡的紧急关头，吕不韦和秦异人两个大男人只顾自己逃命，竟然置赵姬和只有3岁的嬴政的生命于不顾。在这个问题上，他们究竟是怎么考虑的，是怎么向赵姬做解释工作的，或者是对赵姬予以隐瞒、逃回秦国后才告诉赵姬等。无论是哪种方式，此时的赵姬怎么看待曾经对自己那么好的两位男人呢？她纵然有再多的怨恨，为了年幼的嬴政也要艰难地生活下去，从公元前257年开始，赵姬的角色又由家庭主妇转换为带着儿子独居邯郸，这样的生活持续时间长达六年之久。这期间，赵姬的人生主题词与千千万万中国普通女性一样："贤惠""忍耐""识大体""顾大局"。因为这期间，秦赵两国战争不断，一个20岁左右的少妇，带着一个不懂事的少年，可以说是在炮火硝烟、东躲西藏中度过的，由此可见赵姬生活的艰辛。别说是在当时战争背景下，即使穿越到现在和平年代，一个女人带个小孩儿，一直单身生活六年，那该是什么滋味？按照史料记载，赵姬独居邯郸六年期间，并无绯闻，这样的形象怎能与后来的"荡妇"恶名连在一起？与赵姬不同的是，秦异人离开邯郸回到咸阳后，当即另娶一韩夫人，生下儿子成蟜。

王后太后社稷为重

自公元前249年开始，秦庄襄王继位，赵姬贵为王后，再到三年后嬴政继位，赵姬成为王太后，嬴政称帝后，又被称为中国历史上第一位帝太后，一直到公元前 228 年离开人世。在此 21 年间，以及赵姬在公元前 238 年秦始皇亲政以前的十年间，一直与吕不韦一起握有大秦帝国实权。我们需要面对的是，在中国封建社会，哪个家族有权以后不是封妻荫子，裙带连连，这似乎是再正常不过的事情了。可是，我们看赵姬，在她握有实权的十多年间，史书没有记载过一件有关她利用权力地位为家族谋私的事情。因此，赵姬在她人生最辉煌的十多年间，其人生主题词是"社稷为重"，这一点也不夸张。

"社稷为重"另一个表现在制约吕不韦权势方面。实际上，自庄襄王去世、嬴政即位开始，太后赵姬与相国吕不韦政治权势方面的争斗就已经开始了。据《史记·秦始皇本纪》记载，嬴政 13 岁时，"庄襄王死，政代立为秦王。王年少，初即位，委国事大臣"，这里的"大臣"，实际指吕不韦；同一件事，《汉书·五行志》记载不同："庄襄王继位三年，薨。子政立为王。王年少，初即位，委政太后。"这里明显不同的是，在嬴政 13 岁继位后，一说是委政吕不韦，一说是委政太后赵姬。因此，双方均公开扩张势力：吕不韦门客三千；太后赵姬、嫪毐集团多达四千余人。当秦王嬴政 22 岁亲政时，嫪毐集团宫变被迅速平息，嫪毐被车裂。对此，李开元教授分析，嫪毐集团此次攻击的目标不可能是秦王嬴政，因为幕后有赵姬同意，所以，嫪毐攻击的目标：一是以华阳太后为首的外戚一族；二是势力愈发强大的吕不韦集团。

"社稷为重"另一个表现是利用茅焦之谏和解与秦王之间的紧张关系。据《史记·秦始皇本纪》以及《说苑·正谏》记载，秦王政九年，嫪毐事件发生后，秦王嬴政将母亲赵姬从咸阳迁往雍地，并杀死了 27 位以此劝谏秦王的臣子。后来，齐人茅焦以不利于"天下为事"劝谏，被秦王采纳，并将赵姬从雍地接回咸阳。对此，太后赵姬大喜，在招待茅焦宴会上，赵姬说："抗枉令直，使败更成，安秦之社稷，使妾母子复得相会者，尽茅焦之力也。"自此之后，秦王嬴政了解了太后在嫪毐宫变中的冤情，罢免了吕不韦相国职务并逐出咸阳回到封地洛阳。须知，在此之前，嬴政亲自下令将赵姬与嫪毐的两个儿子囊捕而死，就是将两个小孩儿装在布袋内摔死，这样的做法是何等残忍。即使如此，当嬴政将她接回到咸阳后，赵姬依然谈笑风生"安秦之社稷"。试想，此时的赵姬，如果没有大局观念，能够对嬴政采取如此宽容态度吗？当然，嬴政对赵姬态度也随之改变，后来，当赵姬去世以后，嬴政封赵姬为"帝太后"。

身后背负千年污名

关于赵姬长期以来背负"荡妇、淫妇"污名的原因，主要是源于司马迁《史记·吕不韦列传》中记载。司马迁这样写道："始皇帝益壮，太后淫不止。吕不韦恐觉祸及己，乃私求大阴人嫪毐以为舍人，时纵倡乐，使毐以其阴关桐轮而行，令太后闻之，以啖太后。太后闻，果欲私得之。吕不韦乃进嫪毐，诈令人以腐罪告之。不韦又阴谓太后曰：'可事诈腐，则得给事中。'太后乃阴厚赐主腐者吏，诈论之，拔其须眉为宦者，遂得侍太后。太后私与通，绝爱之。"

我们看看与此相关其他史料对此事是怎么记载的。第一，《说苑·正谏》："秦始皇帝太后不谨，幸郎嫪毐，封以为长信侯，为生两子。"第二，《战国策·秦策五·濮阳人吕不韦贾于邯郸》专讲吕不韦与运作异人成为太子过程，对赵姬这个名字只字未提。第三，《史记·秦始皇本纪》："秦始皇帝者，秦庄襄王子也。庄襄王为秦质子于赵，见吕不韦姬，悦而取之，生始皇。以秦昭王四十八年生于邯郸。……年十三岁，庄襄王死，政代立为秦王。"第四，《秦集史·帝太后传》："嫪毐者亦邯郸人。及太后归秦，毐亦偕来，为宦者，遂得侍太后。太后所至，毐常从。"

从上述四份资料可以看出，与司马迁的《史记·吕不韦列传》比较，有几个不同：第一个不同，均没有提及嫪毐阴及细节；第二个不同，嫪毐的身份不一样，《说苑·正谏》认定嫪毐的身份是"郎"，也就是帅男，不是假宦官；第三个不同，《战国策·秦策五》讲吕不韦，只字不提赵姬事情；第四个不同，马非百的《秦集史》称，太后与嫪毐早在邯郸就认识，嫪毐是随太后入秦的，不是吕不韦献嫪毐于太后的。按照李开元教授的研究，司马迁本纪所依据的资料多来源于档案材料，而列传是由多方面资料来源构成，包括司马迁本人到各地游走了解的民间传说以及为增加故事性而虚构的一些情节。所以，自《史记·吕不韦列传》以后，大量描写秦始皇时期文学作品，为了博人眼球，在赵姬与嫪毐涉淫方面，做足了文章，使赵姬淫妇形象越描越黑。再则，《史记·吕不韦列传》所述为了让嫪毐以假宦官身份进入太后赵姬身边，吕不韦让太后给嫪毐净身的官吏送礼，更是不符合逻辑。

  司马迁的《史记》共 130 篇 52 万余字，据粗略统计共涉及女性 407 位。其中，仅仅简单提及的有 284 人，其余 123 人根据故事进展情节，只在一定程度上写到她们的语言或行为，多是寥寥数语写出其鲜明个性，如富有神话色彩的刘媪、不求回报的漂母、令人敬仰的巴寡妇清等，其中不乏宣太后、吕后等涉及隐私的内容。对这些内容，司马迁多点到为止，并无细节描述。其唯独对赵姬，凭着自己公共话语权，放大赵姬属于隐私的一面，而对赵姬身上的亮点一律视而不见，不在史书中留下一丁点墨迹，令人费解。

赵高因何罪被判死刑
（朱家巷系列之七）

司马迁在《史记·蒙恬列传》中载："高有大罪，秦王令蒙毅法治之。毅不敢阿法，当高罪死，除其宦籍。帝以高之敦于事也，赦之，复其官爵。"对于《史记》的这一记载，《资治通鉴》卷七也有基本情节相同的内容。

权威文献言之凿凿，具体情节却秘而不宣，史家们到底在卖什么关子？赵高到底犯了什么样的"大罪"被判处死刑？既然被依法判处死刑，为什么不但没有依法执行，还惊动了秦始皇为之赦免、使其官复原职？是什么样的事情使赵高从阎王殿的大门口溜达了一圈以后又在咸阳大殿的皇宫内继续成为皇帝的红人？对此，两千多年来，人们无论从官方的宫廷资料、史学文献还是民间的口头文学、野史杂抄等渠道，寻觅不到任何直接证据。但是，只要事实客观存在，没有直接证据，我们照样可以通过相关的公开史料的间接证据，分析一下赵高被判处死刑的原因。

赵高、蒙毅都深得秦始皇信任

赵高犯"大罪"，被蒙毅依法判处死刑这件事，史书没有具体时间，综合《史记·秦始皇本纪》《史记·李斯列传》《史记·蒙恬列传》以及《资治通鉴》卷七等相关记载，这件事应发生在公元前221年秦统一六国的当年，或者之后的一两年内。事件的中心是秦始皇考虑扶苏、胡亥谁当太子在他心目中更加合适。

从时间上看，公元前210年秦始皇病死沙丘，赵高等人篡改遗诏，阴谋得逞,当胡亥听闻扶苏已死,打算释放蒙恬时,正巧蒙毅祭祀山川而归,赵高对胡亥说:"先帝(指秦始皇)欲册封你为太子久矣。毅谏曰:'不可。以臣愚见,不若诛之。'"后来,胡亥将蒙恬、蒙毅关押在代地,其登基大典结束后将兄弟二人杀害。

这里传达出两个信息:一是赵高说先帝秦始皇打算册封胡亥为太子时间"久矣",自公元前 221 年到公元前 210 年长达 10 年,符合"久矣"概念;二是赵高与蒙毅两个当事人,都在咸阳内宫秦始皇身边工作,都是秦始皇最信任的宠臣,都能够有机会听到秦始皇关于册封太子方面最真实的心情吐露。赵高和蒙毅同时具备这样的条件,也是从公元前 221 年,秦王嬴政统一六国之后开始的。

据史料记载,秦始皇、赵高、蒙毅三个人基本属于同一个年龄段。公元前 221 年秦统一六国那一年,秦始皇 39 岁,赵高 37 岁,蒙恬与秦始皇同一年生,蒙恬弟弟蒙毅比蒙恬小两到三岁,也就和赵高年龄相仿。赵高早在公元前 234 年,通过考试选拔进入秦宫任尚书卒史,仕于秦王,十多年后,到公元前 221 年,已经成为秦始皇身边最信任的人。而蒙毅呢?是在秦始皇统一六国后,蒙恬驻防上郡抗击匈奴;秦始皇尊崇蒙氏,亲近蒙毅,蒙毅在朝中官至上卿,居内侍从秦始皇跟前,外出与秦始皇同乘一辆车。

公元前 221 年,对于秦始皇来说,在他 39 岁跌宕起伏的人生经历中,迎来了他最辉煌的巅峰:六国毕、天下一。那一年,在秦始皇 20 多个儿子中,脱颖而出的是 27 岁的大儿子扶苏和 10 岁的小儿子胡亥。作为一个政治家,秦始皇在内心可以说比任何一个大臣和史学家都更加懂得册封太子对于国泰民安的重要性。因此,他在这方面的非官方想法和说法,在掌管车马文书皇家官印的赵高和具有上卿头衔贴身保镖的蒙毅面前表露出来,赵高和蒙毅并非官方意义的知道秦始皇的想法也是合乎逻辑的。也许,正是这样的工作关系,使赵高、蒙毅结下了冤仇,并为蒙毅带来杀身之祸。

秦始皇废长立幼并非捕风捉影

数千年来,我们能够接触到的有关秦始皇各种形式的史书以及各种文学艺术形式的文学作品，最为精彩的情节莫过于秦始皇死后，赵高等人的沙丘政变了，其给人留下的结论就是：秦始皇虽然没有通过官方正规方式确定长子扶苏为太子，但其内心始终认定扶苏最合适，既符合立嫡立长的祖制，也符合当时民意；而胡亥从没有进入秦始皇视野，赵高篡改遗诏使胡亥登基属于逆取谋位。但历史事实并不支持这种美好愿望，且有更多证据指向秦始皇一直到公元前210年前沙丘驾崩之前，其废长立幼的计划并非属于捕风捉影。

首先，秦始皇对胡亥关爱有加。具体表现：一是明确赵高为胡亥老师，专学诉讼法律等知识；二是批准胡亥参加秦始皇长达十个月的第五次东巡，在东巡途中参与各种需要皇帝参与的政治活动，实际上是对胡亥作为太子的暗中考核；三是蒙毅在公开场合讲，比胡亥，论贤才，其他公子远矣。

其次，秦始皇公元前212年的"坑术士"事件，因长子扶苏公开发表与秦始皇不同意见，被秦始皇贬出京城，到位于上郡的长城军团做监军。秦始皇对长子扶苏如此举动，与对幼子胡亥特殊关怀比较，形成鲜明对比。向朝中大臣和世人传递出扶苏太子地位被废或者秦始皇在此问题上犹豫不决的信息。

最后，据《史记·蒙恬列传》记载，公元前209年，胡亥登上皇位以后，派御史官曲宫到关押蒙毅的监牢，对蒙毅说："先主秦始皇想册立胡亥当太子，你为什么要阻拦，你的罪过牵连到你的家族，就赐你自杀吧，不灭你的家族，你就很幸运了。"对此，我们看看蒙毅是怎么争辩的？蒙毅说："先主举用太子，是多年深思积虑，我能有什么话进谏？敢有计策谋划？还是让我死于应有的罪名。"人之将死其言也善。我想，蒙毅在这个时候的争辩理由是真实的，最起码证明一点：秦始皇对于胡亥当太子是早有谋划的，蒙毅作为秦始皇的贴身警卫和保镖，他在临死之前的发言中，有关胡亥当太子的信息是真实的。

除了上述三个方面以外，我们再从另一个角度分析：作为在秦始皇身边20多年的赵高，在沙丘宫变中为什么能够将胡亥诈立？推测这里除了他与胡亥是师生关系、比其他公子关系更亲近以外，更重要的是赵高对秦始皇平日里关于立胡亥为太子的相关信息掌握得更多，政变成功以后能够获得朝中大臣和黎民百姓的拥戴。再从秦始皇自身来看，公元前221年秦统一大业完成后，确实倾向于长子扶苏为太子，但后来在坑术士问题上扶苏的公开进谏，动摇了扶苏在秦始皇心中的太子地位,进而转向对胡亥的谋划。秦始皇的这一改变被善于见风使舵、察言观色的赵高敏锐捕捉到,也为他后来犯"大罪"被蒙毅判处死刑埋下隐患。

秦始皇从系铃人到解铃人的双重角色

细读赵高犯"大罪"被蒙毅判处死刑的史书记载,给人的感觉:一是确有其事;二是整个事件链条中多个环节表现异常。比如,第一,罪名是什么?没有公布过。第二,为什么让上卿蒙毅去判决而不是廷尉?第三,"敦于事"能成为赦免的理由吗?还官复原职?等于说,赵高虽然犯了死罪,但本人政治声誉、官职地位和经济利益任何方面都丝毫没有受到影响。

这起案件为什么难以公布赵高的罪名?为什么案件中会出现许多异常?综合多种文献记载分析推断,原因在于案件本身许多细节都处于罪与非罪的模糊状态,并且秦始皇本人才是这起案件的系铃人。在公元前221年秦统一六国后,当秦始皇按照祖制私下确定长子扶苏为太子后,由于多方面因素,又打算让小儿子胡亥做太子。他的这些言行被平时因工作需要一直在他身边工作的赵高、蒙毅等了解得非常清楚,赵高由于接触的宫廷人员较多,在工作或生活中有意无意地将秦始皇有立幼子胡亥为太子的信息透露了出去。因为此属于秦始皇个人私下行为,赵高的这一举动令秦始皇不满,但又不能将此案交由廷尉公开审理。那样,不利影响将愈发扩大,所以交由上卿蒙毅不公开审理。

案件到了蒙毅手里,作为军人职衔的上卿蒙毅,对于此案完全依法判决。按照当时的秦律有专门一条"危害专制皇权罪"的罪名(引自《中国法制史》第四章"秦代法律制度"),这是严重犯罪,主要有诽谤者族;族,就是灭族;妖言者杀,如坑杀方士;还有妄言,秦律规定,妄言者无类。"无类"即处以族刑。如赵高向外说了秦始皇欲立幼子胡亥为太子的话,被告发后,即类同于妄言,被蒙毅依法判决死刑是完全有可能的。但赵高的这一案件为什么最终又被秦始皇否决了,并使赵高官复原职?很简单,秦始皇心中最清楚，这是事实，还有一种可能是赵高并非有意为之。试想：如果赵高因为杀人放火，涉及人命关天，或者利用职务便利泄露朝廷的重大机密并造成较大影响，秦始皇能让蒙毅去审理吗？即使赵高再"敦于事"，秦始皇也绝不会予以赦免！

蒙毅做梦也不会想到，他会成为这起案件最大受害者，为此与赵高结下了仇怨，并导致他在秦始皇沙丘崩亡后被赵高利用胡亥之手杀掉。而赵高，同样通过这起案件，在距离死亡一步之遥的人生关头，经历了一场虚惊之后，暗暗有了两大收获：一是更加看清了秦始皇本人在册封扶苏和胡亥为太子方面的摇摆心态和行动；二是更加坚定了自己看好胡亥的信心，并时刻在寻找亲近胡亥的机会。因此，当秦始皇病死沙丘的机会来临后，赵高瞄准秦始皇遗诏中的法治漏洞即刻出击并取得成功。

秦始皇本人在这起案件中充当了系铃人、解铃人双重角色。令他更想不到的是，正是那次他对赵高的宽容，使他死后，正处于鼎盛时期的大秦帝国会葬送在他最信任的赵高手里。

秦昭王以城易璧魔变记

（朱家巷系列之八）

赵国历史上在赵惠文王时期发生的《完璧归赵》的故事，通过中学教材、小说、京剧、影视等多种形式传播，几千年来几乎人尽皆知，人们对故事主角蔺相如智勇双全的形象赞叹不已，至今，在河北省邯郸市串城街还有体现廉颇蔺相如将相和故事的回车巷等景点供游人瞻仰。其实，我们回顾此段历史细节可以发现，秦赵之间由"和氏璧"引发的这场惊险刺激的冲突背后，实则是秦昭王用以城易璧为掩饰导演的一出安赵攻楚的政治魔变。

楚璧至赵

司马迁《史记·廉颇蔺相如列传》在记录蔺相如事迹篇目开篇写道："赵惠文王时，得楚和氏璧。"我们看这九个字，有这样三层意思：一是时间——赵国赵惠文王时期；二是主题内容——得到了和氏璧；三是深一步信息——这块玉璧原本是楚国的。

我们具体追溯和氏璧到了赵国的时间为：赵惠文王十八年，秦昭王二十六年。因为从现有信息看，这块和氏璧源于楚国，现在赵国，后来被蔺相如带到了秦国并交给秦昭王，后又完璧归赵。对于如此重要的历史事件，相关国家是如何记载的呢？查阅《史记·楚世家》，通篇没有关于和氏璧的记载；《史记·赵世家》关于赵惠文王十八年的记载为"秦拔我石城。王再之卫东阳，决河水，伐魏氏"。《史记·秦本纪》中关于秦昭王二十六年记载为"赦罪人迁穰。侯冉复相"。这就意味着，与和氏璧相关的三个国家正史均没有记载这件事情。

进一步追溯，我们发现最早记载和氏璧的史料是来自战国时期《韩非子·和氏》一文。文中讲道：楚国有位叫卞和的人，在荆山挖得一块玉璞（未经雕琢的玉石），双手捧着进献给楚厉王。厉王让玉匠鉴定。玉匠说是石头。厉王认为卞和行骗，就砍掉卞和左脚；厉王死，楚武王即位。卞和又双手捧着那块玉璞献给武王。武王让玉匠鉴定。玉匠又说是石头。武王也认为卞和行骗，又砍去卞和右脚。武王死，文王登基，卞和抱着那块玉璞在荆山下哭，哭了三天三夜，眼泪哭干了，眼中流出了血。楚文王听说了，就派人了解哭的原因，问道："天下受断足刑的人多了，你为什么哭得这么悲伤？"卞和说："我不是因为悲伤双脚被砍掉，而是悲伤把宝石当作石头，把忠贞的人称作骗子。"于是，楚文王让玉匠加工这块玉璞并得到宝玉，将其命名为"和氏之璧"。

这是楚国和氏璧的由来。按照这一记载，楚厉王在位时间为公元前758年至公元前741年；楚武王在位时间为公元前740年至公元前690年；楚文王在位时间为公元前689年至公元前675年。而楚国和氏璧到了赵国时间为赵惠文王十八年，即公元前281年，就是说楚国和氏璧发现400多年后才到了赵国。那么，这块和氏璧是怎么到了赵国的？史籍中难以查到确切信息。《光明日报》2016年8月12日第九版"文化遗产专刊"介绍：因为和氏璧名声越来越大，价值越来越高，有"价值连城"的说法。楚威王时期，楚王将和氏璧赐给了伐魏有功的昭阳相国，昭阳相国在一次水边设宴，并拿出和氏璧让宾客欣赏，结果弄丢了，后来辗转流入赵国并被赵国太监吏缪贤所得，缪贤将其献给赵惠文王。

以城易璧

楚国的和氏璧到了赵国以后，秦昭王很快知道了。《史记·廉颇蔺相如列传》记载，秦昭王派人给赵王送来一封书信，表示愿意用15座城池交换和氏璧。赵王同大将军廉颇以及诸大臣们商量：如果把宝玉给了秦国，秦国的城邑恐怕不可能得到；如果不给他，又恐怕秦国来攻打，寻找一个能到秦国去回复的使者，也未能找到。

请注意，和氏璧在赵王手里，秦昭王派人表示要以城易璧，这样双方比较，主动权在赵王手中，卖方市场应当被赵王掌控。可是从赵王接到信以后的做法看，左一个担心，右一个害怕，还要派使者向秦昭王亲自回复，却将交易的主动方变成被动方。即使退一步，从秦赵两国平等地位考虑，在处理这件事方面，也应当同秦昭王一样，派使者回封信，说明态度，引导秦国来赵国交易，这样一来，不就重新掌握主动了吗？毕竟，是你秦国有求于我赵国。

再进一步分析，赵王接到秦昭王要求以城易璧信件后，首先考虑的不应是害怕秦国，而应当细致严肃地对待，与大将军廉颇等臣子围绕秦昭王提出以 15 城易璧问题重点分析这样几个关联性问题：第一是时间方面。和氏璧在楚国已经有 400 多年了，秦昭王即位 26 年了，这期间，他不可能不知道和氏璧出自楚国。如果真的喜欢，为什么不向楚国提出？为什么和氏璧刚到赵国，秦昭王就向赵国提出以城易璧要求？第二是价值方面。双方交易无论额度大小，其最基本的规则是利益均等、自愿。如果违背了这一规则，背后必有原因。具体到赵国的和氏璧虽然价值连城，客观而言，其远没有秦国提出的 15 座城池价值高，甚至悬殊较大。对此，难道秦昭王不知道吗？如果知道，其为什么主动提出要做这明显吃亏的生意？第三是秦昭王以城易璧目的，是单纯地、真心地通过付出大代价要得到和氏璧，还是以这一方式为掩护得到其他方面的东西。当这些关联性问题厘清了，然后再采取相应措施，比如，坐等秦国来赵国交易，一手交割 15 座城池，一手交付和氏璧，这样，主动权仍在赵王手中。

遗憾的是，赵王没有那么做，而是派蔺相如带着和氏璧直奔咸阳，并将和氏璧直接交到秦昭王手中，以彰显赵王诚意。不过，这样做的风险实在太大了，既关乎到蔺相如的生命安全，也关乎到和氏璧的安全，更难以排除秦国以抢劫等非正常方式获取和氏璧。这是赵王、蔺相如去秦国之前预料之中的事情。其结果，基本如此，只是有惊无险，蔺相如智勇双全，和氏璧完璧归赵。蔺相如那么智慧的一个臣子，为什么在这件事情上如此冒险呢？《史记·廉颇蔺相如列传》记载，蔺相如这样做的理由有两条：一条是"秦国请求用城换璧，赵国如不答应，赵国理亏；赵国给了璧而秦国不给赵国城邑，秦国理亏"；另一条是"秦国强，赵国弱，不能不答应"，言外之意是，如果不答应，秦国就会以此为由攻打赵国。所以，赵王就同意蔺相如的冒险方式。

我们看看，蔺相如向赵王提出的这两条理由从逻辑上成立吗？第一条，秦王提出以城易璧，赵王担心受骗，在消除这一担心之前，不同意交易怎么就"理亏"了？这样做不是再正常不过吗？第二条，因为秦强赵弱，赵国即使冒着受骗上当风险，也要答应秦王要求。这就更说不通了。因为秦强赵弱是基本事实，秦国数次攻打赵国也是基本事实。秦国在以城易璧信件中只说交换和氏璧，并没有承诺交换以后就不打赵国了。应当看到，秦国攻打赵国目的在于扩张、东进，其攻打赵国从来不需要理由。综合分析，赵国在秦国提出以城易璧问题上，本应采取更为安全、主动的措施，而不是派蔺相如冒险到秦国向秦王献璧。

谁是赢家

蔺相如到了秦国以后，彻底看清秦昭王不打算将 15 座城予以赵国的目的，便安排随从抄小路将和氏璧带回赵国，自己在秦国冒着被杀头的危险继续与秦王周旋，最终秦王没有杀他，将其放归赵国。这样，和氏璧保住了，蔺相如一行也平安归来，赵惠文王因此提升蔺相如为卿。这件事仅从表面看，确实是蔺相如赢了，赵国赢了。

但事实却非如此简单。一个最基本的逻辑为，秦昭王不会愚蠢到拿秦国的 15 座城去交换赵国的那块和氏璧，尽管和氏璧价值连城，但其价值绝不等于 15 座城。那么，既然秦昭王不打算真的要赵国和氏璧，那他通过以城易璧的真实目的是什么呢？综合秦赵两国当时的背景，秦昭王要达到的真实目的为：

其一，摸清赵国实力以及赵惠文王对天下大势的判断力。赵国自公元前 307 年赵武灵王实行胡服骑射改革，军事力量不断增强，连续取得攻打胡人、灭中山国等胜利。赵武灵王本人还一度以使者身份闯入秦宫，试图避开秦国关隘,从北部偷袭秦国,使秦昭王愈发感到赵国的威胁。公元前299年,赵武灵王让位于赵惠文王,到公元前281年、赵惠文王十八年得到和氏璧,秦昭王正是利用以城易璧方式,对赵国实力以及年轻的赵惠文王予以试探。在巨大利益面前,如果赵国不予理睬,说明赵国敢于对抗秦国,说明赵惠文王不会轻易上钩。而赵国一接到秦昭王信件,便迅疾派使者过来献出和氏璧并索要15城,此行为说明,赵国已经上钩。再加之蔺相如到秦国后,向秦王述说赵王接到秦王信件以后惊恐不安的心情,更使秦国对年轻的赵惠文王在处理秦赵关系方面有了深入了解。

其二,按照秦国当时的总体部署,即将开展对楚国的全面攻伐,通过这次以城易璧的路演,蔺相如对秦昭王提出斋戒、安排九宾大礼等要求,秦昭王都做到了,结果蔺相如却把和氏璧偷偷送回邯郸了。这不是戏弄秦昭王吗?尽管如此,秦昭王仍然将蔺相如放回赵国。毫无疑问,赵国在此输了理,更不敢惹怒秦国,比如当秦国攻打楚国时,赵国不敢与楚国结盟对抗秦国。

其三,通过高调处理秦赵两国以城易璧事件,对赵国以外的其他国家形成秦赵两国关系密切、秦国不惜以15座城为代价换取赵国的一块和氏璧并以此安赵的局面,进而声东击西,掩盖其大规模伐楚军事部署。有了这样的基本判断以后,秦国自与赵国以城易璧事情的第二年,即公元前280年开始,连续三年派司马错、白起等将军攻楚,直至楚国割地求和,并将楚国国都由郢迁至陈丘。至此,在位长达51年的秦昭王不愧为表演政治魔术的高手,他通过以城易璧—重利诱惑—赵使赴秦—完璧归赵等几个招数,即达到了安赵伐楚目的。

毫无疑问,一块和氏璧与15座城池,15座城池价值明显高于和氏璧,如果秦国真的将15座城给了赵国,对赵国来说,无异于天上掉馅饼。作为一个成熟的政治家,在馅饼面前决不能有贪心。之所以赵王和蔺相如在以城易璧事情上,中了秦昭王圈套,"贪"

位于邯郸火车站广场和氏璧示意图

字是重要因素。君臣只看到了15座城与和氏璧表象的事情，对其表象背后秦国所要的东西研究甚少。可悲的是，到了公元前259年，韩国郡守冯亭向赵国献上党，这次馅饼比15座城更大，赵国竟然接受了，由此引发长平大战，奠定了赵国大惨局。天上掉下来的馅饼，从来都是诱饵。真正的赢家从来不是表面的。所以，不贪食、不捡便宜、力图透过表象看本质、具备长远眼光是为政者必备的基本功。

郡守冯亭不寻常

（朱家巷系列之九）

赢政在邯郸朱家巷出生的前一年，即公元前 260 年发生的秦赵长平之战，以赵败秦胜而结束，赵军被秦坑杀降卒 45 万。此战一举扭转秦赵两国实力基本均衡局面，使秦国在七国中稳稳坐上老大位置，提前或加速了后来秦始皇统一六国的进程。按照史料记载，长平之战的发生，原因在于本已收入秦国囊中的韩国上党郡，被郡守冯亭在没有经过韩王批准的情况下，献给了赵国，由此引发秦赵之间上党争夺，从而燃起长平战火。种种迹象说明，冯亭献上党给赵国，绝非史料中记载得那么简单，冯亭在其中扮演的也绝非上党郡守一种角色，或许更主要的角色是充当秦国间谍，以献上党为诱饵，引诱赵国上钩，然后引发秦国开战争夺，从而达到消灭更多有生力量之目的。

临危受命

公元前 262 年，秦国攻打并占领了韩国野王（今河南沁阳），把韩国的上党郡与本土的联系完全截断，韩桓惠王非常惊恐。据《战国策·赵策一》记载：韩王使阳成君入秦，请效上党之地以为和。命韩阳告诉上党之守靳黈（tǒu）曰："秦起二军以临韩，韩不能有。今王令韩兴兵以上党入和与秦，使阳言之太守，太守其效之。"靳黈曰："人有言：挈瓶之知，不失守器。王则有令，而臣太守，虽王与子，亦其猜焉。臣请悉发守以应秦，若不能卒，则死之。"韩阳趋以报王，王曰："吾始已诺于应侯矣，今不与，是欺之也。"乃使冯亭代靳黈。冯亭守三十日，阴使人请赵王曰："韩不能守上党，且以与秦，其民皆不欲为秦，而愿为赵。今愿拜内之与王，唯王才之。"

这段记载传达的信息非常丰富，就是说：在秦军占领韩国野王以后，就切断了韩国都城与上党郡的道路，意味着上党郡已经被秦国收入囊中。所以，韩桓惠王就采取措施，命令韩阳君为特使入秦，请求割地上党郡与秦以求存，并让韩阳君将这一决定告诉时任上党郡守靳黈。不料，靳黈不听韩王之命，誓死守卫上党郡。在这种情况下，韩王令冯亭代替靳黈任新的上党郡守。但冯亭同样不执行韩王将上党郡给予秦国的决定，密派使者将上党郡献给赵国。

这里需要注意的是，将上党郡割让给秦国，是韩桓惠王"承诺于应侯"的，"应侯"，即时任秦昭王相国的范雎。正是因为原任上党郡首靳黈属于主战派，宁死不同意给秦国，所以才让冯亭取而代之。试想，在这样的背景下，冯亭怎么敢不经韩桓惠王同意，就自作主张将上党郡献与赵国呢？冯亭背主献城给赵国，其除了庶民百姓愿意归赵不愿属秦这一似是而非的理由外还有什么呢？《史记·白起王翦列传》称："赵若受我，秦怒，必攻赵；赵破兵，必亲韩。韩赵为一，则可以当秦。"这里的理由是通过献上党郡于赵国，实现韩赵两国联合抗秦。对于冯亭这一理由，根本经不起推敲：一是涉及韩赵两国之间的联合决定，已经超出一个郡守的职责；二是事实说明并无实施；三是在赵国赵孝成王与君臣商议接受上党郡过程中，根本没有韩赵联合抗秦这一概念。因此，唯一能够解释通的原因是：秦相范雎与韩桓惠王议定计谋，令冯亭出面以献上党郡形式，诱惑赵国贪欲，致使秦赵展开上党之战进而引发长平之战，最终目的为秦攻赵国晋阳铺平道路。

赵王上钩

当赵孝成王接到冯亭使者送来的献上党郡信息后，《史记·赵世家》记载为"大喜"，其随即召集平阳君赵豹商议，赵豹一眼识破冯亭阴谋，认为是"韩嫁祸于赵"，不能接受；赵孝成王又与平原君赵胜和赵禹商议，两人认为"发兵百万，逾岁未得一城，今坐受城邑十七（上党郡有十七座城邑），此大利也，不可失"。赵孝成王听后说："善。"于是，派赵胜去韩国接受上党郡。

除了这个理由外,冯亭直接给出献上党郡与赵国的公开理由是,赵王仁德,其"吏民皆安为赵,不欲为秦"。这理由更让赵孝成王心里高兴,对赵豹的分析置若罔闻,自此点燃了秦赵两国长平大战弥漫硝烟的导火索。

其实,在接到上党郡守冯亭所派使者献城前三天的晚上,赵孝成王已有不详预兆。《史记·赵世家》记载称:赵孝成王这晚曾做一梦,"梦见自己乘飞龙上天,不至而坠,又见金玉堆积如山"。天亮以后,请占卜官解梦,占卜官说:"成飞龙上天不至而坠,是有气而无实;金玉堆积如山者,忧也。"很明显,此梦寓意并非祥瑞。或许,三天以后,在接到冯亭献上党郡与赵的信息后,在巨大利益诱惑下,赵孝成王早已把三天前的这个梦忘掉了。我们看战国中后期,公元前310年的一天,赵孝成王的爷爷赵武灵王也做了一个梦,他梦见一个少女鼓琴而歌,并对梦中少女和梦境十分留恋,在酒宴的时候就把这个梦向臣子说了,还具体地描绘了少女的形象。臣子吴广听说后,觉得赵武灵王说的少女太像自己的女儿孟姚了,于是就把孟姚献给了赵武灵王,做了王后,生下了王子赵何,武灵王废长立幼,后导致沙丘宫变,武灵王英年而终。赵孝成王和他的爷爷赵武灵王,一个因冯亭献上党,一个因臣子献少女,都与梦境相关,都给赵国带来巨大灾祸。

对于间谍冯亭献上党郡与赵国的阴谋与骗局得逞,司马迁看得非常清楚,他在《史记·平原君虞卿列传》中记载:"平原君,翩翩浊世之佳公子也,然未睹大体。鄙语曰'利令智昏',平原君贪冯亭邪说,使赵陷长平兵卒四十余万众,邯郸几亡。"

司马迁在这里尖锐地指出了导致赵孝成王接受上党郡以致酿成长平惨败的两个主因:一是平原君利令智昏,二是冯亭献上党郡与赵的理由是"邪说"。司马迁这话说得很重。什么是"邪说"?就是不正当的理由,歪理邪说。就是说,冯亭让使者说与赵孝成王的"上党郡吏民皆安为赵,不欲为秦"的理由是不存在的,其目的在于欺骗和诱惑赵孝成王卷入秦赵上党争夺战。

辞封回国

赵孝成王作出接受冯亭所献上党郡决定以后,派平原君赵胜去接受。对此过程,《战国策·赵策一》记载得非常具体,赵胜至曰:"敝邑之王,使使者臣胜,太守有诏,使臣胜谓曰:'请以三万户之都封太守,千户封县令,诸吏皆益爵三级,民能相集者,赐家六金。'"冯亭垂涕而勉曰:"是吾处三不义也:为主守地而不能死,而以与人,不义一也;主内之秦,不顺主命,不义二也;卖主之地而食之,不义三也。"

赵国不费一兵一卒,天上掉馅饼一样白捡了秦国攻下的韩国上党郡十七座城邑,平原君赵胜到韩国接受上党郡时宣布,赵王对这次事件的最大功臣冯亭以三万户之都封太守。按照正常逻辑,赵国得到大的实惠,国君以三万户食邑作奖励,在当时属正常行为,你冯亭应接受才对呀!但蹊跷的是,冯亭不但不受封,反而义正词严感慨自己背主献地"三不义",这样的感慨不是与向赵国献上党郡行为明显矛盾吗?不仅如此,在感慨一番之后,辞掉赵国厚重封赏,又回到了韩国。此时,上党郡已成为赵国版图。冯亭回到韩国见到韩桓惠王,丝毫不提自己献上党郡与赵国,赵国已接受的事情,而欺骗韩王:"赵国知道韩不能守住上党,已发兵取之。"韩王并未追究,将赵国发兵上党的信息告诉秦国,秦王怒:"令公孙起、王以兵遇赵长平。"秦赵持续两年多的长平之战拉开序幕。

冯亭背主献地既不要当时受益国赵国的封赏,又没有遭受利益受损国韩国的追究和处罚,倒是长平之战战胜国秦国封冯亭为华阳君,对此封号,冯亭没有推辞。秦赵长平之战九年后,秦昭王去世;又一年后,秦孝文王薨;又三年,秦庄襄王崩,嬴政即位;公元前230年到公元前221年,秦扫平六国。秦始皇时期,献上党郡与赵国的冯亭后人冯去疾为右丞相,比李斯地位还高;冯劫为将军;冯毋择为武信侯,其名字篆刻在秦始皇东巡的刻石上。这些冯氏高官如此密集出现在长平之战以后的秦始皇时期,尽管史料中难以查阅到确切证据,可谁能说与冯亭在上党郡守时期对秦国的贡献没有干系?

邯郸保卫战的史学价值

（朱家巷系列之十）

公元前260年，秦赵之间发生的长平之战以赵国损兵45万人结束。数月后，以王陵为将的数十万秦军，再一次发起了对赵国都城邯郸的歼灭战，史称"邯郸之战"，赵国称之为"邯郸保卫战"。该战最终以赵胜秦败而结束。对于此次战争的细节，司马迁在《史记·魏公子列传》《史记·平原君虞卿列传》《史记·范雎蔡泽列传》《史记·白起王翦列传》《史记·春申君列传》等均有记载。两千多年来，对于邯郸保卫战这场战争，不少学者将目光聚焦于秦国因此延迟了兼并六国的步伐，笔者认为这样的认识远远不够，而应侧重关注此次战争中所蕴含的史学价值。其突出表现为：

暴露出秦国高层矛盾冲突

按照《史记·白起王翦列传》记载，秦国在取得长平之战胜利以后，主将白起并未宣布撤兵，而是兵分两路继续攻打赵国，赵国的应对措施是割地求和。赵国派出使者到秦国找到丞相范雎。以如果白起取得长平之战胜利以后，再继续进攻赵国获胜，其功绩会远超过范雎，这样一来，范雎的地位将永远低于白起。在此情况下，范雎为了一己之私，以休整的名义建议昭襄王（又称昭王）不再攻赵，接受和解。但是，赵国接下来并未兑现割让6座城池的许诺，到公元前259年9月，秦王派五大夫王陵为将率军直接进攻赵国都城邯郸。因王陵在战场连续失利，秦王派白起出征邯郸，白起以病为由，予以拒绝。后秦王又安排丞相范雎催促白起挂帅邯郸前线，白起对范雎的心思早已心知肚明，更是不予理睬，直至被秦昭王赐死。

通过邯郸保卫战而暴露出的秦国高层秦昭王、范雎、白起，王、相、帅之间的矛盾越来越公开化，其导致的后果是致命性的。首先，名将白起之死，无论从哪个层面分析，对于秦国军队、秦国这个国家，对于秦昭王本人而言，都是重大损失；其次，邯郸战场前线总指挥王陵屡战屡败，秦昭王赐死白起以后，实在找不出合适的人选，便由王龁替换王陵。很显然，无论是对时局的判断分析还是对瞬息万变的战场前线情况果断处置，王龁与白起并不在一个频率上。所以，秦军在战场仍处于被动地位，尤其在魏、楚援赵大军到来以后，秦将郑安平被迫率两万秦军降赵。这样的行为，对秦昭王而言，简直就是奇耻大辱，因为自公元前356年，秦孝公商鞅变法以来，到公元前258年邯郸之战的近百年时间内，赳赳老秦的队伍中几乎没有发生过类似行为。

因通过暗中操作、利用秦昭王之名叫停白起长平之战后随即进攻邯郸部署的丞相范雎，在白起被秦昭王赐死以后，自认为成了赢家。其实，通过邯郸保卫战这场战争，范雎怎么也想不到自己输得比白起更惨，不同的只是保住了一条小命而已。因为投降赵国的秦将郑安平，是范雎在魏国时的救命恩人，正是因为范雎的提名和推荐，郑安平才被任命为邯郸战场一线的秦军将领。遗憾的是，根本不懂军事的郑安平，竟投降赵国，此举令范雎颜面扫地，更严重的是，按照秦律，被推荐为官的人犯罪以后，推荐者需要承担同样罪责。这样一来，即使由秦昭王庇护，范雎的仕途也每况愈下，直至被蔡泽所取代。这就是秦国高层矛盾内斗所结出的恶果：将军白起死，丞相范雎倒台，与赵国进行的战争以失败而告终。

凸显赵国上下必胜信心

司马迁在《史记·白起王翦列传》中关于秦赵长平之战时写道：秦"乃挟诈而尽阬杀之，遗其小者二百四十人归赵。前后斩首虏四十五万人。赵人大震"。在赵国人尚未走出长平之战阴霾背景下，秦军直接攻击国都邯郸的战斗又打响了。面对新的战斗，赵国高层采取的措施是上下一心，保卫国都，坚定必胜信心，并迅速作出对内对外两套紧急部署。

根据《史记·平原君虞卿列传》记载，外交方面：赵国一方面派出使者到秦国割地求和，以拖延秦国攻赵时间；另一方面由平原君带队到楚国、写信给魏国的方式，请求楚、魏两国支援，以达到赵魏楚三国合纵攻秦之目的。赵国外交方面还有一个大动作是，大臣虞卿建议改变原定的对秦国割地求和计划。理由是：割地于秦，秦势更强，赵"地有尽而秦之求无已"，如此赵将灭亡。虞卿建议将原计划给予秦国的六城给予齐国，以联齐抗秦，赵孝成王用其谋。

对内方面，赵国发展生产和保卫国都成为重中之重，实施全民总动员，军队、百姓、皇家贵族等一律进入战时状态，民众的保家卫国、抗击秦军意识空前高涨。司马迁的《史记·平原君虞卿列传》记载了这样一件事：在邯郸城被秦军围困最困难时刻，城内居民全部投入战斗，缺吃少穿，生活异常艰难，但平原君府内生活却非常奢靡。这时，平原君府内一名小吏的儿子名叫李同，对平原君说："现在邯郸百姓拿人骨当柴烧，易子而食，国家危机，可你的后宫妻妾侍女数以百计，精美饭菜吃不了。假若秦军攻破赵国，你怎么能还有这些东西？假若赵国保全，又何愁没有这些？你要下令把夫人以下全体成员编到军中，把家里所有东西分发给士兵享用。"平原君采纳了李同的建议，并组建敢于冒险的3000人敢死队，由李谈带领奔赴前线与秦军决战，秦军因此被击退三十里。试想，连普通百姓对秦军作战都如此勇敢，战场上的赵国军队战斗士气必然会更加高涨。

在邯郸保卫战准备阶段和开战初期，我们可以看到参战双方的高层决策方面不同状况：秦国，秦昭王和丞相范雎、将军白起，相互之间在赵国使者的挑唆下相互诋毁，矛盾公开化，向外界传达更多的是将相矛盾和将军白起不听调遣直至被赐死的信息。赵国呢？恰恰相反，是从赵孝成王到大臣虞卿到平原君赵胜到普通百姓，各个不同阶层都在采取积极措施反击秦军。上下同欲者胜。最终，平原君亲自推动并实施的楚魏两国援军到达邯郸，赵魏楚三国合纵抗秦成功实现，并取得胜利。

涌现出一批社会底层仁人志士

自公元前259年10月王陵率20万秦军伐赵,到公元前257年12月,魏楚援军抵达邯郸,与赵国军民共同抗秦,以解邯郸之围期间,赵魏楚三国君臣,为了抗秦战争胜利表现出极高的政治智慧和个人才能,如赵孝成王、平原君,信陵君、春申君等,他们的历史功绩通过窃符救赵、脱颖而出等成语故事被历史铭记。同样,被卷入战争的一批社会底层仁人志士,在邯郸保卫战这个历史舞台上,也尽情挥洒自己的快意人生。

赵国的李同,他只是平原君府中一个小吏的儿子,当战争灾难来临后,敢于直陈自己的意见,建议平原君府中的贵族以及工作人员编入军中、共同抗敌;要求平原君散尽家财,支援军队。可以说,这样的建议,已经大大超越一个普通黎民百姓的思考范围,如果平时没有一定的政治素养,不可能在关键时刻提出如此典型性的、涉及国家级利益的建议。武为战死,文为谏亡,历代官场政治中,涉及贵族的进谏风险极大,何况李同连个官员的身份都没有,其进谏如果不是遇上开明平原君,后果难以想象。赵国另一个志士就是大名鼎鼎的毛遂,当时他的身份只是平原君三千门客中的一员,所以平原君根本不知道他的名字。在随平原君到楚国搬兵救赵的大堂上,毛遂机智勇谋,文武并用,关键时刻,一句"王之命,悬于遂"的道理与客观现实,使楚王明白出兵救赵的紧迫性,帮助平原君完成了重要使命。

在邯郸保卫战中书写精彩人生华章的魏国底层社会人士有三位,他们分别是魏王的爱妃如姬、信陵君门客侯嬴以及侯嬴的好友屠夫朱亥。可以说,平原君能够达到魏国出兵救赵的目的,如姬、侯嬴、朱亥,这三人都是关键人物,缺一不可。这件事总指挥是信陵君,总策划是侯嬴,具体操作环节:如姬开明大义,窃得虎符;侯嬴部署细致,环环相扣;朱亥临危不惧,锤击晋鄙。信陵君夺得兵权后,对部队约法三章:军中弟兄二人者,兄走弟留;父子同在军中者,父走子留;军中为独子者,立刻即走。这样的人文关怀,感动了十万大军,虽然按新规走了两万,但剩下的八万精兵,士气高昂,到了赵国后，成为抗秦联军生力军。

除了赵国、魏国这些底层仁人志士以外，齐国策士鲁仲连也在邯郸保卫战这个舞台上表演了一把。秦赵开战初期，秦昭王得知魏国出兵救赵，就写信恐吓，魏王收到信后令军队停滞不前，还派出一位将军秘密进入邯郸，试图说服赵孝成王尊秦为帝，以屈辱换和平。正在此时，齐国策士鲁仲连客游赵国，便对魏国这位将军直陈称帝于秦危害："如果称帝，秦则易变诸侯大臣，夺其所谓不肖，而予其所谓贤，夺其所憎，与其所爱；将军又何以得故宠乎？"这位魏将军听后不敢复言帝秦。平原君欲据此给予封赏，被鲁仲连拒绝。此后，《鲁仲连义不帝秦》成历史名篇。

君王谋变：自己动刀割自己的肉
（朱家巷系列之十一）

不少史学家认为，在河北邯郸串城街朱家巷这个小胡同出生的嬴政，之所以能够在自己亲政后，仅用十余年时间就扫平六国，统一天下，除了自身努力外，其上溯祖上庄襄王、孝文王、昭襄王、秦武王、惠文王以及秦孝公嬴渠梁六世，也作出了较大贡献，其所谓"奋六世之余烈"。这样的论断固然有道理，却是不完整的，因为在"六世余烈"之前，还有一些君王奋力有为，谋变图强，正是秦君一代又一代持续不懈地接力努力，才在嬴政手中完成了一统天下的使命。

按照司马迁《史记·秦本纪》记载，自公元前822年秦仲开始到公元前247年秦王嬴政即位的575年间，秦国共有33位国君。这33位国君，在司马迁的记载中，虽有一些平庸之辈，却很少出现因贵族内部争权夺利相互残杀的事例，反而涌现出多个谋变图强、削弱皇族既得利益或者君王自己动刀割自己肉的先行者、改革者。

穆公天降

大秦帝国从诞生到灭亡的近600年历史，其大体可分为这样几个转折阶段：一是周平王封秦襄公为诸侯，使秦国正式进入诸侯国序列；二是秦穆公计攻西戎辟地千里，使秦国拥有了自己的合法领地；三是秦孝公时期商鞅变法强兵，使秦国实力不断增强；四是秦昭王长平大战，奠定和巩固了秦国在七国中老大的地位；五是秦王嬴政强势出击，天下归一。

这几个转折阶段中，非常巧合的是，立国初期为秦国发展作出突出贡献的秦襄公、秦穆公两位国君，都不是正常继位。根据《史记·秦本纪》中的记载，公元前778年，秦庄公死，庄公有三个儿子，长子世父，襄公排行第二，还有个弟弟。正常继位的应该是长子世父。世父说：西戎杀死了祖父秦仲，我要为祖父报仇。于是率兵攻打西戎，君位让给了他的弟弟，就是秦襄公。襄公七年，西戎中的犬戎和申侯伐周，把周幽王杀死在郦山下。而秦襄公率兵救援周王室，作战有功。周避犬戎侵犯，东迁洛邑，秦襄公又率兵护送周平王。因为这两大功劳，周平王封襄公为诸侯，赐给他岐山以西土地，说："戎人无道，强占我岐、丰之地，秦若能赶走戎人，即可拥有这些土地。"至此，秦襄公正式建立秦国，而领地性质为：只有上级批文，没有法定证件。要想合法拥有，就必须将土地上的西戎部落赶走或消灭。尽管领地属于周天子口头批文，但是秦国立国是件大事，由此可获得与其他众多诸侯国平起平坐机会，再不是原来那个"附庸"属性了。

秦穆公继位更加出奇。据《史记·秦本纪》记载，公元前676年，秦德公33岁即位，生有三个儿子：长子宣公，次子成公，幼子穆公。德公在位二年死。长子宣公即位。宣公在位十二年，死。他生有九个儿子，都未即位，立了他的弟弟成公为君。成公在位四年死。生有七个儿子，都未即位，立了他的弟弟穆公为君。这就是说，秦穆公的两个哥哥，共有16个儿子，都没有继承君位，最终继承君位的是秦穆公。出现这样的情况，人们对此难以理解：为什么秦宣公在君位继承方面看好自己的弟弟成公而不是自己九个儿子当中的一个？接下来，为什么成公又看好弟弟穆公，而不是自己七个儿子当中的一个？这背后的原因，史书中虽然没有记载，但是君位继承仍是一个重大问题。因为在同时代秦国的邻国晋国，正因为君位继承问题，贵族之间互相杀伐流血不止。秦穆公享国39年，这期间伐郑、灭梁、灭芮，尤其在晚年，采用西戎使者由余提出的方案，智破西戎，兼并西戎之地12个国家，辟地千里，实现了自襄公开始后八代国君的愿望，有了秦国合法领地，秦国自此始在诸侯国中扬眉吐气。

献公止殉

　　人殉制度是古代葬礼中以活人为死人陪葬的陋习,其源于原始社会末期,盛行于奴隶制度时期。商周时期,人殉制度发展到鼎盛时期,《墨子·节葬》中有"天子、诸侯杀殉,多者数百,少者数十;将军、大夫杀殉,多者数十,少者数人"的记载。春秋时期,人殉制度极为普遍,对于君主、贵族们来说,殉葬几乎是他们享有的一项制度性特权,在秦国也不例外。

　　据《史记·秦本纪》记载,秦武公二十年(公元前678年),武公死,葬于雍之平阳。用活人陪葬,陪葬者达66人;秦穆公三十九年(公元前621年),穆公死,葬于雍。陪葬者共177人,有贤臣三人,属子舆氏,名叫奄息、仲行、针虎,也在陪殉者之列。秦人哀痛,为之作《黄鸟》之诗。君子曰:"秦穆公广地益国,东服强晋,西霸戎夷,然不为诸侯盟主,亦宜哉。死而弃民,收其良臣而从死。且先王崩,尚犹遗德垂法,况夺之善人良臣百姓所哀者乎?"从《史记》中记载的秦人对秦穆公陪葬事情的评价中可以看到,尽管陪葬陋习一直存在,但是秦穆公的做法实在太过头了。一是数量大,有177人之多;二是陪葬中有国之贤臣三人。如此残忍之法,自然遭到人们的反对。关于此事,《左传·文公六年》也有记载:"秦穆公任好卒,以子车氏之三子奄息、仲行、针虎为殉。"177人以及三位贤臣为秦穆公殉葬的决定,到底是秦穆公本人在生前决定的,还是其君位继承者康公决定的,史料中难以查到确切记载。不过,人的生命是宝贵的。作为一国之君,即使权力再大、功劳再大,残害人的生命也是不道德行为,所以秦穆公一世英名毁于人殉的事实难以改变。

　　秦穆公以后,秦国的人殉特权依然存在,直至又经过十九代国君、历经237年,到了公元前384年秦献公继位后才宣布废止。司马迁的《史记·秦本纪》关于这件事的记载只有八个字:"献公元年,废止陪葬。"看来,早在两千多年前,太史公就懂得字越少,事越大的道理。秦献公在位24年,其间尽管有"二十一年,与晋交战于石门,斩首六万,天子赐给黼黻以示祝贺;二十三年，与魏交战于少梁，俘虏魏将公孙痤"的辉煌战绩以及迁都栎阳等功劳，但献公废止人殉的决定对推进当时和后来的社会进步贡献最大，也显示了他本人刀刃向内、敢于向贵族特权挑战的胆略和气魄。后来，秦二世命令没有子女的宫女为秦始皇殉葬，以致唐元明清此残忍制度又死灰复燃，直到民国彻底绝迹。这样的现状只能说明特权废除与当权者与特权诱惑之间的艰难程度，丝毫诋毁不了秦献公废除人殉制度的凛然正义。对此，先秦史专家马非百称赞曰："献公废止人殉在人类历史贡献，固不在林肯解放黑奴之下矣。"

孝公灭亲

秦孝公对于商鞅变法一如既往、坚定不移进而大义灭亲的支持态度，使人们从他的行动中一下子就看到了他心中流淌的其父亲秦献公勇于向贵族特权挑战、为国谋变之满腔热血。

公元前362年，秦献公之子秦孝公即位，秦国面临的局面是"周王室衰落，各诸侯国凭武力征伐，相互兼并。秦僻处雍州，不参加中原各国的会盟，被人视同夷翟"（《史记·秦本纪》）。因此，年轻的秦孝公不甘屈辱，决心谋变振兴，他向本国以及其他诸国发出求贤令："宾客群臣有能进献奇计使秦国强大者，我将封以高官，分给土地。"这一求贤令，道出了秦孝公对于秦国图强的一片赤子之心。许诺"封以高官，分给土地"的重奖，对于真正国际级一流人才吸引力实在太大了。

于是，便有了卫鞅，便有了商君，便有了商鞅，便有了商鞅变法，通过推行一系列重农强军的措施，使秦国的实力迅速得以提升，秦孝公也兑现了他当初公开的重奖承诺。孝公在位24年，商鞅变法持续推进，并取得显著效果，无论当时还是后来，秦国彻底改变贫弱以及被其他诸侯国蔑视状况自孝公始。这是秦国历史上的一个转折点，秦孝公大义灭亲、对于商鞅变法的支持也永记史册。据《史记·秦本纪》《史记·商君列传》记载，具体表现在两个方面：一是朝臣。在商鞅变法论证阶段，朝中老臣重臣甘龙、杜挚等极力阻止，最终孝公的砝码倒向商鞅。二是亲情。在新法执行过程中，太子违法。商鞅依法给予太子老师公子虔以劓刑。对这一涉及太子的处罚决定，孝公自然深知其对社会产生的影响力。所以，他排除多方面阻力，又一次支持了商鞅。这些直接触及皇亲国戚既得利益和名誉攸关的做法，如果君王没有坚定的大局观念和以为国图强为核心理念的判断力、执行力，恐怕是再有水平的国际级拔尖人才，再有符合国情的、有针对性的治国方略也会由于犹豫彷徨的模糊态度而荒废。关乎国家命运走向的商鞅变法能否继续，能否得到国人认可，关键时刻，成败就在一国之君思考的一瞬间。但商鞅是幸运的。幸运的原因，孝公是开明的。

两行郡县

其实，大秦帝国历史长河中不甘寂寞、谋变图强的君王何止孝公，其惠文王之后的秦昭襄王同样叱咤风云，客观地讲，昭襄王对于秦始皇统一六国贡献最大，为秦国发展命运带来重大转折的长平之战，就发生在秦昭王时期。秦始皇祖爷爷秦昭王在位56年，其前面一多半时间，朝政被宣太后和他的舅舅穰侯魏冉把控。据《史记·穰侯列传》记载，秦昭王三十六年，穰侯提出率军攻取齐国刚、寿两地，因其两地与穰侯封地陶邑相邻，很明显，攻取齐国刚、寿两地的目的在于增加穰侯私人封地。于是，秦昭王旗帜鲜明地向自己舅舅动刀，果断罢黜其相位，任用魏国人范雎为相，穰侯试图以国家力量谋私的图谋失败。

公元前221年，秦始皇统一六国后，就实行分封制还是郡县制，大臣们议论纷纷，《史记·秦始皇本纪》记载，丞相王绾主张像历代帝王一样，将秦始皇的十几个儿子封立为王，群臣们大多认为合适。只有廷尉李斯提出不同意见。李斯说："周文王、周武王所封立的同姓子弟很多，然而后来族属疏远，互相攻击，如同仇敌，诸侯交相讨伐，周天子不能禁止。现在依靠陛下统一了天下，都划分为郡县，皇帝的子弟和功臣，都以国家赋税赏赐，天下没有二心，这是安定国家方法。封立诸侯是不适宜的。"听了双方的意见，秦始皇说："天下苦于无休止战争，是因为有诸侯王的缘故。朕依靠宗庙之灵，刚刚平定天下，再去建立诸侯国，这是自我树敌，而要求得安宁，岂不是很困难吗？廷尉的建议是正确的。"在《史记》所有篇章中，司马迁正面记叙秦始皇说的话，这是主题最为集中、字数较多的一篇。这是在统一六国初期，在有关分封制与郡县制争论方面，秦始皇旗帜鲜明地主张郡县制而非分封制。于是，把全国划分为36郡，由中央任命郡守直接管理。到了公元前213年（秦始皇三十四年），分封制与郡县制的问题再次引起争议。一些大臣认为"不效法古代的事情是不能长久的"，建议实行分封制；而此时已是丞相的李斯认为"陛下开创的宏大事业，建立的万世不朽功勋，不是读书人所能理解的"，并建议把不属于秦国典籍的书籍焚烧，以防诽言谤语。秦始皇再次支持了李斯的意见。这次不仅仅是力挺郡县制，还引发了给秦始皇带来千年污名的焚书事件。

在不到十年时间里，秦始皇决定在国家治理体制方面两次推行郡县制，而毅然决然废除分封制。为什么说秦始皇出生是"天崩地坼"的大事件？为什么说他"掀翻了一个世界"？我认为废除几千年的分封制、推行郡县制是重要因素之一。郡县制与分封制最大的区别是什么？郡县制是全新的管理体制，主动权在上，郡县主要官员由中央任命，彻底废除世袭制；分封制是传统的管理体制，主动权在下，被分封的诸侯国国王多是君主儿子或贵族血亲，并且诸侯王具有世袭属性。秦始皇本人是与东方六国诸侯纷争中血腥打拼过程的亲历者，其对分封制的弊端或许比李斯看得更透彻、理解得更深刻。当然，作为一国之主的秦始皇，一旦决定废分封、行郡县，那么，自己众多儿子、皇亲贵族以及上至列祖列宗、下涉子子孙孙的方方面面，将会因此丢掉多少既得利益和祖上荫功！这样做，对秦始皇来说，无异于自己动刀割自己的肉——心中的阵痛、流血是自然的。比较秦始皇统一六国后实行的统一文字、统一货币、统一度量衡，北修长城、南征南越，决通川防、修直道驰道等多方面的政策，其废分封、实行中央集权的郡县制是一项最具深远意义的制度。

秦国在近600年历史中，在秦穆公以前200多年基本上与西戎部落作战；从康公到献公的240多年间，多与晋、魏攻伐；自孝公到昭襄王120多年期间，多与魏赵楚韩等诸侯国征战；后来的几十年期间，各诸侯国之间相互竞争不断升级，最终秦王嬴政统一天下。胜出必有所长。这一"长"，即不同时期的秦国国君，在谋变图强昭示下，勇于用自己至高无上的权力之刀割自己及其贵族特权之肉。

秦国战事略考

（朱家巷系列之十二）

在中国五千年文明史中，没有哪个朝代像秦代那样受到后人的持续关注；没有哪位帝王像秦始皇一样饱受争议。近几年来，中央电视台陆续播出《大秦帝国》"四部曲"：第一部《裂变》48集，第二部《纵横》43集，第三部《崛起》40集，第四部《大秦赋》78集。每一次播出，社会上总会对当代文艺作品是否要颂扬秦朝、是否美化秦始皇争论一番，原因是秦代君王以及秦始皇虽然统一了六国，但是其统一的过程杀伐太重，死人太多，以致有些学者提出，这样的残忍手段，还不如不统一。

对此，我们通过《史记·秦本纪》《史记·秦始皇本纪》记录的自秦仲到秦王政601年历史、104次战事，可以得出的基本结论是：从春秋到战国再到统一的历史就是诸侯国之间的征伐史，不仅仅是秦国与其他诸侯国征伐，而且其他诸侯国互相之间也是杀伐不断，天子式微，诸侯争霸，草根逆袭，热血江湖，冷血庙堂，以战争结束战争，以战争统一天下，是诸国君王、谋士的首选方式。我们看，在当时历史条件下，老秦国除了强兵杀伐还有别的选择吗？除非你被其他诸侯国所吞并。

立国：击戎伐晋

西戎东夷南蛮北狄。春秋时期，相对于中原黄河区域的农耕文明，边塞区域少数民族部落就意味着野蛮与落后。据《秦本纪》记载，与秦国初立相伴的是秦国的先辈们与西戎部落的一次次杀伐，因为按照周天子所封，自己的土地被西戎部落所占，老秦人只有赶走他们才能过上安稳日子。于是，秦人与西戎之间的战争就一场接着一场展开了。

公元前822年，秦仲讨伐西戎。公元前778年，世父率军攻打西戎。公元前766年，襄公即位，西戎围攻犬丘。公元前750年，秦文公征讨西戎。公元前704年，秦宁公击败荡氏部落。公元前697年，秦武公讨伐彭戏氏部落。公元前695年，秦武公诛杀三父。公元前654年，晋国调集军队攻秦，秦穆公应击。公元前640年，秦国灭梁、芮。公元前630年，秦穆公攻郑，回军时灭掉滑国，晋国在崤山袭击秦国，秦败；同年，秦报复晋国，双方战于晋国彭衙，秦败。公元前624年，秦再攻晋，破釜沉舟，攻占晋王官和鄌地。公元前623年，秦穆公采纳由余计谋攻打西戎，灭掉戎地十二属国，辟地千里，称霸西戎，周天子派召公赐给穆公金鼓表示祝贺。

西戎问题解决了，秦国接下来面对的重大挑战是强大的邻国——晋国。两国之间，接下来又是一场连着一场的战争。公元前620年，晋击秦，秦败。公元前619年，秦兵伐晋，攻取武城。公元前617年，晋国攻秦，攻占少梁。公元前615年，秦国伐晋，战于河曲，晋败。公元前601年，晋国联合白狄击秦，秦败。公元前578年，晋国率诸侯讨伐秦国，秦败。公元前562年，秦国援郑，击败晋国。公元前559年，晋国率诸侯伐秦，秦败。公元前461年，秦国进攻大荔国，攻占王城。公元前453年，晋国分裂为韩赵魏三家，晋国不复存在。公元前452年，晋国智伯残余势力在智开带领下，投奔秦国，向秦国献出晋国黄河以西河西之地。公元前444年，秦国讨伐义渠。公元前430年，义渠攻秦，一直打到渭南。公元前419年，三家分晋以后，魏国实力强大，占领秦国少梁并筑城；秦国反击，两军相持。公元前417年，魏国击败秦国，再筑少梁城。公元前412年，秦国在河西籍姑筑城。公元前385年，魏国攻占秦国黄河以西大片土地。公元前362年，秦军与魏军在石门大战，魏败，斩首6万。公元前361年，秦国与魏国在少梁大战，秦国俘虏魏将公孙痤。

这期间自秦穆公去世、秦康公开始到秦献公（公元前609年至公元前362年）247年间，秦国共更换15位国君，甚至一度发生内乱，公元前385年，庶长改把秦灵公的儿子从西河接回，拥立为国君，杀掉秦出子和他母亲，把他们尸体扔进深渊。由于频繁更换国君，国力减弱，邻国魏国趁机攻占秦国黄河以西土地。同时，秦国也是幸运的，因赵魏韩三家分晋，自己前进道路上最大的劲敌——晋国消亡了。新的历史条件下，秦国的对手，由晋国转为同样是邻国的强大的魏国。

雪耻：强兵伐魏

经过26位国君、461年的打打杀杀，秦国这趟列车一路呼啸着驶入公元前361年。这一年，是秦国历史发展进程的重大转折年，对于老秦人来说当永远铭记。这一年，深得秦人拥戴的秦献公去世，他的儿子——年仅21岁的秦孝公继承君位。秦孝公志向高远，他的责任和使命就是雪耻，方式就是变法强兵，讨伐魏国。

什么原因使初即君位的秦孝公备感耻辱？有这么几个方面：一是秦僻处雍州（陕西凤翔区），不参加中原各国的会盟，被人视同夷翟，同样是诸侯国感到低人一等。诸侯都鄙视秦国，秦孝公说，耻辱莫大于此。二是受人欺辱，在厉共公、躁公、简公、出子等君主在位的那段不安定时期，庙堂内斗，国家忧患，魏国攻占秦国大片河西之地，把先人以生命夺得的地盘都丢了，秦孝公同样感到莫大耻辱。三是从当时大局看，公元前403年周天子正式承认韩赵魏三国诸侯地位，战国时代拉开序幕，后经大浪淘沙，齐楚燕韩赵魏秦所谓"战国七雄"并立天下。但是，看看霸主的名号——齐威王、楚宣王、魏惠王个个豪气冲天，而秦孝公的名号只是"公"，明显处于弱势地位。对此，秦孝公非常明白，秦国这三方面的耻辱归结到一点即国力、实力上的差距，所以，变法强兵、伐魏雪耻成为秦孝公最急迫最光荣的重大使命。于是，卫人商君这一大才、奇才在秦孝公为其搭建的国际级舞台上，上演了长达24年的大戏，具体操作环节除了国内变法就是对外征伐，重点打击目标是魏国。

公元前355年，秦军在元里击败魏军。公元前352年，商君率兵包围魏国安邑，守将投降。公元前340年，商鞅攻魏，俘虏魏公子卬。公元前338年，秦军和魏军大战雁门关，俘获主将魏错。公元前331年，秦攻魏，俘虏魏将龙贾，斩杀魏军8万。公元前330年，魏国割让河西之地与秦。公元前329年，秦军伐魏，攻占汾阳、皮氏、焦城和曲沃。公元前328年，张仪任秦国国相，魏国把上郡15县割让给秦国。公元前327年，秦军攻义渠，在义渠设县。公元前318年，韩赵魏燕齐联合匈奴攻秦，秦派庶长疾在修鱼与联军战，俘虏将军申差，击败赵公子渴、韩公子奂，斩杀8万。公元前316年，秦派司马错灭蜀。同年，秦国攻占赵国中都、西阳。公元前315年，秦军攻占韩国石章、击败赵将军泥，攻占义渠25城。公元前314年，秦将进攻魏国焦地。同年，秦军在岸门击败韩军，斩首1万。公元前313年，秦王魏王在临晋会盟，秦庶长疾攻赵，俘虏赵将庄。同年，秦军攻楚，在丹阳大败楚军，斩首8万。公元前311年，秦攻楚，占领召陵。公元前309年，秦将甘茂攻宜阳，斩敌6万。公元前306年，秦昭王即位。经过秦孝公、秦惠文王、秦武王三代国君54年持续强兵攻伐，魏国败多胜少。秦昭王面对的强敌一方面是魏国、楚国，可更主要的是经过胡服骑射改革后军事力量愈发强大的赵国。

图强：奋威魏赵

公元前306年，秦昭王即位，享国时间长达56年。但在他执政的大多数时间内，朝政大权都把控在宣太后和他的舅舅魏冉手中，直到秦昭王四十一年，魏人范雎入秦，提出远交近攻策略，秦昭王才收回权力，真正做了秦国的一把手，并在诸侯国之间，尤其在对赵国征伐方面，导演了一幕幕惊天地泣鬼神之血腥大剧，其对赵作战中长平之战胜利，为后来秦始皇统一战争奠定了坚实基础。

公元前303年，秦攻占蒲阪。公元前301年，秦韩魏齐联合攻楚，楚败。同年，秦攻韩国，占领穰城。秦庶长奂伐楚，斩首2万。公元前300年，秦攻占新城。公元前299年，秦攻占楚国新市。公元前298年，秦庶长奂攻楚国八城，斩杀楚将景快。公元前296年，齐魏赵宋中山五国攻秦。公元前294年，秦将向寿伐韩，攻占武始；白起攻占新城。公元前293年，白起在伊阙攻韩魏联军，斩首24万。公元前292年，白起攻魏国，占领垣城。公元前291年，秦将司马错攻占轵城和邓城。公元前290年，魏国割让黄河以东四百里、韩国割让武遂二百里给秦国。公元前289年，秦国派司马错进攻魏国垣城、河雍，拆断桥梁攻克城池。公元前288年，齐国联合诸侯合纵攻秦。公元前286年，秦将司马错攻魏河内，魏割让安邑。公元前285年，秦将蒙武攻打齐国，胜，秦在河东置九县。公元前283年，秦攻占魏国安城，一直攻到大梁，燕赵救援，秦军撤离。公元前282年，秦攻占赵国两座城池。公元前280年，秦将司马错攻楚。秦将白起攻赵，夺赵代地光狼城。公元前279年，白起攻占楚国鄢城、邓城。公元前278年，白起攻占楚国郢都，改为南郡。公元前277年，秦国蜀郡郡守张若攻楚，占领巫郡河江南，设黔中郡。公元前276年，白起攻占魏国两城。楚国在江南反击秦国。公元前275年，秦穰侯率军攻魏大梁，魏败，斩首4万，割三城讲和。公元前266年，秦军攻魏邢丘、怀县。公元前264年，白起攻占韩国九城，斩首5万。公元前263年，秦攻占韩国南阳。公元前262年，秦将王贲攻占韩国十城。公元前260年，秦左庶长王龁攻占韩国上党。上党郡守冯亭将上党献赵，引发长平之战。秦军50万击赵，坑杀赵国降卒45万。

长平之战以后，赵国派使者向秦国献城讲和，后又反悔。因此，秦昭王军事锋芒继续指向赵韩两国。公元前259年，韩国向秦国割让垣雍。公元前258年，秦将王陵攻赵国都城邯郸，进军不利。公元前256年，秦将赵摎攻韩阳城、负黍，斩首4万；秦攻赵国二十城，斩首9万；东周君联合诸侯属国攻秦，被俘虏，献36城后被释放。公元前255年，秦灭东周，把周朝宝器运至咸阳。公元前249年，秦相吕不韦诛杀东周君，把国土全部归秦，周灭。公元前249年，秦将蒙骜攻韩，韩割让成皋、巩县。公元前248年，蒙骜攻占赵国太原。公元前247年，蒙骜攻占魏国高都、汲县，又攻占赵国榆次、新城、狼孟等37城。秦将王龁攻占韩国上党，设太原郡。魏无忌率五国联军攻秦，秦退却河外，秦将蒙骜战败。秦庄襄王死，嬴政即位。

自公元前306年秦昭王即位到公元前247年秦庄襄王薨、嬴政即位，其间共有59年。名义上君王为秦昭王、秦孝文王、秦庄襄王三位国君，而实际上孝文王在位三天，庄襄王在位三年。这一阶段秦国图强东出主要是秦昭王主导，对魏、赵、韩、楚以及诸侯联军大大小小战事40多场，斩首、坑杀军卒90多万。其中在历史上产生重大影响的伊阙之战、攻灭东周、长平之战、邯郸保卫战、五国攻秦等战事，多发生在这一时期，可见秦昭王心目中战争热度指数多么高涨！

一统：水到渠成

每一代君主有着每一代不同的历史使命，接下来的主角就是秦王嬴政。秦王政13岁即位，22岁亲政。当时天下大势为：周息、晋亡、魏弱、赵惊、楚疲、燕虚、韩颤、齐孤。有了历代先祖浴血东出的基础，秦王政实现一统天下的宏大目标，其本国和六国大气候已呈水到渠成之势，具体操作方式仍是征伐。

秦王政元年，蒙骜平定晋阳叛乱。秦王政二年，麃公率军攻打卷邑，杀死3万人。秦王政三年，蒙骜攻打韩国，夺13城。秦王政五年，蒙骜攻魏，平定酸枣、燕邑、虚邑、长平、雍丘、山阳，夺20个城邑，设东郡。秦王政六年，韩国魏国赵国卫国楚国联合攻秦，夺寿陵。秦王政八年，秦王开始加冠佩剑亲政，亲自谋划天下一统大业，派王弟成蟜率军攻赵。秦王政十一年，秦将王翦攻打邺邑，夺九城。秦王政十三年，秦将桓齮攻打赵国平阳，杀赵将扈辄，斩杀10万。秦王政十四年，秦将桓齮攻赵，夺宜安，平定了平阳、武城。秦王政十五年，秦大举出兵攻赵，攻下狼孟。秦王政十六年，魏国向秦国献地，秦设丽邑。

秦王政十七年，秦灭六国大幕徐徐拉开，内史腾攻韩，韩王安被擒获，韩国版图并入秦国。秦王政十八年，第二个被灭的国家确定为赵国。秦将王翦率军大举攻赵，攻下井陉，秦将杨端和率军围攻邯郸城。秦王政十九年，王翦、羌瘣攻赵，抓获赵王，赵公子嘉带领宗族几百人逃往代地，赵国大势已去。秦王政二十年，燕太子丹安排荆轲刺秦，刺激并加快了秦王灭燕步伐，秦王派王翦率军攻燕，在易水打败燕军。秦王政二十一年，秦军攻下燕国蓟城，燕王喜逃亡辽东，燕国处于苟延残喘状态。秦王政二十二年，秦将王贲率军攻魏，水淹大梁，魏王投降，魏灭。秦王政二十三年，秦将王翦攻楚，俘虏楚王，燕将项燕另立昌平君为楚王，起兵反秦。秦王政二十四年，王翦、蒙武打败楚军，昌平君战死，项燕自杀，楚亡。秦王政二十五年，王贲攻辽东，抓获燕王喜、俘虏代王嘉，燕、赵两国彻底覆灭。秦王政二十六年，秦将王贲从燕国南下攻齐，俘虏齐王建，齐灭。至此，从秦王政十七年到秦王政二十六年（公元前221年），十年左右时间，天下一统大秦宏愿在秦王政手中完成。

上述战事均记载在司马迁《史记·秦本纪》《史记·秦始皇本纪》中，我们从中看到更多的是：历次战争总是秦国占据主动，胜多败少；秦国以外的诸侯国单独或联合与秦作战也总是处于被动状态。其实，这样的记载并不客观，秦军付出的代价同样惨烈，只是不知何种原因，司马迁没有将这些案例在《秦本纪》《秦始皇本纪》中展示，而是记载在其他相关篇目中，如《白起王翦列传》《平原君虞卿列传》《廉颇蔺相如列传》等。秦军惨烈失败对后世影响比较大的事件，例如：崤之战，公元前627年，秦穆公偷袭郑国，在回军路上的崤山峡谷中，遭遇晋国埋伏，几乎全军覆没；战国初期，为了争夺西河之地，魏军著名将领吴起以5万精锐武卒击败50万秦军；秦昭王时期，长平之战以后，公元前259年秦赵之间展开长达两年多的被赵国称为"邯郸保卫战"的战役，秦军同样损失惨重，由于魏楚两国救赵，秦将郑安平率两万多秦军投降赵国，这对名震六国的"暴秦"来说，简直是奇耻大辱；到了秦王政时期，年轻秦将李信，因灭燕有功，秦王派其攻楚，结果20万秦军被楚所灭，最终还是老将王翦率60万秦军解决了楚国问题。

有战争就有胜负。失败并不可怕，可怕的是对待失败的态度。秦国通过600多年持续奋战，先后超越了比自己实力强大的晋国、魏国、楚国、赵国、齐国。为什么一统天下的是秦国而不是其他诸侯国，仔细分析，军事实力是一方面，更主要是文化软实力对秦人一代又一代浸润和积淀。比如，被称为秦朝军歌的《无衣》，从秦穆公开始到秦王政，延续几百年，这种精神方面的激励，其他各国鲜见；再如，集天下贤才发展自己，历代秦国国君将多名非秦国国际级一流贤才为己所用，成为大秦帝国传统，其他诸侯国这方面与秦国比较就逊色得多；又如，自我革命冲破传统势力，废分封行郡县，向君王自身利益、宗族贵族利益动刀，其他诸侯国君主有几个能有如此胆魄？所以，秦王嬴政能够做到天下一统，战争只是一种载体和表现形式，其背后精神方面的认知和支撑才是区别于其他诸侯国的利器。

第二编
劫秦与刺秦

荆轲义士塑像

　　世言荆轲，其称太子丹之命，"天雨粟，马生角"也，太过。又言荆轲伤秦王，皆非也。……自曹沫至荆轲五人，此其义或成或不成，然其立意较然，不欺其志，名垂后世，岂妄也哉！

——司马迁《史记·刺客列传》

劫秦与刺秦

（荆轲系列之一）

《荆轲刺秦王》的故事在我国家喻户晓，妇孺皆知。说到这个故事，人们首先想到的是"图穷匕首见"的历史典故，是荆轲侠肝义胆的壮士风骨，是"风萧萧兮易水寒，壮士一去兮不复还"的悲壮与凄凉等。但我们很少去思考：在刺秦总体部署中，荆轲的使命是什么？是劫秦还是刺秦，荆轲与秦王在宫殿搏杀中一些细节为什么不符合基本逻辑等。对此，我们从《史记》《战国策》《资治通鉴》的相关记载中或许能得出答案。

方　案

据《资治通鉴·秦纪·荆轲刺秦》记载，刺秦事件系燕太子丹策划于公元前228年，实施于公元前227年。在策划环节，燕太子丹经过与他的老师鞠武、谋士田光等谋划，最终决定由荆轲来完成这一重任。其实施方案，司马迁在《史记·刺客列传》中记载了燕太子丹对荆轲的具体部署。

燕太子丹分析了天下大势后，对荆轲说："丹之私计愚，以为诚得天下之勇士使于秦，窥以重利；秦王贪，其势必得所愿矣。诚得劫秦王，使悉反诸侯侵地，若曹沫之齐桓公，则大善矣；则不可，因而刺杀之。"荆轲听了以后说："此国之大事也，臣驽下，恐不足任使。"太子前顿首，固请毋让，然后许诺。于是，尊荆卿为上卿。

通过这里的记叙我们可以看到，燕太子丹对此次行动安排部署非常周到，特意嘱托荆轲：一是见秦王的方式："窥以重利"。二是实施目标与要求：首先是"劫",使其返还侵略别国的土地;如果劫秦不成功,再"刺杀之"。三是荆轲对这一方案,一开始不接受,后经燕太子丹"顿首"请求,荆轲"许诺"完成。

从这一部署中我们还可以看到,燕太子丹之所以制定"劫秦"在先、"刺秦"次之的实施方案,其明显受到曹沫劫持齐桓公事件影响,以致使其对此次"劫秦"行动期望值是"若曹沫之齐桓公,则大善矣"。按照司马迁《史记·刺客列传》记载的五名刺客顺序,曹沫劫持齐桓公排在第一位:公元前681年,齐桓公征伐鲁国,鲁庄公献地求和。后来,齐桓公与鲁盟会,在盟会之际,鲁国的曹沫在祭坛上突然用匕首劫持齐桓公,要求齐桓公归还侵占鲁国的土地。齐桓公答应了。曹沫扔掉匕首,又回到自己位置上。后来,齐桓公把曹沫三次战败所丢失的领土全部归还鲁国。

实　施

公元前227年,荆轲、秦舞阳作为燕国的正、副使来到秦国,奉命实施既定的行动方案。其首先通过宠臣蒙嘉获得了进入咸阳宫殿面见秦王的通行证,接着在宫殿内发生的荆轲与秦王的搏杀,成为事情成败的关键。但是,正是这一环节的多个细节,如果仅从刺杀秦王的目的看,完全违背逻辑规律。

按照司马迁《史记·刺客列传》的记载:秦舞阳在大殿前瘫倒以后,荆轲持"督亢"地图面呈秦王,接着图穷匕首见,荆轲与秦王在宫殿中搏杀由此展开,荆轲持有武器是见血封喉、出手便捷的徐夫人名牌匕首,秦王武器是随身所佩、长达两米多、难以抽出的长剑。此时,从双方持有的武器分析,因秦王长剑难以抽出,所以,荆轲处于优势地位。两人较量开始:荆轲持匕首刺向秦王,秦王惊,袖绝;荆轲逐秦王,环柱而走,卒惶急,无以击轲,而以手共搏之;侍医夏无且以其药囊击荆轲也;左右皆曰"王负剑,王负剑……"秦王才将长剑转至背后,遂拔剑以击荆轲,断其左股;荆轲废,乃引匕首以秦王,中铜柱。轲被八创。

我们看看,荆轲与秦王在大殿搏杀中,从开始到结束共有五个回合,即绝袖、共搏、掷囊、抽剑、投柱。在这五个回合中，如果荆轲以刺杀秦王为目的，则前几个回合完全违背基本逻辑。比如，第一回合，荆轲左手既然抓住秦王衣袖，那么，荆轲用握有匕首的右手刺杀秦王不是轻而易举的事情吗？第二回合则更加蹊跷，大殿内士兵不能携带武器，看到荆轲追秦王，士兵徒手与荆轲"共搏之"，面对这样的乱状，荆轲用剧毒的匕首，不是随意划拉几下即可将参与的士兵毙命吗？奇怪的是，第一回合，荆轲没有刺中秦王，第二回合"共搏之"结果仍没有一个士兵受伤或致命。第四回合中，秦王将长剑由腰间转至背后再拔出的行为，是在荆轲追赶秦王过程中发生的，两人并非处于停滞状态，并且距离很短，其结果怎么会只对秦王有利，而不利于荆轲呢？要知道，荆轲与秦王绕柱而追，双方胜败是以"秒"为单位计算的，难道说秦王在拔剑过程中，荆轲的追击就停止了吗？这几次较量中，只有当荆轲被秦王砍伤以后，其"劫秦"希望破灭，从而用匕首远距离投向秦王，结果没有投中，是符合常理的，其他三个环节，单纯从荆轲刺秦的目的来分析，完全是违背基本逻辑的。

荆轲在与秦王的较量中，一开始为什么数次放弃近距离命中率较高的刺杀秦王机会，而选择在受伤以后远距离刺杀行为，明显是无奈之举。答案只有一个，即：他在落实燕太子丹制定的"劫秦在先，刺秦次之"的方案。只有这样，才能解释通。而司马迁在《史记·刺客列传》荆轲刺秦篇章末尾所写"荆轲，倚柱而笑，箕踞以骂曰：'事所以不成者，以欲生劫之，必得约契以报太子也'。"对于荆轲这一说辞，我们的史学研究者，往往会解释为是荆轲失败后为自己辩解。我认为，那样的理解是错误的，因为荆轲此次行动真实目的是劫秦在先、刺秦在后，所以，荆轲临终所谈并非辩解而是客观实情。

改　变

查阅与荆轲刺秦相关的史料，不同文献虽然对此记载有不同的选择或侧重，但多与司马迁在《史记·刺客列传》中记载的情节相同。司马迁在《刺客列传》文末介绍自己写作该文的资料来源称："始公孙季公，董生与夏无且游,具知其事,为余道之如是。"因为夏无且是参与者、亲历者,司马迁的这一描述,更加增强了《史记》中所记荆轲刺秦故事的真实性。

按照司马迁《史记·刺客列传》的生动叙述,由燕太子丹策划、导演,荆轲具体实施的刺秦行为的总体部署是"劫秦在先,刺秦次之",所以才有荆轲与秦王在宫殿较量中看似荆轲处处被动的情节,以至于在后来的演义中,人们渐渐地抛弃"劫秦"情节,而以荆轲刺秦失败流传。这样的结果是如何形成的?推断应与各种相关文学形式创作导向有密切关联。

比如《战国策》对《荆轲刺秦》的记载有这样两篇:一篇是《燕太子丹质于秦亡归》,该篇情节内容与《史记·刺客列传》中荆轲刺秦的记载基本一致;而另一篇《荆轲刺秦王》,则在开篇就从秦将樊於期献头颅给荆轲说起,通篇就没有燕太子丹与荆轲关于"劫秦""还地"等内容。

现代文学作品,对荆轲刺秦的故事描述更加追求故事性。2002年,著名导演张艺谋与李连杰、梁朝伟、章子怡、甄子丹等拍摄的电影《英雄》,以战国时期发生的刺杀秦王为主线,全球票房收入达到创纪录的14亿元人民币,足见刺秦故事的魔力所在。不过,遗憾的是,该刺秦故事不仅没有《史记·刺客列传》中"劫秦"情节,甚至连故事主角荆轲的名字也没有了,影片中刺客的名字被改为"无名"。试想,若作品没有"劫秦"的描述,受众怎能客观而确切地获取荆轲刺秦"劫秦在先,刺秦次之"的历史真实?在两千多年来各种文学以及文化娱乐大众作品的影响下,刺客荆轲"劫秦在先"的情节越来越被淡化,仅剩下具有高度感官刺激的"刺秦"情节了。

终　结

荆轲劫秦、刺秦的行动失败了,但是荆轲的侠义英雄形象却深深刻印在人们的心中。由于荆轲本人在秦朝咸阳大殿被秦王剑刨八段,其遗体不可能被运回他的家乡卫国,更不可能被为其献出生命的燕国所领走安葬。因为荆轲生前,以剑客身份游走多个国家,所以,荆轲刺秦失败的消息传出后,各地纷纷以不同形式予以纪念。如今陕西蓝田、江苏丰县、河南淇县、山东鄄城等都建有荆轲墓，当然是衣冠冢。

战国时期作为燕下都的河北易县，其与荆轲相关的文化元素随处可见：荆轲山、荆轲塔、荆轲像、荆轲剑、荆轲墓，易水河易水砚等远近闻名；其古香古色的燕都古城，不仅再现了燕都风貌，也彰显出侠士荆轲的忠义风骨。

自河北易县往东，在180公里之遥的河北省肃宁县，荆轲的影响同样源远流长。这里不仅有荆轲墓，还有一个名正言顺的荆轲村。2020年8月的一天，笔者来到荆轲村探访。据村里一老者说，荆轲是卫国人，这里战国时属于燕国，当然不是荆轲的故乡。不过，荆轲是个游侠，好读书击剑，曾游历至燕国，后被称为"荆卿"。他就是在燕国由田光推荐给太子丹，开始了刺秦之行。当地有个传说，谓荆轲游历到肃宁后，因行侠好义，结交了许多朋友。他刺秦失败后，肃宁一带的朋友为追念他，便在这里为之建了个衣冠冢。荆轲村邻村冢上村就是因荆轲墓而得名。另据1983年版《河北省地名志·沧州地区分册》之"肃宁"词条中的"荆轲村"这样记述："荆轲村建于明永乐年间，由山西洪洞县移民迁此立村，因村坐落在荆轲墓附近，故命村名荆轲。"这里虽未讲明荆轲墓是何人何时所建，但告知明永乐之前这里便有了荆轲墓，且是先有墓，后有村，由此可见荆轲侠义文化影响之久远。

血染的名牌
（荆轲系列之二）

匕首，英文名称为 dagger，仅从发音而言，一直认为它与沙发、吉普、咖啡一样属于外来语，后来一查，原来它是个象形字，《辞海》解释为：短剑，剑头像匕，呈半圆形，犹如饭匙，故称为匕首。说到中国古代的匕首，认为最著名的莫过于荆轲刺秦中使用的"徐夫人"这个名牌了。但是，这一匕首，其产生过程异常残忍，是用 N 多人的性命换来的名牌产品。

一

长期以来，关于荆轲刺秦的各种文学类作品多不胜数，有人说几十种，有人说几百种，传播方式与时俱进，受众者早已超过国界。那么，荆轲在刺秦中到底使用的匕首是不是徐夫人这个当年的国际品牌呢？对此，我们来看看相关史料。其一，司马迁《史记·刺客列传》记载："太子豫求天下之利匕首，得赵人徐夫人匕首，取之百金，使工以药焠之，以试人，血濡缕，人无不立死者。乃装为遣荆卿。"其二，刘向《战国策·燕策三》记载："太子预求天下之利匕首，得赵人徐夫人之匕首，取之百金，使工以药焠之，以试人，血濡缕，人无不立死者。乃为装遣荆轲。"其三，司马光《资治通鉴·秦纪》记载："太子豫求天下之利匕首，使工以药焠之，以试人，血濡缕，人无不立死者。乃装为遣荆轲。"

我们看这三则史料记载，《史记》《战国策》都明确，燕太子丹为荆轲准备的是赵国人生产的徐夫人品牌匕首，但成书于北宋的司马光《资治通鉴》

在记叙荆轲刺秦事件中，其他方面的情节与《史记》《战国策》都比较一致，而偏偏没有记载这把匕首的生产国家——赵国，更没有生产这把匕首的生产厂家——当年赵国著名铸剑大师徐夫人。

众所周知，按照权威程度比较，《史记》《战国策》《资治通鉴》都属于正史，司马迁、刘向、司马光都是我国史家大者，在刺秦这一战国晚期发生的重大事件面前，主要情节应当一致才符合逻辑。但是，为什么司马光在记叙这件事中，偏偏要将荆轲刺秦使用的匕首产地国名和品牌名称删去呢？分析来看，大概率是司马光选择资料更加谨慎。

按照《史记》中司马迁自述，《史记》史料来源，既有当时司马迁能够接触到的文字资料，也有他本人民间采风所听所闻。因此，司马迁文章素材取舍范围更广，故事性更强；而司马光的《资治通鉴》被定义为中国第一部编年体通史，则更加注重所选资料的文字来源，故事性次之。假如，司马光在选择荆轲刺秦事件中，没有看到荆轲所用匕首关于具体国名、品牌名称的标注，有可能就不再沿用《史记》的记载。与此性质、情节基本一致的另一件刺杀事件，即吴国时发生的专诸刺王僚就是佐证。专诸将匕首藏在烤鱼肚子里，当烤鱼被端上吴王僚面前时，专诸迅速将匕首从鱼肚中取出刺向吴王僚，吴王僚即刻死亡。但专诸使用的这样一把见血封喉的匕首，史料中也没有留下具体生产国名和品牌名称。综合多种因素，司马光在《资治通鉴》中对匕首的细节做了模糊处理。

二

《史记》《战国策》《资治通鉴》记载燕太子丹从赵国为荆轲购买匕首的价格是一致的，即"取之百金""得赵人徐夫人匕首"。根据司马贞《史记·索隐》解释，"徐，姓；夫人，名。谓男子也"，徐夫人品牌的匕首，是一个姓徐、名叫夫人的男子所生产。这个匕首有这样几个特点：一是"天下之利"；二是"跨越国界"；三是"以药淬火"；四是"见血封喉"。天下之利，说的是质量；跨越国界，说的是影响力；以药淬火，说的是加工工艺的特性；

见血封喉，说的是匕首锋利程度，哪怕只是划破一点点皮肤，也会立即死亡。

如此锋利的徐夫人品牌匕首，燕太子丹付费百金就能够买到。这里就有一个问题，燕太子丹为荆轲买的这一匕首到底是一件普通产品还是特制品？赵国徐夫人生产的匕首是大众产品还是为燕太子丹刺秦量身定做？我们可稍作分析。

首先，燕太子丹"取之百金"购买赵人徐夫人匕首。对这里的"百金"，在数量上先秦时期该怎样理解，公开资料难以找到确切数据，具体到燕太子丹花"百金"从赵国购买的徐夫人匕首是否物有所值，我们不妨看看同一历史时期几个以"金"为单位消费的案例：一是《史记·吕不韦列传》中记载，当异人同意与吕不韦合作以后，吕不韦拿出五百金给异人，供其结交宾客；二是《史记·刺客列传》记载，秦将樊於期在进攻邯郸中战败，逃到燕国，秦下令赏千金、邑万户要樊於期首级；三是《大秦帝国》记载，秦国密探景监去魏国七星级官府酒店洞香春打探情报，要了一壶酒一鼎羊肉，消费一金等。

有了这样的消费实例，那么，对照燕太子丹用"百金"购买赵国徐夫人匕首，其价格是高是低呢？我们应当这样看待这一问题：这里的"百金"价格是在原普通型匕首基础上，经过特殊工艺处理过的，如"以药淬火"，需要购买毒性较大的液体药水、需要加工等，这样看来，燕太子丹以"百金"价格购买这样一把特制匕首，似乎也在合理水平，物有所值。

需要指出的是，有人认为，秦代文献中所称"金"，并非指黄金，而是指铜。笔者认为这要具体分析，要看当时文献的具体语境。比如，秦始皇统一六国后，收缴六国兵器在咸阳铸造十二金人，这里的"金人"应该是"铜人"而非真金，因为铸造金人的兵器本身多为铜、铁并非黄金。但是，如果文献记载为属于特指以"金"为单位交易性质的内容，其黄金的可能性较大。战国时期《管子·地数》记载"上有丹砂者（丹砂，又名辰砂，提炼砒霜的原料，有毒），下有黄金；上有磁石者，下有铜金（黄铁矿）；上有陵石者（陵石，即孔雀石、呈淡绿色），下有铅、锡、赤铜；上有赫者，下有铁"，这一找矿规律，现在仍不过时。此说明当时的矿产开采冶炼技术，金、银和其他贵金属的开发使用等已相当普遍。

三

司马迁《史记·刺客列传》记载："太子豫求天下之利匕首，得赵人徐夫人匕首，取之百金，使工以药焠之，以试人，血濡缕，人无不立死者。"既然如此，问题就来了：燕太子丹用"百金"购买的这把赵国徐夫人匕首，其生产加工过程只进行到"以药淬火"这个环节，因为"百金"的费用，不可能再包括让生产厂家徐夫人这个老板接着给你用活人去试验这把匕首毒性作用，这是人命关天的事情。

司马迁写《史记》，向来惜字如金。他写燕太子丹购买的这把徐夫人匕首，"以试人，血濡缕，人无不立死者"。从"无不立死者"这句话来看，太子试验匕首锋利程度时杀死的人绝不在少数。

杀人偿命，借债还钱，这在任何年代都一样。用徐夫人匕首"试人"这样的事情，集试验、保密、杀人于一身，要顺利完成任务，其难度可想而知。如：选择什么样的地方？谁去具体操作？谁在现场监督？最难办的一点，是被试验而遭遇杀死的活人不止一个，去哪里、通过什么方式寻找并确定这样的人选等。然而，在战国时代，普天之下，国王居首，太子次之。刺秦整体行动，就是燕太子丹谋划的，徐夫人匕首活人试验自然属于整体行动中的环节之一。按照这样的逻辑推论，只要太子说话，活人试验的所有问题即可迎刃而解：那些被试验的活人，到底是从死刑犯中秘密选定，还是有人主动提出为太子献身（在荆轲刺秦事件中，已经有荆轲的推荐者田光，被秦国通缉、逃到燕国的樊於期都主动、自愿为太子策划的刺秦自杀了）？史料中难以找到答案，不过，无论采用怎样的方式，燕太子丹这个总策划者都难逃干系。

一种产品要成为名牌，有许多捷径可走，比如：购买者是名人，使用者是名人，使用这一产品用于该事件本身名气较大，事件的策划者名气较大，产品关联对象知名度较大，等等。该产品在这些条件中，假如有一项符合，其知名度即可大幅度提升，何况燕太子丹购买产于赵国的徐夫人匕首五个选项全都符合，这样的产品，想不成为名牌都难。遗憾的是，徐夫人匕首成名过程前后背负着N条人命，这样沾满鲜血的名牌实在太残忍了。

流浪歌手高渐离

（荆轲系列之三）

据史料记载，秦始皇13岁即位，22岁亲政，39岁灭六国统一天下，50岁病死沙丘。从22岁到50岁的28年间，是秦始皇人生的辉煌顶峰，伴随而来的也有他遭遇的四次刺杀：一是公元前227年荆轲刺秦，二是公元前221年高渐离袭秦，三是公元前218年，张良雇凶博浪沙锤秦，四是公元前216年咸阳城外遭刺客伏击。其结果是秦始皇每每化险为夷。而四次刺秦的刺客，除张良以外均难逃被处死的命运。笔者来到定兴县东高里村、赵县宋城村的宋子古城，和当地老乡一起寻访两千多年前流浪歌手、别样琴师高渐离遗迹，触摸和感受其留给历史的悲歌情怀。

定兴有个高家坡

据《定兴县志》记载，高里村为战国时期燕国乐士高渐离故里。根据所处方位，又具体分为东高里、西高里和高里店三个村。出定兴县城往西约15公里就是东高里村，那儿的村委会张主任说起自己村子和古代名人高渐离如数家珍。张主任说，无论是文献记载还是祖辈人传说，高里村的村名就是因高渐离而得。高里共三个村，因世世代代只有东高里村有高姓人

定兴县东高里村

家，所以，高渐离故里在东高里村是比较客观的。

村东一处名叫高家坡的土台子，面积约2000平方米，比周边高出近两米，土层间不时露出白色贝壳、灰色瓦片，向世人展现着其历史沧桑；在这处名为高家坡的土台子南北两侧，有两处长满荒草的大水坑。张主任说，这两处大水坑历史久远。战国时期，高里村是从东边通往燕国都城的必经之路，当年高渐离就是在这里经营狗肉馆、客栈等。村里老人们讲，高家坡两边的水坑里长满了芦苇，高渐离在此经营的酒肆，有一座高大寨门，气派得很。司马迁《史记》中记载荆轲与狗屠、高渐离在燕国喝酒、击筑、自由豪放地唱歌等情节，皆因荆轲与高渐离在此地成为好友。后来，高渐离因荆轲刺秦而闻名天下。

从《史记》到《战国策》所记载的易水悲歌都是高渐离击筑在前，荆轲唱词在后，我们来看是否合理。送别仪式没有事先安排，送别现场易水滔滔，寒风凛冽，面对荆轲的悲壮与从容，高渐离触景生情，"风萧萧兮易水寒，壮士一去兮不复还"脱口而出，这样的表达出自他心中并通过击筑表现出来更符合事实。再者，如果是荆轲有感而发，那么，高渐离在不知道他要表达什么的前提下，击筑的曲调怎么定？高渐离的音乐天赋对当地文化传承影响较大。张主任说，听村里一些八九十岁的老人介绍，高里村祖祖辈辈就有学习音乐的传统，很多年前，村里就有关于"宫商角徵羽"的小读本；距离东高里村只有几里地的究室村，是我国元代著名戏剧家王实甫祖籍，其编著的元曲《西厢记》家喻户晓。这些，都与高渐离乐师数千年音乐文化积淀有着密切关系。

宋子城内展绝技

距离石家庄市赵县县城东北方向约18公里处，有一个村子叫宋城村，村南是战国时期赵国重镇宋城遗址。宋城遗址呈长方形，东西长约800米，南北宽约600米，平坦开阔，一段段高出地面五六米的残破城墙分外醒目。而城墙顶部那一片片足有一米多高的荒草，在夕阳中随风摇曳，把人们的思绪又带回两千多年前的战国时代。

赵县县志办公室贾国锁老先生说，众多记载发生在宋城的历史故事中，有赵燕之战、有宋子古币等，可最有影响的要数公元前227年与荆轲刺秦有关的乐手高渐离了。燕太子丹策划的荆轲刺秦失败后，据司马迁《史记·刺客列传》记载："秦并天下，立号为皇帝。于是逐太子丹、荆轲之客，皆亡。高渐离变名姓，为人庸保，匿作于宋子。"元代《河朔访古记》里也有："赵州城东北三十里……宋子故城……即秦高渐离匿作宋子而歌之所也。"

至于高渐离隐匿宋子城做酒保后名字叫什么，史书没有记载。其实叫什么名字没关系，最关键的是"安全第一"，别让追查此事件的官府人员认出来。这一点，高渐离开始做得比较好。大概是随着时间的推移，官府抓不到人，风声渐松，高渐离自我保护的意识也开始淡薄；再加之以前总是以击筑唱歌为生，而在酒馆打工跑堂，从随性放荡到服侍于人，其职业的落差也难以长期适应。于是，他击筑而歌的才华就像春天里的野花，一遇到灿烂的阳光便盛开怒放。一次，酒馆老板请高渐离演奏，众人皆赞，老板也对他另眼相待，他再也不用做地位低下的佣人了。因为高渐离超高的击筑水平，他所在的酒馆人气渐渐旺盛，也给老板带来了丰厚的收入。重新走上职业击筑道路的高渐离，在人们的欢呼声中，似乎早已把自己是全国通缉的刺秦逃犯这事忘得一干二净。

筑砸始皇谱悲歌

司马迁在《史记·刺客列传》中记载，高渐离在宋子城成为职业琴师以后，不仅每天在酒馆里为宾客们击筑而歌，而且还把自己从燕国逃亡时藏在箱子里的演出服装穿上，甩掉在宋子城用的筑器，改用从燕国带来的筑在酒馆演出。高渐离即使不化妆都使广大宾客听得如痴如醉，这次他换上演出服、用上得心应手的乐器，再加之彩妆出场，每次演出都令宾客们激动得流泪。终于有一天，已经改名换姓的高渐离在赵国宋子城击筑技艺高超的美名传到了秦都咸阳，恰巧秦始皇也喜欢听音乐。就这样，高渐离被官府人员接到了咸阳宫殿。郭沫若先生编著的五幕历史话剧《高渐离》第一场就是从这一情节开始的。

被接到秦都咸阳后，技艺高超的高渐离成为秦始皇的御用琴师。其生活本应锦衣玉食，但是福兮祸所伏，他高渐离不但享不了这个福，而且其厄运接踵而至。先是有人举报了其系荆轲密友；接着，秦始皇命人将高渐离的双眼熏瞎。至此，高渐离的命运又一次迎来了大的转折。他由正常人一下子跌入暗无天日的生活，还要在这样的情状下，每次击筑表演必须强装笑颜为皇帝演出。

对于秦始皇安排给自己的羞辱性工作，高渐离一开始沉默着、忍受着，但这样的状态不可能长久。联想到好友荆轲为刺秦血染秦宫的仇恨，高渐离决定再次刺秦。经过精心准备，他在筑内灌铅以加重筑的重量。终于有一天，在为秦始皇演奏时，感到秦始皇就在眼前，于是，他凭感觉举起灌了铅的筑，突然重重地砸向秦始皇却没有砸中，高渐离被处死。司马迁笔下的曹沫、专诸、豫让、聂政和荆轲，每个刺客都是为了一个权贵才行刺，只有高渐离，在荆轲死后，仍执着地再次行刺秦始皇。好一个流浪歌手、别样琴师。

琴师墓地何处寻

为了完成好友荆轲的未竟大业而以筑袭秦的高渐离，生前最后一次为秦始皇演奏的是什么内容的曲子找不到相关记载。郭沫若先生五幕话剧《高渐离》中的描写令人印象深刻：高渐离击筑高唱"帝王奋袖袖乃断，超越屏风负长剑。荆轲逐王铜柱间，掷以匕首伤耳畔"，秦始皇听后拍案而起。就在秦始皇拍案的一刹那，高渐离高举其筑向他砸去……

别样琴师高渐离死了，死在咸阳皇宫里。几千年过去了，刺秦事件被以各种文艺形式演绎。人们大多只记得荆轲，只知道荆轲墓、荆轲衣冠冢遍布

赵县古宋城遗址

陕西、江苏、河北、山东等多个省份。而高渐离的墓地在哪里呢？张主任介绍，高渐离被杀时，秦始皇已经统一天下。当时的形势，作为高渐离的后人也好，朋友也罢，没有人敢去京都咸阳要回高渐离尸骨。就是在高渐离老家做衣冠冢，大概也要被官府问罪。

所以，长期以来，从官方到民间各种资料或口口相传中，都没有关于高渐离墓地的任何信息，也许这会成为永久的遗憾。不过，张主任说，从东高里村往北一直到石柱村有三华里长的一片坟地，原来都是高家坟，高渐离的根在这里，高渐离的魂也在这里。

苍天不忘樊於期

（荆轲系列之四）

"风萧萧兮易水寒，壮士一去兮不复还。"荆轲刺秦的故事流传了两千多年，人们在感叹义士荆轲血溅秦庭壮举的同时，对于为了帮助燕太子丹完成刺秦计划而毅然决然拔剑自刎的秦将樊於期也充满了敬佩之感。

逃　燕

樊於期的原籍是河北省保定市蠡县鲍墟乡南庄村，是秦王嬴政时期的将军。据《史记·秦始皇本纪》记载，公元前234年，秦王政十三年，赵王迁二年，秦将桓齮攻赵平阳、杀赵将扈辄，斩首10万。公元前233年，桓齮再次率领秦军伐赵，从上党出发，连续攻下赵国赤丽、宜安两城；兵锋直指赵国都城邯郸。此时，为了应击秦军，赵国派出大将军李牧临危受命，李牧面对强势秦军，采取避开锋面、高筑营垒、坚守疲敌的战术，在宜安与秦军对峙。

易县血山村

为了打破僵局，桓齮将军留下部分士兵坚守大营，自己率领秦军主力转攻肥下（今河北晋州西），未能破城。赵将李牧发现桓齮主力部队东进以后，趁机率军攻破秦军大营，并在桓齮回援时，大破秦军，桓齮大败，只带少数人突破赵军重围，逃到燕国。桓齮将军被赵军打败、他本人又逃到燕国的消息传到秦国以后，秦王嬴政异常震怒，随即采取两条措施，并昭告天下。第一，将叛将桓齮灭三族。第二，对桓齮实施悬赏通缉：抓住桓齮者，赏千金，邑万户。中国著名历史学家、《战国史》作者杨宽认为，樊於期与桓齮为同一个人。

对于桓齮与樊於期为同一人的观点，尽管学术界在细节上存有不同看法，但是，在秦将樊於期逃亡燕国、秦王诛杀其全家并斥重金悬赏、燕太子丹不惧风险将其接纳、最终为了成就荆轲刺秦的重大行动而自刎等关键情节方面认识是一致的，这就为后人全面、客观地认识、评价樊於期奠定了坚实基础。

献　首

公元前 227 年，燕太子丹秘密策划刺秦行动。他的老师鞠武说，燕国不能收留秦将樊於期，这样只能加大秦国对燕国的仇恨，应当把樊於期送到匈奴去。燕太子丹没有听鞠武的意见。后来，经过田光推荐，荆轲被确定为刺秦行动唯一人选。经过充分的准备，徐夫人匕首、助手秦舞阳、督亢地图等都完备，只有荆轲见秦王的第二件见面礼——秦将樊於期人头，成了摆在燕太子丹面前的一大难题。燕太子丹说：樊於期将军是出于对我的信任，才来到燕国，那样的要求，我怎么开口呢？

看到燕太子丹比较为难，荆轲便自己找到樊於期。《史记·刺客列传》记载，荆轲对樊於期说："秦之遇将军可谓深矣，父母宗族皆为戮没。今闻购将军首金千斤、邑万户，将奈何？"樊於期仰天太息流涕曰："於期每念之，常痛于骨髓，顾计不知所出耳！"荆轲曰："今有一言可以解燕国之患，报将军之仇者，何如？"樊於期乃前曰："为之奈何？"荆轲曰："愿得将军之首级以献秦王，秦王必喜而见臣，臣左手把其袖，右手揕其匈，然则将军之仇报而燕见陵之耻除矣。将军岂有意乎？"樊於期偏袒扼腕而进曰："此臣之日夜切齿腐心也，乃今得闻教！"遂自刎。荆轲将樊於期首级装进匣子里，完成了刺秦行动中难度最大的一项准备任务，为刺秦行动按计划实施创造了条件。

铭 记

荆轲刺秦以失败而告终，燕国为此付出的代价极其惨重：一是多人为此付出了生命。有名有姓的有田光、樊於期、荆轲、秦舞阳、燕太子丹；没有留下姓名的，如燕太子丹购买的徐夫人匕首，在用毒药水淬火以后，多次用活人试验，"无不"立即死亡，这里的"无不"到底是几个，史书没有记载；随秦舞阳、荆轲一同到咸阳的还有数十人是秦舞阳训练的剑客，其真正能活着归来的寥寥无几。二是从政治影响看，刺秦事件的发生，成为秦国加快进攻燕国计划的导火索。

但是，这些代价与樊於期将军为报答燕太子丹的知遇之恩而刎剑献首义举比较，千百年来，人们更加看中的是樊於期将军的果敢与赤心。按照《史记·刺客列传》记载，樊於期献首的原因是对秦王的切肤之恨，而对燕太子丹冒着惹怒秦王的风险收留并没有提及，但是，人们可以从樊於期能够通过荆轲几句话便割下头颅的性格中推测，其中必然会包含对燕太子丹收留他的感恩成分。因此，燕地的老百姓也通过各种方式铭记国难当头、敢于献首的樊於期。

易县县城西南约3公里处，有个村子叫血山村，这个村的村名就是为了纪念樊於期的。这个村村内原来有座小山叫作樊馆山，因为樊於期从秦国来到燕国以后，燕太子丹在这里为他修建了馆舍。后来，刺秦事件发生后，据当地村民传说，樊於期就是在这里当着荆轲的面割下自己的头，鲜血染红了整个小山，村民把樊馆山改名为血山，村名也

血山村血山塔

叫作血山村。后来，人们又在这个山上建塔纪念樊於期，塔高三层，代表天地人；四方形、无顶，象征樊於期遗体有四肢而无头颅。此塔南面建有法华

寺，内供樊於期将军牌位；与此不远的荆轲塔下建有三义庙，一直供奉着荆轲、田光、樊於期。对于樊於期的死，人们褒贬不一，但比较一致的观点是，感叹樊於期面对生死抉择凛然大义从容赴死，其舍生取义的品质值得称道，同时也为荆轲刺秦这部千百年来经久不衰的历史大剧增添了更加悲壮的色彩。2020年8月，一个秋高气爽的上午，笔者随同当地村民一起，来到血山村后的一个小山上，山上新建的三层白塔，显得格外庄重肃穆。村民介绍，原来的旧塔几乎要倒掉了，这次新建的塔大体保留了原来样式，只是顶部略作调整。

　　翻开秦国历史，其在与东方六国争霸中，不止一次出现秦将投降他国的案例：秦昭王时期，秦将郑安平攻赵失败，率两万秦军降赵，被赵孝成王封为武阳君；秦王嬴政亲政初期，长安君成蟜攻赵失利，反，降赵，被赵悼襄王封于赵国饶地；秦二世的将军章邯，在巨鹿之战中，被楚将项羽等诸侯军打败，后率20万囚徒军降楚，等等。上述事例，虽然都属于投降他国的不耻行为，但是，这些当事者在后世老百姓心目中的地位，都不如樊於期将军。据清代河北《蠡县志》记载：南庄有大冢，呼为樊将军墓。旧有庙碑，今皆废。

田光之死

（荆轲系列之五）

士人田光是荆轲刺秦中的一个重要人物，也是第一个为该事件主动献出性命的人。田光之死背后的原因非常复杂，并非像司马迁在《史记·刺客列传》中记载的那样——仅仅是为了解除太子丹担心其透露刺秦行动计划那样简单。

田光其人

据史料记载，田光是河北省邢台市新河县西千家庄人，他学识渊博，智勇双全，素有"燕国勇士"之称。因他对当时诸侯各国连年战乱的现实不满，所以不肯做官，喜爱广交朋友，行侠仗义，其晚年留居燕都附近（今保定徐水），与荆轲交往甚密，现保定市徐水区田村铺就因田光而得名，该村有一块名为"田光故里"的石碑，碑文记载了田光的生平和唐代文人对士人田光的赞美，尤其是其与荆轲一起练剑并成为挚友后而名声大振，直到公元前227年因燕太子丹与其谋划刺秦而血洒燕地。

《史记·刺客列传》中荆轲刺秦故事家喻户晓，人们在赞叹荆轲侠肝义胆的同时，似乎把荆轲的引荐人田光自杀的事情淡忘了。然而，正是由于田光向燕太子丹的推荐和介绍，燕太子丹的计划才得以实现，荆轲刺秦的故事才流传数千年。按照司马迁《史记》和《战国策·燕策》的记载，燕太子丹刺杀秦王的计划，第一个告诉的是他的老师鞠武，鞠武不同意但又没有说服燕太子丹，因此就向太子丹推荐了燕国名士田光。当时田光已经年迈，他又向太子丹推荐了好友荆轲去完成这项任务。太子丹在与田光临别时，特别嘱咐道：这一行动是国家大事，千万别泄露出去。田光说，太子这样嘱咐自己，说明了他的怀疑，于是在推荐荆轲成功以后就饮剑自杀了。

表面看，田光自杀是为了解除太子丹对他的怀疑，其实，这一理由不能成立，原因有二：一是燕太子丹关于刺杀秦王的计划，在田光自杀之前，除了太子本人以外，知道这一消息的至少还有两个人：鞠武和荆轲。在这样的情况下，假如消息泄露了，其责任怎么能够由你田光一人承担呢？从正常逻辑分析，此不应成为田光自杀的真实理由。二是按照司马迁《史记》记载，在荆轲刺秦出发时的易水河边，有多人身穿白衣头戴白帽送行，这样的场面，也与当初太子丹对田光所说"不能泄露"相矛盾。

自杀之谜

既然不是为了解除太子的怀疑，田光自杀的真实原因是什么呢？从当时历史背景，结合田光成熟老练的政治眼光和丰富阅历分析，推断其真实原因至少有这样三个方面：

首先是担心被追杀。公元前227年，燕太子丹作出刺杀秦王时的天下形势为：秦王横扫六国的大幕已经拉开，第一个诸侯国韩国已经灭亡，秦国吞并燕国邻国——赵国的战争持续不断。在这样的情况下，当燕太子丹把他报复秦国刺杀秦王的计划与他的老师鞠武商量时，史书记载，鞠武给他的建议为"外与匈奴和好，内与诸侯结盟"共同对付秦国。太子丹听了以后认为，实现该计划需要的时间太长，请老师另想办法。于是，鞠武就推荐了田光。

从史书的这段记载，我们可以看出其中端倪：燕太子丹老师鞠武首先是不赞成刺杀秦王计划的，毫无疑问，原因就是成功系数太低。但是，太子执意要实施刺秦计划，鞠武才推荐了田光。可以预想的是，当田光见到太子丹并接受了刺秦计划的时候，他既为能够得到太子的信任而高兴，同时也为这样的行动能否成功而担忧，最终以年老技衰为由推掉了此任务，并向太子推荐了荆轲。田光做这样的决定时甚至能够想到：如在谋划阶段走漏风声，毫无疑问会受到太子追杀；即使刺秦成功，也会受到秦国追杀。总之，此事无论败、成，自己都将凶多吉少。

其次是内心的自责和内疚。田光与荆轲私人交往甚好，彼此同属士人阶层，练剑喝酒相互欣赏义重情深。可是当太子将刺秦计划与自己商量时，自己不但没有向太子表明事件的难度，或者申明利害，使太子慎重考虑刺秦行动，反而还推荐了好友荆轲。如果完不成任务，岂不是将好友送入虎口？对此，我们不妨看看田光与太子丹分别后，田光是怎么去见荆轲的以及他在荆轲面前做了什么。

据《史记·刺客列传》所述，田光去见荆轲时是"偻行见荆卿"，即：以弯腰驼背的形态去见荆轲。当荆轲接受了田光推荐以后，田光的行动令荆轲深感意外：他刎剑自杀了。我认为，田光在人生最后阶段的两个行为，从逻辑分析是存在相互关联因素的，主要是内心的极度复杂和多种矛盾交织，包括：太子老师鞠武将自己介绍给太子，说明自己在鞠武心中的位置；太子亲自来与自己见面，商量国家大事，是自己的荣耀；自己在风险极高的刺秦计划面前不予担当又想讨好太子，将好友荆轲予以推荐并导致荆轲丧命的可能性极大；等等。

因此，在这种极度复杂的心理压力下，田光"偻行见荆卿"实质是不敢正视好友荆轲，随后自杀是他相信自己的判断——即使荆轲去执行这一任务，也是败多成少，不如一死了结内心愧疚。虽然，在司马迁笔下，田光自杀的原因被描写成是为了激励荆轲去完成刺秦任务，但我认为那是表面现象。如果真是那样，如果田光认为此行胜券在握，就完全没有必要"弯腰弓背"去见荆轲，完全可以堂堂正正讲明优势和策略，那样的鼓励才是最有效的，比自杀对荆轲的激励要更加现实。

最后是田光自杀的原因，也不能排除利益方面的考虑。在战国时期，类似田光这样的士人阶层，为诸侯王、为太子献身后博得好名声，为家族后代谋取财产和地位的现象屡见不鲜。同在司马迁《史记·刺客列传》记载的专诸刺王僚就是明显的例证：当专诸为公子光刺杀王僚以后，公子光已当上吴王，就加封专诸儿子专毅为上卿。这一因素，即使田光在自杀前考虑到，我认为与前两项比较，不是主要的，仅属次要位置。

先天不足

《礼记·中庸》曰:"凡事预则立,不预则废。"此说明,越是重大问题,越要做好多方面准备。燕太子丹策划的刺秦行动,从一开始就先天不足。一是太子老师鞠武的意见没有引起重视;二是像田光这样老练成熟的士人,即使看到了问题的严重性,宁可自己自杀也不去纠正或制止太子的盲动行为;三是连以什么方式去赢得秦王接见,还是由荆轲提出,即带督亢地图和樊於期人头,此细节越发显得策划者太子丹准备阶段太过仓促;四是如果荆轲失败以后第二方案是什么,没有具体部署。再者,刺秦计划在执行阶段即荆轲离开燕都时就基本已宣告失败,这一点连太子也不否认,但碍于形势荆轲还要继续南下执行该方案,如果此时终结执行,太子丹无法向因实施该方案而死去的田光、樊於期交代,更无法向父王燕王喜交代。

我们看看,在荆轲、秦舞阳离开易水河边时,众多送行者穿白衣戴白帽,唱的歌是"风萧萧兮易水寒,壮士一去兮不复还",与当地的出殡形式比较,就差一个招魂幡了。作为国家行为的刺秦行动,有太子参加的壮行仪式,即使是自发组织,也不能搞成像出殡一样吧。

这样的方式意味着两点:一是大家都认为荆轲此去再也回不来了;二是意味着荆轲刺秦的国家计划尚未实施,就在燕国走漏了消息,否则,怎么连高渐离这样的市井歌手都能够参加?所以,荆轲刺秦最终结果失败是正常的。由此可以看出,田光的判断和自杀选择是正确的,自从燕太子丹见到田光并说明来意的那一刻起,就注定了田光必死无疑的命运。事实也说明,田光在事件的谋划阶段自杀,比事情失败后像高渐离一样被秦王追杀要智慧得多,荣光得多。

秦舞阳悲情录

（荆轲系列之六）

司马迁在《史记·刺客列传》中记载：荆轲奉樊於期头匣，而秦舞阳奉地图柙，以次进。至陛，秦舞阳色变振恐，群臣怪之。荆轲顾笑舞阳，前谢曰："北蕃蛮夷之鄙人，未尝见天子，故振慴。愿大王少假借之，使得毕使于前。"至此，因为秦舞阳在咸阳大殿台阶下"色变振恐"，腿软发抖，无法前行并退出，使本应他和荆轲两人完成的刺秦任务，落在了荆轲一人身上，后以失败而告终。同样，因为司马迁的这一记载，两千多年来，秦舞阳一直背负着胆小、软弱、关键时刻掉链子的污名。对此，我们不禁要问：如果秦舞阳真是这样一个人，那么，与其非常熟悉的太子丹、谋士田光等，怎么会安排他做荆轲副使呢？

少年有志

根据史料记载，秦舞阳年少志高，司马迁在《史记·匈奴列传》介绍："其后燕有贤将秦开，为质于胡，胡甚信之。归而袭破走东胡，东胡却千余里。与荆轲刺秦王秦舞阳者，开之孙也。"通过这个史料我们知道了，秦舞阳不是普通人，他爷爷是燕国的将军，是名将之后。在《史记·刺客列传》中，司马迁又称："燕国有勇士秦舞阳，年十三，杀人，人不敢忤视。"由于受家庭影响，秦舞阳自幼喜爱习武，主持正义，打抱不平，在他十三岁那年，因将燕都城内一个欺负民女的恶霸杀死而名声大振。自此，他习武练功更加刻苦，小小年纪武功高强。

燕太子丹自秦归燕后，一直在暗中为刺秦行动做秘密准备，已经成年的秦舞阳胆魄和武功，受到太子丹的赞赏。他挑选了20名年轻力壮的勇士，令其跟随秦舞阳习武，拟在关键时刻承担刺秦重任。2016年12月15日，《河北日报》在一篇《揭秘燕下都》的报道中称："今易县城东南3.5公里处的高陌乡武阳台村，是战国时期燕国都城的遗址。村南的武阳台主体建筑由武阳台、望景台、老姆台等建筑基址组成，由南向北形成一条轴线。其中武阳台最大，高十一米，分上下两层，台东西最长处约一百四十米，南北最宽处约一百二十米，它相当于燕下都全城的制高点。"当地村民则介绍，武阳台是当年秦舞阳受太子之命，带领20名勇士练武的地方。由此可见，秦舞阳这位燕国高官的后代，自少年起，不仅武艺高强，胆略惊人，而且还深得太子丹赏识。

委以重任

公元前227年，太子丹与谋士田光策划并决定由荆轲实施刺秦行动以后，虽然太子丹既拜荆轲为荆卿，又亲自安排，满足荆轲多方面欲望和需求，期望荆轲能够按计划离燕西行，但是，荆轲因等另一剑客，而迟迟未行。于是，太子丹担心荆轲有变，就以更换秦舞阳为由，迫使荆轲尽快赴秦。对此，司马迁写道：太子乃令秦舞阳为副。荆轲有所待，欲与俱；其人居远未来，而为治行。顷之，未发，太子迟之，疑其改悔，乃复请曰："日已尽矣，荆卿岂有意哉？丹请得先遣秦舞阳。"荆轲怒，叱太子曰："何太子之遣？往而不返者，竖子也！且提一匕首入不测之强秦……"遂发。

从司马迁这段记叙中，我们看到，如此重大的刺秦行动，在具体组成人员这个关键环节，荆轲与太子丹还是有分歧的：荆轲期望自己的另一剑客一同前往，并未予考虑秦舞阳作为自己副使。而太子丹则一开始就有两手准备：一手是通过谋士田光死谏，让荆轲承担此重任；另一手备用的是秦舞阳和他的勇士。所以，当荆轲迟迟不予动身，太子丹提出让秦舞阳去时，荆轲被激怒，认识到了迟迟不予动身的严重性，便立刻动身赴秦。

那么，对于被太子丹安排为荆轲副手这个角色，年轻气盛的秦舞阳又是怎么想的呢？史书并未记载，可我们从《史记》中关于荆轲临行时易水河边送行的人群中，秦舞阳这个副使的名字并未与荆轲同时出现的细节推测，秦舞阳与荆轲之间的配合并不默契，其可能的原因：一是对荆轲了解不够，对其是否能够完成这一使命担心。二是对太子的决定或有疑惑：第一，自己是燕国人；第二，太子非常了解我秦舞阳的武功；第三，我秦舞阳对燕国对太子一片忠心，为何不让我秦舞阳担此重任而让卫国人荆轲去做？不过，既然太子确定了，按照整体部署，荆轲出发以后，秦舞阳作为副手，带领着他的20名勇士，也随荆轲一起离燕赴秦。

前功尽弃

到了咸阳后，荆轲与秦舞阳商定，在秦王接见的大殿上，荆轲双手捧樊於期头颅匣子在前，秦舞阳手持督亢地图在后，当秦王展开秦舞阳的地图、显露出匕首的瞬间，由荆轲负责抓住秦王衣领、秦舞阳负责用淬了毒药的匕首逼秦王退地，如不配合直接刺杀。结果呢，刚走到台阶下，秦舞阳双腿发抖，接着就倒在地上，原来计划被彻底打乱，荆轲被剑创八段。当然，倒地的秦舞阳也逃脱不了被处死的命运。

在秦庭大殿上，秦舞阳倒地原因并不是因为胆小害怕，而是因病。据著名作家、易县作家协会主席李文通先生在其公开发表的文章中介绍：在去咸阳途中，秦舞阳提出由他和他的部下全权履行刺杀行动计划，既然你没有十分把握，我们自己国家的事情还是我们自己办更振奋人心。荆轲则坚持自己是正使，一诺千金，决不失信于太子，并说如果秦舞阳再坚持己见，则抛开队伍，独入虎穴。就这样，一路行进，一路争执。

这一年，秦舞阳刚刚20岁，从未离开过燕国，寒冬中不停地行进，饥渴劳累、水土不服，对荆轲的气愤，对太子的幽怨，对刺杀行动胜败的焦虑，使他的身体受到极大损伤，他开始时冷时热，患了伤寒。秦王召见的时间不会改变。于是秦舞阳安排20名勇士速离咸阳逃生，自己则拖着病躯义无反顾地跟随荆轲跨进了咸阳宫门。荆轲与秦王绕柱追赶时，秦舞阳在殿下只能等待死神的降临。他带去的勇士只有一个逃回了燕国，是他讲述了秦舞阳患病的经过。燕国的百姓们认为：秦舞阳没有对不起自己的良心，这种人同样值得后人敬重，人们把村名改为武阳台以示纪念。千百年来，荆轲因刺秦成了英雄，秦舞阳则同样因刺秦背上了懦弱的污名。这种现象对于秦舞阳以及秦舞阳的后人们有失公平，须予纠正。

轻虑浅谋太子丹

（荆轲系列之七）

公元前227年，由燕太子丹精心策划并导演的荆轲刺秦行动失败，此事件成为秦王加速伐燕的导火索。公元前226年，秦将王翦率军攻燕，燕王喜将太子丹杀死，将头颅献给秦军，欲求和，但秦军根本不买账，继续进攻。燕破，燕王喜逃亡辽东。公元前222年，燕王喜被秦军俘获，燕灭。

愤然决策

对发生于两千多年前惊心动魄的荆轲刺秦事件，人们在赞赏义士荆轲的同时，也有必要分析一下这件事为什么失败得那样惨烈？根据《史记·刺客列传》记载，此事件的执行者荆轲并无过错，其各环节完全是在落实燕太子丹制定的行动方案，失败的根本原因在于决策者太子丹轻虑浅谋。司马光在《资治通鉴》荆轲刺秦王篇目后所作"臣光曰"点评称："燕丹不胜一朝之忿以犯虎狼之秦，轻虑浅谋，挑怨速祸，使召公之庙不祀忽诸，罪孰大焉！"司马光不愧是大政治家，在这件事上，一言就点出了事情的本源。

燕太子丹为什么要秘密谋划刺秦这样一个惊天动地甚至改写秦燕两国历史的大事件？从已有的史料看，目的有两个：一是对秦王嬴政的报复；二是拖延秦国对燕国攻伐时间。这里既有太子丹与秦王之间的个人恩怨，也涉及两国之间的政治谋略。因为太子丹与秦王嬴政属于同时代人，两人的少年时代都是在赵国度过的。秦王政十五年（公元前232年），太子丹被燕国派到秦国做人质，秦王对自己这位曾经的少年小伙伴并不友好。具体有何表现，怎么不友好，正史无记载，杂史中记载了这样一件事："太子丹在秦国做人质，曾多次向秦王政要求归国，秦王政说：等乌鸦变白，马匹生出犄角，就准许你回国。"这件事足以说明秦王对于燕太子丹的蔑视，自然会引起太子丹对秦王的不满。后来，太子丹从秦国逃回燕国。一个"逃"字，说明是非正常行为，是带着对秦王的愤懑离开秦国的。

贵为太子的太子丹，岂能遭受秦王的非礼遇对待？回到燕国后便伺机寻求报复秦王的方式。但当时天下大势是，秦王已经拉开吞灭六国的大幕：公元前230年，秦已经灭韩；公元前228年，秦军攻入邯郸，赵王迁降秦，其子赵王嘉逃往代地，赵破。燕太子丹必须面对的一个客观现实是：秦强燕弱，正面与秦军直接作战不具备条件，不采取报复措施又咽不下那口窝囊气。因此，刺秦方案成为首选，他一方面私下寻找刺客，另一方面令在都城小有名气的秦舞阳培训一支武功高强的敢死队，随时待命执行刺秦这一特别行动。

阴险残忍

越是有身份、有地位、自认为手段高明的阴谋家，往往在仁义道德掩盖下以阴险残忍的方式达到自己的目的。燕太子丹就是这样一位阴谋家。我们看看他在刺秦行动中是怎么一步步以残忍方式完成这一策划的。

最初，他的老师鞠武，不同意与他共同谋划具体细节。结果，太子丹与燕国的资深谋士田光共同谋划，忽悠得田光以保密为由自杀身亡，以死举荐荆轲。我分析用督亢地图和秦将樊於期头颅作为接近秦始皇的礼物，是田光与太子丹谋划好的，当荆轲劝说樊於期献出头颅后，太子丹随即假惺惺地表示哀悼。太子丹最敬慕的燕国资深谋士田光和"投奔自己"的樊将军，先后为太子丹献出了生命，不过，这仅仅是开始。

接下来，根据太子丹与田光谋划的刺秦方案，一旦劫秦不成功，随之即可以匕首解决，这一匕首就是燕太子丹以重金购买的国际名牌——赵国徐夫人匕首。为了确保刺秦成功，太子丹安排对匕首深加工，用剧毒液体浸泡，使其见血封喉，即匕首锋利程度和剧毒属性合二为一，只要被匕首划破一点

97

皮肤层流血，也会即刻死亡。为了检查匕首的这一效果，太子丹竟用活人试验，而且不止一人，用司马迁的表述是："以试人，血濡缕，人无不立死者。"

对刺秦行动的执行者荆轲，虽然是由田光死荐，可太子丹对荆轲并不放心：一方面采取金钱美女高规格物质享受，满足其多方面欲望；另一方面对其威胁恫吓，逼迫荆轲明白，如果敢有二心，即是斩首结果。《燕丹子》记载了一则"太子献手"的故事：有一次燕太子丹与荆轲在燕国都城馆舍吃饭，现场有美女弹琴助兴。荆轲听着乐曲，看到弹琴美女嫩白纤细的手指，无意中说了句"好手琴者"。太子丹看到荆轲赞美弹琴女之手，迅疾对荆轲说"荆卿稍等"。太子丹转身对随从耳语几句，弹琴女离开现场。随后，令所有在场人惊讶的一幕出现了——随从端着一木盘，盘内是一双滴着血的弹琴女之手。燕太子丹接过木盘，非常优雅地送到荆轲面前说："荆卿，请笑纳。"斩手，即是"斩首"。执行刺秦任务之前的荆轲，面对太子献出的"斩手"，后背直冒冷汗。连弹琴女都成为燕太子丹残忍本性的牺牲品。荆轲离开燕国，到秦都咸阳执行刺秦任务，太子丹命令他的敢死队队长秦舞阳为荆轲副使，随同的还有20名武功高强的队员。结果，刺秦失败后，除一人逃回，其余全都殉国。

身死国灭

从谋划、准备、激励到实施的各个阶段，太子丹阴险残忍的个性均暴露无遗，每个环节都充满血腥。"一将成功万骨枯。"可悲的是，那么多人为刺秦献出了生命，不但刺秦本身以失败而告终，连策划人燕太子丹也在第二年，即公元前226年被他的父亲燕王喜杀死，不久，燕国灭亡。

为什么司马光评价燕太子丹在刺秦行动决策上是"轻虑浅谋"？因为，国之太子，首先应是政治家，司马光接着说："夫为国家者，任官以才，立政以礼，怀民以仁，交邻以信。是以官得其人，政得其节，百姓怀其德，四邻亲其义。夫如是，则国家安如磐石，炽如焱火，触之者碎，犯之者焦，虽有强暴之国，尚何足畏哉！丹释此不为，顾以万乘之国，决匹夫之怒，逞盗贼之谋，功隳身戮，社稷为墟，不亦悲哉！"

显然，在刺秦整体过程中，燕太子丹缺乏政治视角。比如，对秦王嬴政的认知，似乎还停留在个人之见不友好与报复层面。其实，秦王嬴政此时继六世之余烈，其吞并东方六国势不可当，秦王所追求的统一天下目标与燕太子丹所追求的报复秦王的目标完全不在同一频道上，悬殊极大。此时的燕太子丹与此时的秦王嬴政各自心态，用后来陈胜的那句"燕雀安知鸿鹄之志"形容比较合适。从道德角度看，秦王嬴政统一天下是历史潮流，燕太子丹谋划并实施刺秦行动，毫无疑问属于偷袭，连他自己都将其秘密进行，并不具备道德优势；从微观细节看，太子丹谋划的刺秦这样如此重大的国家行动，没有国家级层面的保障，没有第二、第三套应对方案，只靠荆轲个人力量，显然是一大缺陷。太子丹为什么会犯常识性错误？也许是他"轻虑浅谋"的具体表现。在当时条件下，太子丹的行动怎样才能变"轻虑浅谋"为"深谋远虑"？他的老师鞠武为其指明道路："请西约三晋，南连齐、楚，北购于单于，其后乃可图也。"遗憾的是，不听老人言，身死国灭在眼前。

"袖绝"之追责与赏赐

（荆轲系列之八）

司马迁在《史记·刺客列传》中写荆轲在咸阳秦宫内刺杀秦王时有这样一个情节：图穷匕见后，荆轲"左手把秦王之袖，而右手持匕首揕之。未至身，秦王惊，自引而起，袖绝"。

这段话翻译成白话，就是说：荆轲将地图卷展到尽头，匕首显露出来。荆轲趁机用左手抓住秦王衣袖，右手拿匕首直刺秦王。荆轲的匕首尚未接触到秦王身体，秦王见状大惊，自己一下子抽身跳起，荆轲用左手抓住的衣袖被挣断。接着，秦王拔剑，荆轲追着秦王绕柱奔跑，此时的主动权在荆轲手中；突然，御医夏无且用药袋投掷荆轲，台下侍从又高喊"王负剑"，秦王将腰间的剑放置背后拔了出来，当秦王的手中长剑发挥作用时，荆轲刺秦已宣告失败，最终被秦王连刺八剑而亡。

袖绝之功

一般而言，我们看司马迁的荆轲刺秦、看各种形式的文学作品中的荆轲刺秦，往往会被其惊险刺激的情节所吸引，很少会考虑一下，最初导致荆轲刺秦失败、导致秦王摆脱荆轲刺杀的直接因素——"袖绝"这一客观情况，即：正是这一皇袍衣袖加工可能有质量缺陷，所以，才出现当荆轲抓住秦王的衣袖、秦王猛地一跳袖子断了——荆轲失败了，秦王活命了，接下来，六国统一了，一个雄才大略的秦始皇出现在中国历史舞台上。因此，秦王这次活命，最直接原因应归功于"袖绝"。

说到"袖绝",首先应当明白战国后期的"袖",是指衣服的什么部位。根据文献记载,战国时期的衣袖不同于现在的衣袖概念。我们今天所说的"袖",上古称为"袂"。汉代以前的"袖"是袂(衣袖)之长于手、反屈至肘的部分,相当于戏曲中的"水袖"。上古时"袂"为衣袖总称,说"袂"可以包括"袖",说"袖"时只指局部,不能指全部的袖子。如《左传·襄公十四年》"余狐裘而羔袖",即狐皮的衣服袖上接了一段羔皮的袖头。古代的袖子较长,垂臂时手不露出,所以古代作品中常提到"长袖"。如《韩非子·五蠹》中说"长袖善舞,多钱善贾"。而荆轲刺秦王中"袖绝"的"袖"应当指袂之长于手的部分,因为是接上去的,所以被荆轲抓住后,秦王挣扎后便断了。

从这样的解释中我们可以看到,荆轲抓住秦王衣袖的部位是超出手以外的那部分,并非我们现在意义上的胳膊部分。所以,有些关于荆轲刺秦的图画、影像演绎为荆轲右手举着匕首、左手抓着秦王衣袖胳膊或肩膀部位的具体场景是不正确的。随着时代的进步,战国时期那种宽衣长袖的服装样式不断改进,自汉代以后,"袂"的意义逐渐消失,原来的袂、袖统称为"袖",衣袖超出手的部分也逐渐消失,只有戏装才有所体现。

难觅标准

进一步分析,从司马迁的《史记》以及其他文献中,我们查阅不到刺秦中的"袖绝"具体断面是哪里,比如是袂与袖的缝制接口处,还是面料部分。不过,秦王服装属于宫廷御用,不应是民间制作,应有官方专门生产供应。1975年2月,在湖北发现的云梦秦简证实:秦代有整年甚至好几年戍边守卫的士卒。他们在遥远的边疆历经几个寒暑必须有换季的衣服,如官方不统一提供,本人根本无法解决;秦《金布律》有关条款不仅规定了合格布匹的长宽幅度标准,还规定了不同衣服的用料量。由此可以断定,秦有专门为军队制衣官营机构,否则,以法律作上述规定便没必要了。那么,既然军队有官营制衣机构,皇宫服装服饰更应有官营制作。

战国前后，从官府到民间的服饰衣袖之长之宽之大之强，从司马迁所记载的两个著名事件中可以得到佐证：一是围魏救赵时，魏国贤者侯嬴安排朱亥在袖中藏40斤重铁锤，将魏国大将军晋鄙砸死；二是统一天下后，秦始皇第二次东游走到博浪沙（今河南原阳），突遇张良重金招募的杀手用120斤铁锤远距离掷击秦始皇，结果击中副车，秦始皇躲过一劫。有学者分析，这位杀手在距离秦始皇车队较近时，同样把铁锤藏在袖筒里。

既然当时的衣袖有那么多延伸性功能，那么，就应当有相对完整的生产制作验收标准，尤其是秦代的皇家服装，官营制作也好，民间生产也罢。2017年7月，我在苏州丝绸博物馆参观时，特别留意这一点，但在此处也很难查寻到先秦时期官员服装服饰制作验收标准，比如秦王穿的皇袍制作程序、选料标准、颜色比例，衣缝、衣领、袖口等接缝处需要承受多大拉力，有哪个机构制定标准、予以验收以及验收的方式等。

正视缺陷

根据司马迁在《史记·刺客列传》中记载，荆轲刺秦事件结束后，秦王奖励了用药袋投掷荆轲的御医夏无且，并很快兵发燕国予以报复，可是，我们看不到因为他这天穿的那件皇袍衣袖缝制不结实而轻易挣脱逃命而对制作官服的单位和个人进行奖励赏赐；从另一个角度看，也难以看到因为秦王穿的这件皇袍因衣袖被扯断而暴露出的缝制质量缺陷而被追责惩罚。从社会学角度看，应感谢那位为秦王制作官服的缝纫匠，也许是他按照正常的、没有具体考核标准的工作程序或者是无意中制作了一件衣袖处有质量缺陷的皇袍，正巧被秦王穿着遭遇了荆轲，无论是哪种情况，其结果是关键时刻的关键环节，使秦王脱身、逃命、胜利，赢得了天下统一，推进了历史前进的步伐。

"袖绝"改变历史进程的另一个著名事件，发生在晋献公时代。因骊姬毒杀晋献公，晋献公的儿子夷吾和重耳先后逃离晋国。寺人披奉命追杀重耳，正在翻越围墙的重耳被寺人披扯断衣袖逃跑，流亡他国。

第三编
风雪千童祠

盐山千童祠

皇帝休烈，平一宇内，德惠攸长。……秦圣临国，始定刑名，显陈旧章。初平法式，审别职任，以立恒常。

——司马迁《史记·秦始皇本纪》

风雪千童祠
（巡游系列之一）

公元前221年秦始皇统一六国以后，第二年即公元前220年开始，到他驾崩的公元前210年的十年间，先后五次巡游，其中第三、第四、第五次共计三次经过今河北。公元前218年第三次巡游中，返回途中从平原津到巨鹿、到恒山（今石家庄）、到邯郸，经安邑（今三门峡）回到咸阳。公元前216年，第四次巡游，去程从咸阳到孟津，到邯郸、到恒山、到涿县、到目的地碣石（今秦皇岛）；回程时，从碣石到唐山、到张家口到云中，从延安方向回到咸阳；公元前210年，秦始皇第五次巡游，从琅琊（今青岛）返回途中路经沙丘宫驾崩。沙丘宫变后，秘不发丧，巡游队伍拉着秦始皇遗体从沙丘过井陉到太原到九原，几个月后回到咸阳安葬。司马迁的《史记》以及民间留下了许多秦始皇巡游中与河北相关的故事，此进一步彰显了燕赵文化的厚重色彩，本系列内容围绕秦始皇巡游这一主题展开。

东渡出发地

2020年1月初，笔者来到位于盐山县千童镇大名鼎鼎的千童祠。从沧州到盐山县城，千童文化元素扑面而来：千童大街、千童公园、千童广场、千童博物馆等，这些独特的地名凸显出两千多年的历史文化传承。下午两点多，当笔者来到距离县城20多公里的千童祠时，西北风越刮越大，天空中雾气没有了，却纷纷扬扬飘起了雪花。进入千童祠：正门有赵朴初先生书写的"千童祠"匾额，祠内设有东渡堂、泰山堂、友谊堂等大殿，通过实物或图片记载着秦代方士徐福两千多年前率童男童女百工巧匠成功东渡的历史事件。徐福东渡一事，最早出现于司马迁的《史记》。据《史记·秦始皇本纪》记载，秦始皇二十八年（公元前219年），齐人徐福等上书，言海中有三神山，名曰蓬莱、方丈、瀛洲，仙人居之。请得斋戒，与童男女求之。秦始皇三十七年（公元前210年），徐福再次求见秦始皇。因为九年前第一次入海求仙药，花费了巨额钱财未果，这时徐福谎称由于大鱼阻拦所以未能成功，于是请求配备强弩射手再次出海。秦始皇便相信了徐福的谎言，第二次派徐福出海。徐福率"童男童女三千人"和"百工"，携带"五谷子种"，乘船泛海东渡，成为迄今有史记载的东渡第一人。对于徐福东渡，《史记·淮南衡山列传》也有记载："（秦始皇）遣振男女三千人，资之五谷种种百工而行。徐福得平原广泽，止王不来。"

从历史沿革看，盐山县在战国时期称"饶安邑"，意为"其地丰绕，可以安人"。《史记·赵世家》中讲到秦始皇六年，"赵将庞煖攻齐取饶安"即指此地。秦时此地称"千童城"，"始皇遣徐福将童男女千人入海求蓬莱，置此城以居之，故名"。汉高祖五年（公元前202年）于此置县称"千童县"，隋开皇十八年（公元598年）改为盐山县。另据唐代全国地名总志《元和郡县图志》称，饶安县，本汉千童县，即秦千童城。始皇遣徐福将童男女千人入海求蓬莱，置此县以居之，故名。

信子节表演用铁架

由此可知，河北省盐山县旧城千童镇，是当年徐福入海求仙的起航地和出海前募集、培训童男童女和百工巧匠之所，该地至今尚存的千童城，卯兮城、入海的无棣河，打造航船和兵器的荣庄、停泊航船的链船湾等遗址就是有力的佐证。这些古人留下的遗址，虽经历沧桑和变革，仍能使人凭吊和联想当年徐福东渡的浩大规模和气势。

1992年，河北省盐山县经有关专家学者（其中包括日本徐福学术研究专家）反复论证，确认徐福于秦始皇三十七年率众童男童女东渡日本的起航地是该县旧县镇。徐福（徐市），字君房，生于齐王建十年（公元前255年），齐地知名方士，对环瀛海外的大九州宏图在胸，因不得其时，隐之于琅琊。秦始皇二十八年（公元前219年），秦始皇东游至琅琊，他为求长生不老之药，问道于徐福，徐福顺势请出海，未果。秦始皇三十七年（公元前210年），已是秦始皇垂暮之年，秦始皇满足了徐福提出的各项条件。徐福受秦始皇之命，欲再次出海求长生不老之药。他在原齐国旧地饶安（今盐山）一带招募童男童女各500人，并集合从全国各郡而至的技艺百工、水手、弓箭手共3000余人，在此进行物质准备，操练船队，曲突徙薪，以不变应万变。农历三月二十八这一天，徐福率队浩浩荡荡沿无棣河（现无棣沟）入渤海，辗转漂泊，经庙岛群岛、辽东半岛，到达朝鲜半岛西海岸。然后南下经济州岛，穿越对马海峡，在日本九州北部伊万里登陆。

悲情"信子节"

徐福当年带领多少人东渡入海，《史记》等一些史料记载，三千童男童女及百工巧匠。但据宋代《太平广记》记载和史学家推算，徐福东渡是大规模的有计划地得到国家全力支持和帮助的行动，除三千童男童女还有百工巧匠、技师、驾驶船只的员工、指挥人员、护卫武士、杂役仆从等，应多达6000人之众。试想，无论当年还是现在，官方征集这样庞大的一支队伍强迫出海，无疑会造成数以千计的家庭妻离子散，家破人亡。其成员虽非全是盐山人，但给当地人民带来的灾难和痛苦是可想而知的。

被征去的亲人杳无音信，父母思念被迫离家出海的年幼儿女们，妻子儿女思念被迫离别出海的丈夫和兄弟姐妹们，那种人间生死别离的悲伤哀号和对封建统治者愤怨气恼之情，犹如驱之不散的滚滚阴云形成一股不可抗拒的怀念巨澜，翻腾在古饶安的城乡大地和亲人们心头。据河北省徐福研究会郑一民先生在盐山县实地考察，当地数千俊男巧女一去不返，使古饶安城大伤元气，家家哭天喊地，村村悲声不绝，就像天塌地陷，死人启灵一样，不少父母思念儿女成了疯子，披头散发满世界奔跑呼叫。男人们无心耕种，女人们无力纺织，田地荒芜无人管，房屋倒塌无人修，久而久之，富饶安变为穷盐山。这种衰败景象直到清代仍触目惊心,康熙年间有位叫黄贞麟的县令描述这种惨象:"平原百余里,一望尽荒芜。衰柳残蒲间,唯见狸和狐。村落数星辰,颓垣落平涂。"为了顺应民意,北魏孝明帝熙平二年(公元517年),官府在千童县城建开化寺,寺内置千童碑、千童殿和徐公殿,岁岁在徐福带领数千童男童女出海日农历三月二十八进行祭祀,直到后来的千童祠。

千童祠内最吸引人的是大门东侧空地上摆放的四个近20米高的铁架子,架子顶端有各种人物造型和各自代表的不同含义。这四个铁架子分别为:饶安招募、击浪东渡、扶桑授艺、望海盼归。据当地人士介绍,这四个铁架子中前三个表现的都是当年官方在此地训练千童、千童乘船在大海上破浪远行和达到目的地后传播秦代先进文化的情景;而最后一个"望海盼归"表现的则是两千多年来千童故里历代后人盼望东渡亲人早日归来的急迫心情。

每逢佳节倍思亲。远渡他国的中国千童,不知道家乡的父母兄弟是否安好;近在大海西岸的故人,也不了解儿女是否安在。一别生死两茫茫,何处话凄凉!在这样的思亲状态下,每逢60年农历三月二十八的"信子节"("寻子节"谐音)在民间逐渐成为一种独特的祭祀风俗。西汉初年,千童镇人们在大海边搭建高台,在高台上呼喊东渡亲人的名字,以祭奠亡灵;后随着历史变迁,海边搭建高台已不再现实,信子节遂在千童城举办。

每到上信子(即举办节日)的那一天,千童镇以及周边村庄老乡扶老携幼,从四面八方汇聚到千童镇东门,簇拥在四个大铁架子周围。每个近20米高铁架子顶端都有木板搭建的空中舞台,每个空中舞台上有4名童男童女进行高空表演,每个铁架子由36名粗壮大汉抬着,踏着锣鼓点稳步前行,沿街游祭。行进过程中,站在大铁架子最高处空中舞台的童男童女在主事人引领下,有的举香面天叩祭,有的在高空中摇幡呼喊东渡亡灵"归来吧——回家吧——"等招魂语。此时,所有参加信子节的路人,也都面向东方,跪拜在地,锣鼓骤停,茫茫人海一片肃静,只有众人"归来吧,回家吧"的哀号在空中回荡,整个千童城完全沉浸在悲壮之中,祭奠仪式达到高潮——自古以来,没有什么能够比亲人之间骨肉分离更加令人撕心裂肺地痛了。于是,满载童男童女的船队带走了亲人们的一路悲声;留下的人,则填满一城哀号——千童镇成为一座数千年来让茫茫大海两岸亲人魂牵梦绕的悲泣之城。

千童信子节从本源上讲,是父母盼儿归,是长辈召唤晚辈的一种心声,更是一曲数千年来荡气回肠的游子吟。另外，千童信子节的一个不解之谜是，为什么这一祭祀节日要长达60年才举办一次？一个节日周期竟然确定如此长的时间跨度？数千年来，大概在全世界范围内既无先例，也无来者。试想这与中国传统文化不无关系，因为在中国古人看来，60年为一甲子，在秦汉时期，人们寿命较短，60年足以完成人生轮回。所以，那些东渡扶桑的童男童女们，按此推算，应当在60年后重新转世，回到魂牵梦绕的亲人身边。

目的是仙药

千童祠的主角是徐福，那些可怜的童男童女只是徐福的牺牲品。长期以来，关于徐福东渡目的，国内外的学者有多种观点，其中向海洋扩张说，一度影响面很广。从历史角度看，徐福东渡系国家行为的拓疆扩土说是站不住脚的，其理由为：

第一，缺乏史料支持。根据司马迁《史记·秦本纪》记载，秦国自秦文公十三年（公元前753年）开始，就设有专门负责记载国中大事的史官制度，"初有史以纪事，民多化者"。自此开始到秦始皇年代的500多年间，秦代几十个君王更替，凡涉及朝内重大事件，多有历史记载。

秦始皇统一六国后三次出海东巡，第一次是公元前219年，第二次是公元前218年，第三次是公元前210年。秦始皇为什么三次东巡？现有多种资料显示：其目的除了向全国"以示强威，服海内"，宣扬他统一四海的功德，巩固中央集权外，主要是为了寻找三神山，求取长生不老药，借助药物使自己永远统治中国。

有人说，秦始皇世世代代包括他本人所在的秦国属于中国大陆西部偏远内陆地区，他的先祖和他本人从来没有看到过辽阔的海洋。秦始皇统一六国后，公元前219年第一次出海东巡看到一望无际的海洋以后，便不再满足于陆地上疆土，于是给予徐福大量经费，下令其以采药为名向三仙岛进军，以扩大海洋疆域，直至后来批准徐福带领三千童男童女以及百工巧匠继续在大海中完成任务，直到他死在沙丘宫苑。

可以设想，如果将秦始皇派徐福东渡视为拓展疆土的国家行为，那么，如此重大事件在史书上或简或繁应有所记载。但是，我们查阅与此相关的《史记·秦始皇本纪》《史记·淮南衡山列传》《史记·封禅书》《史记·李斯列传》《史记·秦楚之际月表》以及《汉书》《资治通鉴》等，凡是与徐福东渡有关的内容，多是寻找长生不老药，并未显示与拓展海疆相关的蛛丝马迹。

第二，拓展海疆应派军队而不是童男童女。我们翻阅秦国建国以来到秦始皇为止的600多年历史，能够贯穿始终的只有两个字：战争。战争的目的是什么？是东进东进，是扩大疆土。而要实现这一目的，在当时的冷兵器时代，就是要扩展军队。所以自秦孝公开始，秦国推行的商鞅变法中一个重要内容，即主民客民分治。秦国本土老百姓作为主民，主要是参军，实行军功爵制，被称为"虎狼之师"，一直到取得灭亡六国的胜利。这是地地道道的国家行为，秦始皇本人以及秦宫中的大臣们，最懂得国家军队在拓疆扩土中的重要作用。

据此所述，我们再看看徐福东渡所率领的人员结构，即：除了未成年的三千童男童女就是大量的以农耕文化为主的百工巧匠以及护卫、服务人员。这些人员构成中，从目前我们能够查阅到的相关资料来看，没有任何信息显示有军队或者以间谍类身份加入其中。如果我们将徐福东渡定义为国家行为的拓展海疆行动，那么，离开强大的军队怎么能够完成如此艰巨的任务？如此重任，仅靠童男童女去实现，岂不是笑话？从史书记载看，徐福为什么向秦始皇要童男童女？秦始皇为什么批准徐福带领三千童男童女出海？其原因是徐福和秦始皇都认为要童男童女是神的要求，而童男童女代表的是圣洁、纯净，表示是对神灵的尊崇。这样的认知除了大量文献记载的目的在于求取长生不老药以外，与国家行为的拓展海疆扯不上任何关系。

能够证实徐福东渡不属于国家行为拓展海疆的另一个事实是：在秦始皇统一六国后，真的是为了扩大版图，开疆扩土，秦始皇着手制定北讨匈奴、南征百越的战略。经过一系列准备，公元前218年，也就是他第二次出海东巡的同一年，秦始皇命令大将屠睢和赵佗率领50万大军，开始了征服岭南越族的战争并取得胜利，将百越广袤疆土纳入秦国版图。客观而言，与征服岭南比较，在茫茫大海上拓展海疆，依据当时人们对海洋的认知和科技进步程度，要远比征服陆地的岭南困难大得多。这一点，有着身经百战经验的秦始皇恐怕比谁都清楚。所以，如果徐福东渡是当时的国家行为，是为了拓展海疆，秦始皇不可能抛开军队而仅派徐福带领童男童女去实施。何况，根据公开数据，秦国当时除了50万大军征岭南外，还有皇子扶苏监军的30万长城集团大军在北部边疆，抽调数万随同徐福拓展海疆是完全可行的。之所以没有那样做，可以从另一个侧面证明，徐福东渡不属于国家意志的拓展海疆行动。

第三，有必要分清秦始皇与徐福的不同目的。为什么长期以来一说到徐福东渡，关于秦始皇拓展海疆的国家行动说就会被频频提及？分析这里一个重要因素就是把徐福东渡这件事中秦始皇的目的与徐福的目的混淆在了一起。因此，研究徐福东渡事件，有必要分清楚秦始皇与徐福的不同目的。

在徐福东渡事件中，作为皇帝的秦始皇目的是什么？从大量史料看，目的只有一个，就是到三神山获取长生不老药。有学者认为秦始皇登基以后，一方面大兴土木，为自己修建超级豪华的陵墓，另一方面花费大量国家资金资助徐福东渡求长生不老药，这不是自相矛盾吗？其实这很正常，因为秦始皇所认知的长生不老药，他自己清楚得很，只不过是延长生命时间，并非永远不死，他真要那么认为，还修陵墓有何用？结合他相信方士"真人"说、不再称"朕"、贬"扶苏离开咸阳"以及"坑术士"、在大海中箭射大鱼等一系列与"术"相关的行动措施，说明秦始皇本人批准徐福出海目的就是求长生不老药，并没有安排徐福拓展海疆的政治目的。

而我们再看看徐福出海东渡的目的。作为方士身份，他利用秦始皇寻求长生不老仙药的急迫心情和至高无上的权力，从秦始皇那里骗得大量国家资金，虽然具体数额史书没有记载，想必一定不会太少。但秦始皇不惜重金予以徐福，要钱给钱，要物给物，要人给人，即使难度较高的三千童男童女，皇帝一声令下，照样满足了徐福。这样的情况下，徐福自己清楚得很，哪有什么长生不老药呀？花了秦始皇那么多钱，不能一次次总欺骗秦始皇吧。怎么办呢？三十六计，走为上计。

他经过长期海上漂泊，对海航有了一定经验积累以后，满载着三千童男童女以及百工巧匠一直向东行驶，最终到达日本。后来，我国（包括中国香港）学者和民间人士以及日本等专家公开发表过大量徐福与日本的各种相关研究成果，这些成果的主题内容各有不同，各有侧重，都证明两千多年前徐福带领童男童女到达日本，并为当时落后的日本社会，带去了中国先进的农耕文明。可人们往往忽略了一个事实，即：透过这些大量的研究成果，包括文字、图片、民间传说等，都没有发现徐福东渡行动与秦国官方有关、与秦始皇命令指派有关。

秦始皇三次东巡出海，花费巨资没有令徐福为自己获取到长生不老药就死在了东巡途中，那么，秦始皇从长期偏居西部的秦国，到目睹了茫茫无际的大海以后，自己收获了什么呢？应是见识，是对海洋的初步认识，否则，他的豪华陵墓中，就不会有用水银制作的天河湖海般的逼真与震撼。

虽然秦始皇在晚年受到徐福等方士思想影响较深，可毕竟他仍是人不是神，他贵为皇帝仍是肉体凡胎。我们对于皇帝的功过实事求是评价才是尊重皇帝本人，才是尊重历史，没有必要因为秦始皇是皇帝，就为他夸大政绩。像徐福东渡这件事，还是应当还原其本来面目，在没有取得权威性证据之前，不宜将其上升为国家拓展海疆的行为。

皇帝奋威碣石门

（巡游系列之二）

按照司马迁《史记》记载，秦始皇数次巡游，涉及今河北省的重大活动主要是与徐福相关的三千童男童女入海求仙药以及到秦皇岛碣石山的《碣石门辞》和燕人卢生的求仙寻药，这些活动，在当时的社会环境中，都对秦始皇晚年的治国方略、政治决策和人生价值观产生重大影响。

碣石山

碣石山上碣石门

据《史记·秦始皇本纪》记载，三十二年（公元前215年），始皇之碣石，使燕人卢生求羡门、高誓。刻碣石门。坏城郭，决通堤防。因使韩终、侯公、石生求仙人不死之药。始皇巡北边，从上郡入。燕人卢生使入海还，以鬼神事，因奏录图书，曰"亡秦者胡也"。始皇乃使将军蒙恬发兵三十万人北击胡，掠取河南地。从这些记载看，此次秦始皇北巡碣石，综合起来主要任务是三项，即：派燕人卢生拜访名气较大的仙人羡门、高誓；在碣石门刻石彰宣皇威；决通堤防毁坏城郭，使统一后的大秦帝国交通河流等更加通畅。其实，这次巡游还应有一项内容，或许在秦国的国家档案馆中没有记载，所以司马迁也没有写，就是巡察在碣石之地海边建设的大型行宫进展状况，或许就在此行宫驻跸。

司马迁在这里一再提及的"碣石""碣石门",其具体位置在哪里呢?按照当时的语境,凡是书中标明"刻石"的,一般都会刻在山上的岩石层面,如山崖、巨石上。在人们的印象中,一提到"碣石"这个地名,便很快与秦皇岛连在一起,因为毛泽东、曹操与"碣石"相关辞赋名气实在太大了。但是,据史料记载,秦始皇公元前215年巡游碣石、刻《碣石门辞》的碣石山并不在秦皇岛,而是在距离秦皇岛30多公里的昌黎县,在县城以北四公里,为古今观海之胜境,顶尖形貌奇特,突起于宽博坦荡的千仞绝壁之上。由两座南北对峙的峰峦叠成,南望视为一体,极似一方凌空拔起的柱石(碣石山因此而得名),是该县一处风景秀丽的旅游景区。

两千多年前,李斯根据秦始皇命令,在巡游碣石时撰写的《碣石门辞》中的"碣石门"又在哪里呢?据专家考证,在通往碣石山的道路上,两侧分别有西馒首山、东馒首山东西相望的高大山峰对峙,远远望去两山之间像个门型。西馒首山,位于昌黎县城西北2公里处,海拔116米;东馒首山位于昌黎县城西北偏西1.7公里处,海拔152米。在山的西面石壁上刻有篆书"碣石门"三个大字。东馒首山靠北一点的山崖上,篆刻有小篆体铭文《碣石门辞》。

决通川防显皇威

丞相李斯奉秦始皇之命所刻《碣石门辞》,文字虽短,但主题非常清晰,即:彰显皇威,重视民生、宣扬政绩。具体内容为:遂兴师旅,诛戮无道,为逆灭息。武殄暴逆,文复无罪,庶心咸服。惠论功劳,赏及牛马,恩肥土域。皇帝奋威,德并诸侯,初一泰平。堕坏城郭,决通川防,夷去险阻。地势既定,黎庶无繇,天下咸抚。男乐其畴,女修其业,事各有序。惠被诸产,久并来田,莫不安所。群臣诵烈,请刻此石,垂著仪矩。

可见,秦始皇也知道求仙寻药对他这个统一后的大国皇帝来说,不是什么光彩的事。所以,从头到尾,在《碣石门辞》刻石中看不到那方面的内容。公元前221年秦始皇统一六国,自公元前220年开始到公元前210年驾崩的十年时间里，共计五次出巡，其中四次东巡。四次东巡中，共留下六块石刻。其共性为：颂秦德，彰政绩，主纲纪，显太平。但又各有重点：昌黎县碣石山《碣石门辞》是秦始皇巡游中河北省境内唯一一块刻石，此石刻最大亮点是"决通川防"。"川"字的本义是河流，象形字，左右为河堤，中间流水。川防，顾名思义，就是加固的河堤。这里的引申义是指在秦始皇统一前，东方六国为了战争需要，各自在本国内修建的城墙、河堤、被阻断的道路等。统一六国以后，秦始皇随即启动了大规模的基础设施建设，按照《史记·秦始皇本纪》记载，包括建设京城咸阳周边的大量宫殿，以及多条从咸阳联通全国的直道、驰道等。再从统一后的经济发展需要分析，在发展方式上，由原来六国各自独立到打破原来格局，就必须对过去的水利、道路、军事防御等设施重新规划和布局。这样一来，将原来六国之间阻碍统一后发展大局的河堤、城郭、道路、长城等决通或改建，是统一后的秦国必然采取的措施。

秦始皇利用东巡到碣石之际，专门刻石铭记水利、道路之盛事，曰："皇帝奋威，德并诸侯，初一泰平。堕坏城郭，决通川防，夷去险阻。地势既定，黎庶无繇，天下咸抚。男乐其畴，女修其业，事各有序。惠被诸产，久并来田，莫不安所。"需要注意的是，司马迁在《秦始皇本纪》中，是将"坏城郭，决通川防"与"始皇之碣石"一起写的，而原本这句话是在《碣石门辞》中的。这样的描述，用白话说就是，决通川防工程效果显著，受到老百姓赞扬；川防险阻没有了，漕渠水道疏通了，耕地稳定了，庶民没有增加徭役，天下都很安定；男子喜欢自己耕耘的土地，女子专注自己的家业，各种事情都很有秩序；水利整修惠及各个产业，许多原来因水害而分开的村落族群又合并到一起了，家家户户莫不安居乐业。从另一方面看，虽然这些刻石没有一点点负面信息痕迹，但是，既然秦始皇泰山封禅，就说明他的内心信奉上天。而这些石刻内容一旦公布，就是公开的，说明秦始皇一方面要将这些信息向天下黎民百姓展示，另一方面还要通报给上天。所以，在他最得意的年代，刻石上记录的信息都应当是真实可信的。

神仙指路杀近臣

从秦始皇到碣石巡游的活动全过程看,燕国方士卢生扮演了重要角色,可以说是深得秦始皇信任。这次秦始皇巡游碣石,方士卢生还有一项重要任务就是"燕人卢生使入海还,以鬼神事"。所谓鬼神事,就是求长生仙药,结果没有找到仙药,恐不好交代,即编造谎言蒙骗秦始皇,说得到一本神书,曰"亡秦者胡也"。秦始皇对此也信以为真,乃使将军蒙恬发兵三十万人北击胡,掠取河南地。由此可见,卢生在秦始皇心目中多么重要。

为了得到长生不老药,碣石巡游以后,秦始皇对方士的依赖几乎到了痴迷程度,《史记·秦始皇本纪》记载,始皇三十五年(公元前212年),卢生利用秦始皇求仙心切心理,在入海求仙无果的情况下,转变到秦始皇的生活方式方面。他对秦始皇说,臣等屡求奇药而不能得,是因为有恶鬼妨碍,把皇上的药隐藏起来,"恶鬼辟,真人到"。皇上居住的宫室不能让人知道,长生不老药才能得到。秦始皇说:"吾慕真人,不称'朕'"。接着,秦始皇下令咸阳都城之旁二百里内宫观270个复道、甬道相连,帷帐、钟鼓、美人充之。凡是近臣、太监、嫔妃等,有敢说出他住所者,一律处死。他还真的说到做到。他驻跸梁山宫时,从山上看见丞相李斯的车骑队伍庞大,就随口说了些不高兴的话。对此,有身边近臣就把皇帝的话告诉了李斯,李斯很快减少了车骑。当秦始皇再次看到李斯减少了的车骑时大怒,认为是身边近臣将他的话、将他辟鬼居住的地方泄露了出去,所以就以此为由,将他说李斯车骑众多时在身边的近臣全部杀死。可见,在信任方士徐福、卢生求得长生不老仙药这件事上,秦始皇是下了大功夫的。

看到秦始皇对求仙药抱有如此大希望并且因此诛杀身边近臣,再加之秦始皇对徐福入海也没有求到仙药表示愤怒,卢生以及另一方士侯生感到处境不妙,便说秦始皇是暴君等,偷偷逃跑了。这才有了后来发生的、被后人称为秦始皇罪大恶极的"坑术士"事件。对于秦始皇的坑儒行为,其长子扶苏劝谏道:"天下初定,远方黔首未集,诸生皆诵法孔子,如今皇上用如此重法绳之，怕天下不安。"结果，扶苏被安排到边境，离开都城，去给蒙恬长城军团当监军。这一去，成了扶苏的不归路，沙丘宫变以后，扶苏被赵高、胡亥以皇帝伪诏赐死。秦始皇的求仙，不仅毁了自己，也毁了自己亲手缔造的大秦帝国。

秦始皇何时到大城游猎

(巡游系列之三)

2018年10月19日,河北省大城县龙冢村。在老乡的引领下,笔者来到距离龙冢村仅有几百米的古墓现场。墓区规模目测四五亩,被包围在一片茂密的树林中,四周全是一人高的玉米,如果不是当地老乡带路,外人到了跟前也找不到。大城县官方介绍,龙冢古墓位于县城正北4公里,该墓封土堆高出地面约5米,面积2000多平方米,据传为秦始皇公子墓。

在高大的封土堆北侧,竖有两块不足一米高的水泥板标志牌,一块是大城县人民政府于1993年所立,书写内容为"龙冢战国墓河北省文物保护单位";另一块是大城县文体局于2001年所立,书写内容"龙冢(战国)河北省文物保护单位"。因该墓主人据传是秦始皇公子,因此,就有必要对"公子""东巡""史料"等与之相关的几个关键词予以解读。

一

既然从民间传说到官方部门,都倾向于大城龙冢墓埋葬的是秦始皇公子,那么,我们就有必要看看,秦始皇一生中有多少个公子,每个公子的结局又是如何?先看这样几个片段:

《史记·秦始皇本纪》称,方士卢生为了欺骗秦始皇,说"恶鬼辟,真人至……不死之药可得也"。秦始皇就开始自谓"真人",不称"朕",命令咸阳之旁二百里内宫观270个复道甬道相连,美人等充之;《史记·正义》引用《三辅旧事》曰:"始皇表河以为秦东门,表汧以为秦西门,表中外殿观百四十五，后宫列女万余，气上冲于天"；即使刘邦率领的反秦武装进入咸阳时，《史记·留侯世家》还写道，"沛公入秦宫，宫室帷帐狗马重宝妇女以千数"。

如此众多宫女，秦始皇有多少子女呢？对此，几千年来，一直没有确切的数据。综合《史记·秦始皇本纪》《史记·秦本纪》《史记·李斯列传》《史记·吕不韦列传》《史记·留侯世家》等可以看出，有名可考的公子只有扶苏、胡亥、公子高、公子将间四个。

另据专家考证，秦始皇共有子女33人，其公子18人，公主15人。公子的结局，除胡亥做了秦二世以外，其他都死于非命。史书记载比较确切的有：长子扶苏被赵高和胡亥篡改遗诏赐死；公子高殉葬；公子将间等三人拔剑自刎，"十二公子戮死于咸阳"，最后，公元前207年，第十八子、年仅24岁的胡亥，做了三年皇帝以后，在宫中被赵高逼迫自杀。从秦始皇18个公子结局看，很难看到其中有某位公子因病或其他因素死在赵地大城并就地埋葬的任何信息。

二

在大城县对龙冢墓的介绍中，无论是龙冢村村民的认知，还是地方媒体与此相关的报道，都一致认为：如果龙冢墓主人是秦始皇公子的传说真实，那么，就是在秦始皇第四次东巡返回咸阳途中，路过大城时，其幼子因病而死，秦始皇将其葬在当地。

这一推论成立吗？我们看看秦始皇第四次东巡线路走向即可明白。秦始皇第四次东巡发生在公元前215年。根据史料记载，此次巡游去程路线为：离开咸阳后先向北去，巡检蒙恬和扶苏30万抗击匈奴大军；然后到渤海抵秦皇岛，出山海关到辽宁绥中海滨。返程路线，从秦皇岛往西经内蒙古，到陕西榆林往南，经延安回到咸阳。笔者查阅

大城龙冢古墓

1958年中国地图出版社出版、郭沫若主编的《中国史稿地图集》上册秦统一图显示，从碣石山往西到渔阳郡再到云中郡，进入内蒙古包头九原郡往南经上郡（肤施）到咸阳，为当时的直道，与秦始皇第四次巡游返程路线基本吻合。从这一返程路线走向看，是不经过北京以南的大城地域的。

　　再从秦始皇巡游队伍经过综合信息分析，如果该队伍在返程途中，真的经过大城或者现属于天津静海的段堤村时，发生了秦始皇幼子因病死亡而就地埋葬的情况，那么，民间的传说还应当更加丰富，不可能仅仅是龙冢墓这样的单一信息。

　　第四次巡游规模有多大？难以查到相关数据，但是，2016年2月21日，《浙江日报》发表的秦始皇第五次巡游到达会稽山的相关文章称：四匹马拖行的双轮单轴车数百辆，朝中随员126位，仅战马就有3000余匹，史学界以"千乘万骑"来形容。试想，如果如此庞大的皇帝巡游队伍在返回途中真的经过大城县域或者天津静海段堤村一带，历史上的民间传说内容一定会更加丰富。但现在除了秦始皇幼子死亡被葬，没有与此相关的其他信息，显然不符合常理。

三

　　到目前为止，能够查到的、支持大城龙冢古墓主人是秦始皇幼子的资料有这样几件：第一，《天府广记》（明末清初）："秦太子墓在大城县北段堤村，始皇巡狩驻驿于此，幼子亡葬之。"第二，《钦定日下旧闻考》（清代）："秦太子墓在县城北六十里段堤村，相传始皇帝巡狩驻跸于此，值幼子薨因瘗城冢，原居民向太子冢祈祷无不应者，俗呼仙人台。"第三，《古今图书集成·职方典》（清代）："秦始皇出巡沙漠时，在顺天储驻跸，值幼子死，便葬于大城县北三十公里段堤村。"第四，《天府广记》（明末清初）："秦太子墓在大城县北段堤村，始皇巡狩驻驿于此，幼子亡葬之。"第五，《大城县地名志》1992年版："民国年间天津《庸报》考证为：秦始皇到此游猎，第十三子染瘟疫致死，葬于此地。"省市文物部门曾屡次考证该墓，定为秦幼子墓。综合这五条史料，得出的基本结论为：秦始皇太子墓即龙冢墓位于大城县北60里的段堤村（今属天津市静海区）；太子是随秦始皇游猎一同而来；秦始皇游猎的位置就是大城县。

以此对照，与事实明显不符的是：秦始皇到死也没有立过太子，哪来太子墓？所有资料都说太子墓在距离大城县以北60里的段堤村，但该村并没有此墓，为什么墓址到了60里以外的大城县龙冢村？还有，据《水经》记载：漳水"过章武县西，又东北过平舒县（即大城县）南，东入海"。郦道元作注云：及漳水尾闾过东平舒后，仍枝渎几出，最后"清漳乱流而东注于海"。这说明秦汉直至北魏时期，大城县域内是河流纵深的湖沼地带，根本不具备吸引秦始皇到此游猎的自然条件。

从历史维度分析，《史记·秦本纪》记载，自公元前753年秦文公时代起，秦国就开始设立史官，记载朝中大事。到500多年以后的秦始皇时代，可以说秦国的史官制度更加完备，尤其是涉及国君、太子等大事，正史应有所体现才符合逻辑。但是，秦始皇到大城一带游猎，其太子或幼子死并就地埋葬一类事情，不论从哪个角度看，如是事实，就应有记载，但结果为：正史没有此信息。还有，司马迁的《史记》成书于西汉，距离秦始皇时代最近，该书同样没有关于秦始皇在游猎大城以及幼子死的记载。

能够证实大城龙冢墓为秦始皇太子墓或幼子墓的所有史料，最致命缺陷：一是记载此事的书籍权威性较差；二是全部集中在明末和清代，距离事件发生年代较远，缺乏其他历史时期相关史料佐证和支持。综上所述，将此墓确定为秦始皇幼子墓，结论尚早；如果文物部门根据在墓地所发现的实物分析，将大城龙冢墓确定为战国墓，是相对客观的。

天下裘都的历史与传说

（巡游系列之四）

河北省的皮革行业历史悠久，如辛集、无极、肃宁、蠡县、枣强的大营镇等，都是因皮革行业发达而享誉国内外。不过，如果将河北的这些制革产地比较，最牛的要数枣强县大营镇了，因为这里的这个行业涉及两大历史人物：比干和秦始皇。

比干制裘

追溯大营镇的裘皮历史，最早是在3000多年前的殷商时期。据史料记载：殷商末年，"比干制裘于广郡"（广郡即今枣强大营一带）。相传，商末丞相比干，曾在大营一带为官。当时此处遍地荆棘，野兽肆虐，比干贴出告示，励众打猎食肉，将剩下的兽皮收集起来，进行反复泡制，终于发明了热皮技艺，使生硬的各种兽皮变成柔软的皮张。进而将不同色泽、不同毛眼的皮张分类缝制成衣服，是为裘服。他将这一技艺传授乡里，造福庶民，为人乐道。

后来比干进朝为相，忠言谏君，声望极高。因纣王荒淫无道，听信妲己谗言，被逼剖腹摘心而死。乡民们不仅对比干的忠烈赤诚精神所感动，更为他传授制裘技艺而感恩戴德，遂于公元前841年在大营村北修"比干庙"一座，以示纪念。比干发明的熟皮制裘技艺，延续了3000多年，至今惠及大营一带百姓。皮毛从业者奉比干为裘祖，世代供奉。1994年大营镇政府投资重修比干庙，使之香火不断。在全国几处比干墓、比干庙遗址中，大营比干庙是唯一以"裘祖"而祭祀纪念的。因此，大营无疑是中国皮毛业的发源地。比干制裘时，曾在枣强县大营镇比干公园用这口古井的水熟制了世界上最早的皮张。因此，枣强大营是世界上熟皮技艺传播最早的地方。

《衡水日报》增刊文章《枣强县积极整合资源，倾力打造裘皮产业高地》中提到，明、清两代几百年是大营裘皮的兴盛时期。元末明初，大营周围上百个村庄就相继发展起了裘皮业。这时的大营裘皮已小有名气，成为朝廷"贡品"，有"一品窝道，二品貂"之说。大营因皮毛名扬天下，皮毛因大营熠熠生辉。郑和下西洋时，"营皮"就与苏州绣品、景德镇瓷器等一同漂洋过海，到达沿途各国，并以"皮板柔软、毛眼遂适、做工考究、款式新颖、色泽协调"的特点，赢得欧亚上流社会的赞誉。清道光二十年（1840年），"营皮"进入鼎盛时期，全国各地皮货商人云集大营，售生买熟，出皮购裘。可谓"四海商贾集大营，举步可得天下皮"。呈现了"街巷无处不经商，铺天盖地是皮张"的繁华景象。英、俄、德、法、葡等10多个国家的客商在大营设立货栈、商行，从事交易，使大量的"营皮"远销海外。

秦皇御封

2017年11月3日，笔者到枣强县大营镇实地查看发现：在商业繁华区域，"天下裘都"招牌随处可见。在当地官方和民间皆称"天下裘都"这一名号为"千古一帝"秦始皇所御封。但是，查阅相关史料，难以看到秦始皇何时何地何因御封大营镇为"天下裘都"的记载。在枣强县县志办，相关负责人介绍，关于秦始皇对大营"天下裘都"的御封，县志没有任何记载，完全属于民间传说，至于这一民间传说从哪个年代开始，县志里也没有相关内容。

枣强县大营镇
"天下裘都"鼎

通过进一步了解发现，当地关于秦始皇御封大营"天下裘都"的传说有两个版本：

一个版本是来自孟姜女哭长城的故事。秦始皇统一六国后，征百万农夫修长城，孟姜女丈夫被征去修长城，春去冬不回。孟姜女徒步千里送寒衣。途经大营遇上大雪，因冻饿昏倒在磨棚里，被大营南街一皮匠所救。孟姜女到长城后，听说丈夫已死被垒进长城，便号啕大哭，哭倒长城四十里。秦始皇巡长城时，听蒙恬说到这一奇事，亲见孟姜女。孟姜女向秦始皇提出：为感谢大营父老救命之恩，要求封大营为"天下裘都"。秦始皇点头答应，并下诏昭告天下。

另一个版本是说秦始皇在东巡回归咸阳途中，李斯、赵高向秦始皇建议取道巨鹿郡，顺便经过大营一带搜寻一些华美裘服。当地有个名叫姜贾的大皮货商，精心制作了裘皮为秦始皇一行16辆马车予以装饰，并借此机会向秦始皇讨封。于是，李斯便在一块玉帛上写下"天下裘都出于大营"八个大字，写罢以后展呈秦始皇御览，秦始皇看着玉帛，只念了"天下裘都"四个字就停下了，姜贾等人赶忙跪谢皇帝赏封。

这两个版本，都属于民间传说，都没有时间概念，都说是秦始皇御封大营为"天下裘都"。所不同的是：前者仅是秦始皇御封，皇帝本人并没有到大营来过；而后一种版本则更加逼真，秦始皇与大臣们不仅到了大营，还将大营御封为"天下裘都"。

鼎赋传承

比干制裘也好，秦皇御封也罢，反正"天下裘都"这个名号只有大营镇独有。为了展示大营镇"天下裘都"的文化底蕴、扩大市场影响力，当地在大营火车站广场铸造一尊10多米高气势端庄"天下裘都"铜鼎，并于2017年1月8日上午揭幕；2018年3月，当地还面向全国重金征集"天下裘都赋"，以使裘都文化世代传承，发扬光大。根据官方公开资料，自2005年以来，有着3000多年历史的大营裘皮制品行业发展迅速，四大裘皮商城矗立在大营核心贸易区，年交易额、电子商务线上交易额不断增长，原料采集、产学研发、精品裘服精细加工、现代物流、国际国内贸易融为一体的皮毛经济产业链日益壮大，每年举行的商品交易会，更是汇聚了世界各地裘皮客商，"天下裘都"美誉不仅闻名中国而且享誉世界。

　　了解了大营镇"天下裘都"的历史以后，我不得不佩服和赞赏大营人的睿智。比如，为了弘扬裘皮文化，以民间传说方式将大营这个皮毛制革业的集中产地与"千古一帝"秦始皇联系起来，可以说，这一创意即使在现在看来，仍然有着超出常人的胆识和智慧。借鉴民间传说方式，利用民间故事载体，在真真假假、虚虚实实之间，将大营裘都与皇帝、皇权、历史文化紧紧联系在一起，既不违反历史真实，又能扩大和传播地域文化、裘皮文化，一举多得。

秦皇行宫沉思录

(巡游系列之五)

公元前221年,秦始皇统一六国以后,除了在政治、经济、军事等方面推行一系列改革以外,辅之以与之相配套的重大举措就是超大规模的、全面覆盖统一后天下的基本建设,包括:修直道,修驰道,修复道;建长城,建皇陵,建宫殿;毁城郭,决川防,修水渠等。这些超大规模基本建设项目,上至咸阳宫殿,下到郡县乡里,全国全民总动员,可以说秦始皇是我国最早的工程皇帝、项目皇帝。在这些基本建设项目中,其重要一项就是宫殿。从已有资料中,我们看看秦始皇宫殿建设、分布、用途等到底是一种什么状况,是不是像民间传说的那样,秦始皇建设宫殿完全是为了个人享受等。

重大发现

河北省秦皇岛是我国重要旅游城市,是因秦始皇东巡曾驻跸于此而得名的城市。近年来,国内外游客来到这里不仅要游览美丽的海滩,还要慕名参观秦皇行宫遗址博物馆,该遗址已成为秦皇岛北戴河旅游业一张新的名片。

当年发现该遗址的消息公布后,无论是考古界还是对社会影响,似乎不亚于当年陕西临潼发现秦始皇兵马俑。据

秦皇岛北戴河

介绍，1986年开始，文物部门对横山的秦行宫遗址进行了大面积的考古发掘，发掘面积近1.6万平方米，共发现四组建筑遗迹，其最大的一组夯土墙至少有2米宽，由河卵石铺砌而成的原始的柱础排列整齐，非常完整，建筑中还有供水的井和地下排水系统，同时还出土了大量的板瓦、筒瓦、瓦当、空心砖等建筑构件。经考证，这是一处秦始皇东巡时所建行宫遗址，它的发现充分佐证了秦皇岛城市名称的由来。1986年10月31日，《中国文物报》报道，河北省文物部门在秦皇岛北戴河发掘出秦始皇东巡渤海湾时的行宫建筑群遗址。随后，秦行宫遗址被评为"七五"期间全国十大考古发现之一，并于1996年成为全国重点文物保护单位。2018年占地40余亩的北戴河秦行宫遗址博物馆完工，2019年对外开放。2021年，该遗址入选河北百年百项重点考古发现名单。专家认为，北戴河秦行宫遗址是目前我国考古发掘的重要秦代建筑遗址之一，是秦始皇东巡时兴建的分布在渤海边的大型行宫建筑群中至今保存完整、未遭到破坏的遗址之一，也是研究秦代历史、建筑史、技术史的重要例证。

巍峨秦宫

北戴河秦行宫遗址可以说让我们目睹了秦宫殿基本轮廓。"秦皇已去汉帝至，孤台野岸空千年。"2021年10月26日上午，暮秋的阳光格外刺眼，面对秦行宫遗址那宽厚的墙基和漫漫荒草中散落的数不清的瓦砾碎片，笔者脑海中陡然将远在千里之外的咸阳宫殿与脚下这一行宫联系在一起，那些早已淹没在历史烟云中的秦宫该是何等的巍峨壮观！

先看数量。司马迁在《史记·秦始皇本纪》中记载：三十五年（公元前212年），"始皇以为咸阳人多，先王之宫廷小，吾闻周文王都丰，武王都镐，丰镐之间，帝王之都也。乃营作朝宫渭南上林苑中。先作前殿阿房，东西五百步，南北五十丈，上可以坐万人，下可以建五丈旗。周驰为阁道，自殿下直抵南山。表南山之巅以为阙。……隐宫徒刑者七十余万人，乃分作阿房宫，或作丽山。发北山石椁，乃写蜀、荆地材皆至。关中计宫三百，关外四百余"。同样是在这一年，为了长生不老，秦始皇听信方士卢生忽悠，始皇曰："吾慕真人……不称'朕'。"乃令咸阳之旁二百里内宫观二百七十复道甬道相连。

再看结构。从数量看，司马迁记载的"关中计宫三百，关外四百余"，两者相加，至少700座。因"宫殿"是综合概念，其具体结构是如何构成的？马非百先生在《秦集史·宫苑志》中有专门研究，针对马非百先生列出的近百个有具体名称的宫苑，粗略统计，共包括：宫36个；台18个；门4个；苑4个；池4个；园4个；阁3个；殿3个；寝3个；舍3个；圈2个；楼2个；馆1个；圃1个。这14个类别中，还是以"宫""台"为主。

最后看建设时间。如果仅从《史记·秦始皇本纪》中记载内容看，给人的印象是，咸阳城内外这数百座宫殿都是秦始皇时期建设的，其事实并非如此。我们从《史记》《汉书》《西京杂记》《关中记》《长安志》等一些书籍相关记载中发现，这些宫殿最早可以追溯到公元前770多年秦非子封国时期。如秦川宫，《郡国志》载"秦川宫者，昔非子封秦，于此筑宫室"；再如西垂宫，《史记·秦本纪》载"文公元年，居西垂宫"；再如频阳宫，《水经·沮水注》载"频阳宫，秦历公置"。笔者计算从秦非子到二世胡亥，共有34位国君，其中兴建宫殿的有16位。在这16位兴建宫殿的国君中，秦始皇最多，在有具体名称的近百个宫殿中，他建设的有19个，其中包括对后世影响较大的咸阳宫和阿房宫，咸阳宫因荆轲刺秦、阿房宫因面积巨大。不过，这两个宫殿各有特殊原因：咸阳宫由秦昭王所建，秦始皇只是扩建；而阿房宫只是一个基础，全华夏民族最大的烂尾工程，经过秦始皇、秦二世两个朝代都没有建成。需要指出的是，与其他国君比较，秦始皇建宫殿数量多，有相当部分是在统一六国后所建，这一点与秦代其他国君不具可比性。

因巡而建

马非百在《秦集史·宫苑志》中说："宫苑之制，至始皇而极盛矣。"也就是说，秦代的楼堂馆所建设，到了秦始皇时期最为严重。不过，这里有一个比较客观的问题，也许马非百忽略了，即秦始皇统一六国后，自第二年开始，连续五次巡游统一后的大秦天下，因为巡游而建设的宫苑也占有一定数量，史料中记载比较清晰的有：

如第一次巡游，《史记·秦始皇本纪》载："二十七年，始皇巡陇西、北地，出鸡头山，过回中。"《史记·正义》引《括地志》载："回中宫，秦故宫，在雍州雍县西南四十里。"秦始皇二十八年，进行第二次巡游。其路线是国都的东面，原齐、楚两国旧地，现山东荣成一带，在成山头建设了"秦皇宫"。据《山东通志》载："秦皇宫在成山上。始皇东巡时所筑。后人即其遗址建始皇庙。"清道光版《荣成县志·古迹》载："始皇庙又称秦皇宫、始皇宫、秦皇庙，坐落于成山三山南峰阳坡。"据传，始皇庙曾经有过一段辉煌，至明代正德年间，其规模已占地300亩，正殿三幢，配殿房屋不计其数。除了秦皇宫以外，这次东巡到琅琊（也作"琅邪"）以后，还建设了琅琊台，《史记·秦始皇本纪》载："二十八年，始皇东巡郡县……南登琅邪，大乐之，留三月。乃徙黔首三万户琅邪山下……作琅邪台。"《水经·潍水注》对琅琊台作了具体描述："出于众山上，下周二十里余，傍滨巨海……所作台基三层，层高三丈。上级平敞，方二百余步。"另据《山东通志》记载，秦始皇东巡期间，还分别在今徐州、荣成、莱阳、滨州一带建有压气台、望海台、黄土台、秦台。《史记·秦始皇本纪》载：三十五年，秦始皇"立石东海上朐界中，以为秦东门"。《汉书·地理志》载："秦东门三字为李斯篆书。"

从以上记载可以看出，秦始皇在巡游途中建设的宫苑有宫、台、门阙。从这些设施性质属性和规模看，有的具有行宫功能，可以驻跸；有的则显示帝王气势，如压气台、望海台等；有的纯属标志意义，如秦东门等。从如此翔实的史料记载中还可以引出的一个问题是：这些建设在陕西、山东的巡游途中宫苑从国家层面到地方志资料均有记载，为什么后来在河北秦皇岛发现的秦始皇行宫查阅不到任何蛛丝马迹？《史记·秦本纪》明确：秦文公十三年（公元前753年），"初有史以纪事，民多化者"。这就是说，秦国从公元前700多年开始，就设立了史官，记载朝中大事，庶民大多受到教化。既然如此，到了500多年后的秦始皇第四次出游碣石，或者在此之前，以国家名义建设如此规模的碣石行宫，怎么能没有任何文字记载呢？这样的行为似乎不符合事物发展正常规律。

从使用角度分析秦代的宫苑建设，需要修正的认知误区：一是数量方面，到了秦始皇时期应该没有《史记》中记载的七八百座了，因为从史料记载的具体名称连 100 个都没有。二是建设方式，比如《史记·秦始皇本纪》记载秦始皇每灭掉一个国家，就把这个国家的王宫画成图纸，然后原样把王宫搬到咸阳建设。对此，马非百认为，如燕国、楚国距离咸阳较远，怎么能够照原样搬迁复制呢？我认为马非百的质疑是有道理的。三是对秦始皇的污名化。如阿房宫仅是一个基础，半拉子工程，到了杜牧笔下的《阿房宫赋》中就变成了"六王毕，四海一；蜀山兀，阿房出。覆压三百余里，隔离天日"的恢宏气势，以中学教科书形式塑造着一代又一代人心目中秦始皇的暴君形象。楼堂馆所建设向来是观察一个国君民本意识的重要维度，对这一问题，几千年过去了，好像仍然没有理想的解决方式。

秦长城觅踪

（巡游系列之六）

司马迁在《史记·蒙恬列传》记载："秦已并天下，乃使蒙恬将三十万众北逐戎狄，收河南。筑长城，因地形，用制险塞。起临洮，至辽东，延袤万余里。"另据《史记·秦始皇本纪》记载："三十四年，适治狱吏不直者，筑长城及南越地。"《史记》中的这两段记载，说明在秦始皇统一天下后，曾派30万大军以及一些犯了错误的官吏，修筑"延袤万余里"的秦代长城。然而，在当代北京、天津、河北境内，人们能够看到的多是明代长城，而属于秦代的长城则很难看到。

万里长城

根据史料记载，早在战国时期，一些诸侯国就在自己境域内修筑了标准不一的边墙，其主要目的在于防御北方民族的侵袭，到了公元前221年，秦始皇统一六国后，将统一前北方互相争斗的诸侯小国各自建造的边墙衔接起来，形成穿山越岭的北方边界的屏障，长达5000多公里，"万里长城"的名字由此而来。汉武帝时期多次修筑长城，用以保护河套、陇西等地，加强东西方交流，其长度达到一万余公里。到了明代，为防止前朝（元）残留势力南下，也不断修筑北方长城，全长达7300多公里，整个工程延续了200多年。因此，长城是"上下两千年，纵深十万里"的伟大工程奇迹。

那么，在科技日益进步的今天，"万里长城"确切数据是多少？2009年4月，中国国家测绘局及国家文物局报告显示，长城全长8851.8公里，其中人工墙体的长度为 6259.6 公里,壕堑长度为 359.7 公里,天然险的长度为 2232.5 公里。2012 年 6 月,国家文物局宣布中国历代长城的总长度为 21196.18 公里,分布在北京、河北、山西、内蒙古、陕西等 15 个省、市、自治区。

万里长城的宏伟壮观以及预防外敌的实用性,其城墙墙体是最直接的体现。城墙的主要部分,平均高度为 7.8 米,有些地段高达 14 米。凡是山岗陡峭的地方构筑得比较低,平坦的地方构筑得比较高;紧要的地方比较高,一般的地方比较低。墙身是防御敌人的主要部分,其总厚度较宽,基础宽度均有 6.5 米,墙上地坪宽度平均也有 5.8 米,保证两辆辎重马车并行。墙身由外檐墙和内檐墙构成,内填泥土碎石。外檐墙是指外皮墙向城外的一面。构筑时,有明显的收分。墙身的收分,能增加墙体下部的宽度,增强墙身的稳定度,加强它的防御性能,而且雄伟壮观。

新旧传说

千百年来,关于万里长城的传说持续不断,其属性既有社会方面的,又有施工方面的。比如流传甚广的"孟姜女哭长城"。根据专家考证,这个故事最早雏形出自春秋时《左传》,这与秦朝与秦始皇没半毛钱关系,说的是齐国大将杞梁之妻,哀痛战死沙场的亡夫,哭着在城外迎接她丈夫的灵柩——既非几百年后的秦朝事,也没有泪能崩城的神力。后来传到汉唐,民间层层附会,故事便成了对秦始皇暴政的控诉。

这是社会方面的传说,还有一些与长城施工方面的传说。比如冰道运石。据称在修建嘉峪关长城时,需要成千上万块长 2 米的石条,工匠们在山上将石条凿好后,人却抬不起,车拉不动,且山高路远,无法运输。隆冬季节到了,石条还没有从山里运出一块,若要耽误工期,脑袋难保。正在大家发愁时,忽然山顶一声闷雷,从白云中飘下一幅锦绸,上面写有运石方法:在路面上泼水,让其结成一条冰道,然后把石条放在冰道上滑行运输,结果非常顺利地把石条运到了嘉峪关城下。再如山羊驮砖。当时修长城所用的砖,多是在几十里以外的地方烧制而成。砖烧好后，用牛车拉到关城之下，再用人工往上背，个个累得要死，但背上去的砖却仍然供不应求，工程进展受到了严重影响。一天，一个放羊的孩子来到这里放羊玩耍，看到这个情景，灵机一动，解下腰带，两头各捆上一块砖，搭在山羊身上，然后，用手拍一下羊背，身子轻巧的山羊，驮着砖一溜小跑就爬上了城墙。人们看了又惊又喜，纷纷仿效，大量的砖头很快就运上了城墙。

到了近代，旧的传说历久不衰，新的传说又接续开来。1937年，著名荷兰裔美籍历史通俗读物作家房龙在其出版的《地球的故事》中写道，中国的长城是月球上的太空人"能看得见的建筑物"。后来，此信息越传越具体，到了民间，就变成了"长城是人类在月球上能够用肉眼看到的地球上的唯一建筑物"。所以，人们对于能否从近地太空或月球上用肉眼望见长城一直存在争议。但据一般思维常识，长城宽度4~5米，远小于四线道或以上之公路，如高速公路等，且其本身并非发光体与反光体，在数百千米以上不借助仪器用肉眼观察是不可能的。另外，神舟五号的宇航员杨利伟也称其在2003年的太空之旅中没有看到长城。

专家探因

按照官方公开报道，国家文物局2012年公布的长城测量数据，历代长城遗存总长21196.18公里。其中，河北省境内的明长城总长达1338.63公里，其包砖长城总长度在全国包砖长城中占有很大比重。此外，战国至金代的早期长城达1159.9公里，这些长城现多为土岗、石堆等遗址遗迹状态。河北境内长城墙体共1153段，包括单体建筑5388座、关堡302座、相关遗存156处，多为我国明长城的精华所在。例如，怀来县样边长城是明代建造长城的样板工程，山海关、喜峰口、大境门、万全卫城等长城段落都是历史上的军事重镇。河北省长城的另一大特点是分布范围广。早期长城和明长城共分布于59个县（市、区），涵盖了燕山、太行山、坝上高原、华北平原等各个区域。

对于河北境内的秦代长城具体状况，河北省博物院出版的《文物春秋》杂志，在 2006 年第 5 期标题为《河北长城概况》一文中介绍："河北省内的秦长城，由西向东横跨本省北部张家口、承德两市，分为西段和东段。西段由内蒙古兴和县进入张家口市，经过怀安、尚义、万全、张北、崇礼、沽源和赤城县境，由沽源向东至承德市丰宁县，此因山势险，未筑城墙。东段秦长城，沿用原燕北长城，经沽源、内蒙古多伦，丰宁、围场，向东入内蒙古赤峰境内。河北境内的秦长城总长约 482 公里，墙体土石混砌，坍塌严重，残宽 2 米~3 米，残高 0.3 米~1.5 米。"

从该文上述内容传递出的信息分析：一是河北境内的秦代长城具体长度、走向、位置明确；二是或"未筑城墙"或"坍塌严重"等因素，残高仅有"0.3 米"的实物，在冀北辽阔的草地中，如果不是专业人员，因为专业目的去寻找、踏查，则是很难发现的。对于为什么在河北境内普通公众很难看到秦代长城的原因，笔者专门向河北地质大学长城研究院副院长彭运辉了解，其给出的解释是，秦代在河北境内修建的长城，后来经过汉代、明代重建，有的被覆盖了，有的可能改线了，所以很难看到原来的样子。2020 年 11 月 24 日，就同样问题，笔者与中国长城学会副会长董耀会通了电话。他在电话中告知，河北境内的秦长城现在能看到的可能不存在了，或者很少。

多面赵佗
(巡游系列之七)

如何看待南越王赵佗,如何看待赵佗与秦始皇、秦二世以及汉高祖、高后、汉文帝之间的关系,其具体细节在《史记·秦始皇本纪》《史记·南越列传》《史记·郦生陆贾列传》《史记·白起王翦列传》《汉书·高帝纪》《淮南子·人间训》等均有记载,从这些史料记载中,我们可以看到一个鲜活、多面的赵佗。

一

公元前221年秦始皇灭六国平天下,接着,派重兵北击匈奴南征百越,以扩大和巩固其来之不易的战争胜利成果。何为百越之地?按照史料叙述,主要指中国浙江、福建、广东和广西,以及越南等地,这里的原住民部落被先秦时期的中原人称为"越人",又因其支系部落众多,故称为"百越"。

按照公开史料记载,公元前219年,按照秦始皇的命令,屠睢为统帅、赵佗为副将,率领五十万秦军、兵分五路扑向百越之地,《淮南子·人间训》明确记载:秦始皇"使尉屠睢发卒五十万为五军,一军塞镡城之岭,一军守九嶷之塞,一

石家庄市区赵佗公园
赵佗塑像

军处番禺之都,一军守南野之界,一军结余干之水"。但此次战斗并不顺利,遭遇当地越人顽强抵抗。《淮南子》记载,当地首领率领越人对秦军发动了反攻,直接导致秦军"伏尸流血数十万",秦军主帅屠睢被越人斩杀。

前线战败的消息传回咸阳之后,秦始皇认为战败的主要原因是补给线太长,于是抽调军民开凿灵渠,并于公元前214年建成。灵渠建成之后,秦始皇再次调集十万军队,任命任嚣为主将、赵佗为副将,连同第一次剩余的十万军队,再度对百越发动进攻,并取得全胜。《史记·秦始皇本纪》记载:"三十三年,发诸尝逋亡人、赘婿、贾人掠取陆梁地,为桂林、象郡、南海,以适遣戍。"在战斗中立下大功的赵佗被秦始皇任命为南海郡的龙川县令。

赵佗在龙川县令任上仅仅几年工夫,大秦帝国时局突发重大事件——公元前210年,秦始皇在东巡途中驾崩,秦二世胡亥逆取皇位。公元前209年,风雨飘摇中的秦二世,在席卷全国的陈胜吴广农民义军面前,几乎乱了阵脚。这一消息也很快传到了被秦始皇征服的百越诸郡。面对这一突发变局,《史记·南越列传》记载:南海尉任嚣病且死,召龙川令赵佗……即被佗书,行南海尉事。嚣死……佗即移檄告横浦、阳山、湟谿关曰"盗兵且至,急绝道聚兵自守"。还公开诛杀了秦政府安排的所有官吏,换成自己的心腹。秦二世三年,秦灭,佗出兵吞并自己所掌控的南海郡以外的桂林、象郡,将三郡统揽于自己麾下,立南越国,自立为南越武王。

二

秦灭以后,经过四年的楚汉之战,汉高祖刘邦平定天下。赵佗对此心知肚明,但其并没有主动归附汉王,他在龙川县建皇宫、建佗城,在龙兴之地梳着当地流行的一撮锥子一样的发髻,依然享受南越武王高傲生活。考虑天下初定,百姓劳苦,高祖就没有派兵去诛杀尉佗。但是,这一问题总要解决。《史记·郦生陆贾列传》记载,高祖十一年(公元前196年),陆贾带着高祖赐给赵佗的南越王之印前去劝其归汉并宣布任命。陆贾见到赵佗,赵佗起初并不买账,还将自己的王位与高祖的皇位比高低,因此遭到陆贾的讽刺与奚落。在此情况下，赵佗意识到问题严重性，答应归汉。

赵佗迫于汉高祖的压力，虽然履行了南越国归汉、自己被高祖封为南越王的所有程序，但是与原来的独立王国比起来，显然多了许多约束，其内心并不情愿，一遇适当机会便背汉反悔，甚至兵戎相见。时至高祖驾崩，吕后掌权，其偏听偏信，关闭了汉朝边境与南越国的铁器以及其他物资交流市场。对此，赵佗极为不满，并认为这一事情的主谋是与南越国相邻的长沙王所计。于是，赵佗不再受汉高祖赐予他的南越王封号，"佗乃自尊号为南越武帝"，并发兵进攻长沙王与南越国交界的数县领地，大胜而归。长沙国失去大片领地，南越国的领地东西长达万余里。

吕后驾崩，孝文帝即位（公元前179年）。其先为赵佗在真定的先人修建陵墓并派人护陵，又召来赵佗在真定堂兄弟赏赐官职，以示皇帝对赵佗家族的宠爱。接着，陆贾以孝文帝使者身份再次被派往南越，去追究赵佗自立为帝的事情。赵佗见到陆贾，非常恐惧，赶忙向陆贾表态：一方面愿意做汉朝藩臣，积极纳贡；另一方面向全国宣布废掉帝制。但是，在南越国内，赵佗一直窃用皇帝名号，只有他派使者朝见天子时才称王。建元四年（公元前137年），赵佗死。赵佗死后，他的孙子即位，又经过四代，直到公元前111年，汉武帝派兵攻破番禺，南越国治下的郡县纷纷向汉军投降，南越国终于被平定。这个由赵佗建立、历经93年、五代南越王的南越国被彻底并入大汉版图。

三

赵佗公元前237年出生于恒山郡真定，少年负勇，精通武功；秦始皇二十八年（公元前219年）被封为副帅；秦始皇三十三年（公元前214年）年仅23岁的赵佗被封为首任龙川县令；公元前208年，南海郡尉任嚣病故，赵佗续任南海郡尉，时年29岁。公元前204年，建立南越国，赵佗自称南越武王，定都番禺，时年33岁。汉高祖十一年（公元前196年），赵佗被汉朝封为南越王，时年41岁；汉高祖吕雉王（公元前183年）赵佗自称南越武帝，时年54岁。公元前179年，汉文帝刘恒即位，赵佗去帝号复汉朝，仍称南越王，赵佗归汉，时年58岁。汉武帝刘彻建元四年（公元前137年），赵佗无疾而终。

从赵佗生平中可以看到，赵佗自公元前219年做秦军副帅到汉武帝刘彻建元四年（公元前137年）离世，共计为岭南统一和发展操劳82个春秋，其中任秦军副帅5年，龙川县令6年，南海郡尉4年，南越武帝4年，南越王63年，作为开发岭南的第一人，统治期间，和辑百越，励精图治。政治上仿效汉朝制度，郡县制和分封制并行，并实施中央官制和地方官制。军事上设立将军、左将军和校尉制度，又分为步兵、舟步和骑兵。经济上，推广使用铁农具和耕牛，改变以前的"刀耕火种"和"火耕水耨"耕作方法，大量发展水稻、水果和畜牧业、渔业、制陶业、纺织业、造船业，并发展交通运输和商业外贸，促进了生产发展和社会进步，人民生活日益改善。《汉书》记载，赵佗开创的南越国时期，有徐闻、合浦、日南漳塞海港。赵佗的商团远航印度洋，到达印度和斯里兰卡。

在文化方面，赵佗大力向百越民族推广汉文字的使用；提倡中原人与岭南人通婚，尊重岭南人的风俗，促进融合和社会和睦发展。《粤记》中有记载："广东之文始尉佗。"从大量的文字记载和出土文物说明，南越国是岭南文明的奠基时期，赵佗创建南越国使岭南社会经济实现飞跃式的跨越发展，使岭南社会形态从原始社会的分散的部落统治，一跃跨入封建社会的有序发展，为之后的历史发展打下了坚实的基础。

四

在河北省石家庄市商业中心区最繁华的中华大街北段临街东侧，有一个占地近百亩的赵佗公园，公园内有三大标志性建筑：赵佗塑像、赵佗先人墓以及保存和展览与赵佗相关文史资料的陈列馆。赵佗公园所在社区名称为赵陵铺镇，所属有赵一街、赵二街、赵三街、赵四街，多种信息都与赵佗相关，赵佗——这一数千年厚重的历史积淀与周边现代化都市中快节奏的格调相比较，显得异常突兀。

石家庄市这个区域内，既有赵佗公园，又有赵佗先人墓以及赵陵铺等村庄，那么，赵佗的后人是否也在此区域内呢？根据司马迁《史记·南越列传》记载，南越王尉佗者，真定人也，姓赵氏。这说明赵佗的祖籍是真定（今正定）人，而赵佗先人墓是汉文帝元年（公元前179年）所修，并派人守墓，每年举行祭祀。这就说明，早在汉代以前，赵佗以及家人就离开了石家庄，所修赵佗先人墓，按照《史记》记载，其实是赵佗父母

赵佗先人墓

的墓地。关于赵陵铺以及赵姓四条街道的名称，与赵佗家族没有任何关系，该村落最初是在为赵佗守护陵墓基础上繁衍生息发展而来。据村民介绍，赵陵铺原名赵陵村，在汉代一开始只有三户人家为赵佗先人守墓，后来发展成赵陵铺，全村几千村民中共有17个姓，谢、马、徐是三大姓，却没有一个赵姓。

赵佗后人不在石家庄，那么，是否在广东呢？因为，广东是赵佗以及后人生活时间较长的区域。到公元前111年，汉武帝灭南越，南越国最后一个国王赵建德被押往长安斩首。至此，赵佗氏族虽然未被灭族，但其后人不再姓赵。

2016年3月18日，笔者在赵佗公园毗邻的赵一街，见到了对本地民俗文化有专门研究的赵一街民间学者何信芳，在谈到赵佗后人今犹在的话题时，何信芳说，2008年清明节，自称为赵佗后人两男四女共计六人，在一老者带领下，到位于石家庄赵佗公园内的赵佗先人墓祭扫，并带有事先制作好的挽联一副。何信芳亲自予以接待，这副挽联被保存在赵佗公园陈列馆内。经了解，这六人现住广西灵山，带队的长者姓"劳"。此次祭扫虽然未经官方报道，是否属于赵佗后人也没有更加详细的证据证明，但其真实可信的程度较高。一是祭祖不同于别的事情，从利益角度分析，没有人千里迢迢舟车劳顿费神费力去为血脉不相关的逝者祭拜；二是来者称姓"劳"而非姓赵，这一点与汉武帝公元前111年灭南越后，赵佗后人不再姓赵的史料相一致。

一方面被秦始皇委以重任，率领数十万大军两次征伐南越，另一方面又

在国家存亡危急关头杀秦官、断秦道；一方面接受汉高祖刘邦赐封南越王大印，向西汉称臣纳贡，另一方面又指挥大军公开掠夺西汉所属长沙王多个县领地，扩大地盘；一方面迫于孝文帝压力，当着特使陆贾面宣布不再称帝，另一方面在本人统治的南越国内一直窃用皇帝名号……这就是历史留给我们的多面赵佗。

第四编
刀光剑影沙丘宫

沙丘宫遗址

　　至平原津而病。始皇恶言死,群臣莫敢言此事。上病益甚……七月丙寅,始皇崩于沙丘平台。

　　　　　　　　　　　　　　　　　　——司马迁《史记·秦始皇本纪》

沙丘宫变觅踪
（沙丘系列之一）

公元前210年，秦始皇第五次巡游中病死沙丘宫，赵高、胡亥、李斯三人密谋政变。对此，司马迁《史记·秦始皇本纪》中这样记载："七月丙寅，始皇崩于沙丘平台。丞相斯为上崩在外，恐诸公子及天下有变，乃秘之，不发丧。棺载辒辌车中，故幸宦者参乘，所至上食。百官奏事如故，宦者辄从辒辌车中可其奏事。独子胡亥、赵高及所幸宦者五六人知上死。赵高故尝教胡亥书及狱律令法事，胡亥私幸之。高乃与公子胡亥、丞相斯阴谋破去始皇所封书赐公子扶苏者，而更诈为丞相斯受始皇遗诏沙丘，立胡亥为太子。更为书赐公子扶苏、蒙恬，数以罪，赐死。……行，遂从井陉抵九原。会暑，上辒车臭，乃诏从官令车载一石鲍鱼，以乱其臭。行从直道至咸阳，发丧。太子胡亥袭位，为二世皇帝。九月，葬始皇骊山。"

司马迁在《史记》中通过这段描写，将沙丘宫变惊心动魄、曲折生动、险象环生的细节描写得非常清楚，但是，当我们对其仔细思考时，也发现一些内在逻辑上的混乱，现对文中所涉及的棺材、替身、鲍鱼等环节予以追踪。

平民棺材

秦始皇在沙丘宫崩逝以后，赵高、胡亥、李斯篡改遗诏，立胡亥为太子，赐死扶苏、蒙恬，阴谋达成以后，一方面派人去向驻守北部边境的扶苏、蒙恬递送诏书，另一方面在秘不发丧的情状下继续按照原定路线，离开位于今河北省广宗县的沙丘宫，向井陉、太原和九原方向继续巡游。此时，司马迁写道"棺载辒辌车中……"这里是倒装句,其意是"辒辌车载着棺材"继续前行。

　　毫无疑问,这棺材里装的就是秦始皇的遗体。问题来了:作为皇帝的秦始皇如果正常死亡,该用什么样的棺材?现在他死在远离京都咸阳的巡游途中,又是秘不发丧,还要继续前行,此时他又能用什么样的棺材?考察中国丧葬史,早在商周时期,棺椁的形制已经完备,如《礼记·檀弓上》记载:"天子之棺四重,诸公三重,诸侯两重,大夫一重,士不重。"而《庄子·杂篇·天子》则云:"天子棺椁七重,诸侯五重,大夫三重,士再重。"《荀子·礼论》说:"天子棺椁十重,诸侯五重,大夫三重,士再重。"按照这些文献记载,秦始皇作为天子,应当使用四重、七重、十重的棺椁。但是,他死在巡游途中,又不能让天下人知道,很显然,如此高规格的棺椁是享受不了了。

　　棺椁用不了,那么,能否用上好的棺材呢?在古代,乌木历来是达官显贵选用棺木首选之材,"黄金万两送地府,换来乌木祭天灵",是对乌木棺材的真实写照。因为乌木是埋藏在地下几万年的碳化木,所以材质特殊,不腐不朽,不怕虫蛀,不怕潮湿,木质坚实厚重,一副棺材重量达万斤,往往需要几十人甚至上百人来抬。据史料记载,慈禧太后入葬清东陵,有128人抬棺,从北京到遵化之间,129公里路程,整整走了五天。如果秦始皇使用这种乌木材质的棺材,花钱不是问题,问

沙丘平台遗址碑

题是时间紧,制作来不及;重量大,抬棺人目标太大;规格超标,数千公里巡游,辒辌车装不下。如果这些问题都解决了,那么,"秘不发丧"的政治约束就必然要突破。所以,上好的棺材,秦始皇也用不了。最后只有一个办法,就是就近采购平民用的松柏材质的棺材——重量轻、目标小,普通物品,影响小,安排少量人员在不知不觉中就能解决问题,将其装入辒辌车中继续前行。

专业替身

秦始皇在沙丘宫死后，因为"秘不发丧"的需要，必须要有一个假的秦始皇在秦始皇生前乘坐的"安车"即辒辌车中来充当已经死去的秦始皇，也就是说要有替身来完成胡亥宫变到回咸阳公开秦始皇死讯期间长达三个月左右时间的日常工作。对于替身的工作，司马迁在《史记》中称："丞相斯为上崩在外，恐诸公子及天下有变，乃秘之，不发丧。棺载辒辌车中，故幸宦者参乘，所至上食。百官奏事如故，宦者辄从辒辌车中可其奏事。独子胡亥、赵高及所幸宦者五六人知上死。"

这段话传达出三层意思：一是因秘不发丧，一宦者在辒辌车内做了秦始皇替身；二是替身的工作，代替秦始皇吃饭、处理百官奏事；三是知道秦始皇已经死去的人很少。司马迁在这里对于秦始皇替身的工作范围交代得比较简单，其实，秦始皇替身工作范围远比吃饭、处理百官日常奏事要宽泛得多，复杂得多。比如，日常的工作，可以在辒辌车内完成，秦始皇替身不用公开露面。可是，还有好多场合，其替身是必须公开露面甚至需要讲话作指示等。比如日常生活中，他需要如厕，晚间还有宫女侍寝；巡游途中，遇到河流险滩，需要转换乘坐工具，到了一些地方，需要接见地方官员等，这些都需要替身公开露面。

还有更重要的一点，这个替身从决定做假秦始皇的那一刻开始，其命运是必死无疑，这一点，赵高或许告诉或许不告诉，但替身本人必须明白。因为从时间顺序看，公元前210年"七月丙寅，始皇崩于沙丘；从直道至咸阳，发丧，太子胡亥袭位，为二世皇帝。九月，葬始皇骊山"。天下不可一日无君。这就意味着，秦始皇的死讯从七月秘不发丧，一直到九月公开发丧，胡亥即位。这里的"发丧"二字可是有实质意义的，也就是说，赵高、胡亥在九月公布秦始皇死讯时，秦始皇早已死亡近三个月了，由于"秘不发丧"，没有公开的治丧程序，皇廷内部也难以启动对秦始皇遗体的保护措施等，其遗体早已成为遗骸。而新即位的秦二世，在九月举行的"发丧"仪式上，为了证明自己的皇位合法性，对秦始皇七月已死的信息还要继续隐瞒。所以，此时在治丧仪式举行中，供宫中大臣百官瞻仰的秦始皇遗体，一定是秦始皇的替身，因为只有这样，才能让大臣百官看到刚死不久的"秦始皇"遗容，也才能掩盖七月开始秘不发丧的弥天大谎。

因此，对这个秦始皇的替身要求：首先是形似，面目、身高、走路姿势、说话声音等，不能让见过秦始皇的人看出破绽；其次是神似，要有秦始皇的气度、魅力；最后是完全效忠秦二世，对秦二世有献身精神，因为几个月后回到咸阳。就要公开秦始皇死讯，就要发丧，所以，对替身来说，死亡是预料之中的事情。这样的综合素质较高的替身，只有专业人员才能胜任，临时寻找是很难胜任的。从秦始皇所遭遇的荆轲刺秦、高渐离袭秦、张良雇凶博浪沙锤秦以及在咸阳城遇袭等四次被杀的经历看，秦始皇培养专业替身的可能性较大。这样的专业替身，其公开身份可能是宦官，也可能以其他公开身份出现。从《史记》记载的楚汉战争中，纪信化装成刘邦引开楚军，使刘邦成功从荥阳脱险的实例分析，秦始皇培养专业替身也符合那个时期的时代特点。

鲍鱼寻源

鲍鱼是名贵的海洋食用贝类，被誉为"餐桌黄金，海珍之冠"，鲍鱼通常生长在水温较低的海底，遍及太平洋、大西洋和印度洋，公认最佳产地为日本北部和墨西哥，我国东北部也是传统产区。全世界已命名的216种鲍鱼中，分布在我国沿海的鲍鱼有7种，其中又以北部渤海湾出产的皱纹盘鲍和东南沿海的杂色鲍最为多见。由此可知，鲍鱼多为海洋生产，内陆地区，尤其是河北省邢台、石家庄一带区域很少有鲍鱼生产。有关秦始皇在邢台广宗沙丘平台驾崩后，丞相李斯等决定秘不发丧鲍鱼掩尸的故事一直流传两千多年。"行，遂从井陉抵九原。会暑，上辒车臭，乃诏从官令车载一石鲍鱼，以乱其臭。"

我们先看看鲍鱼从哪里来。秦始皇公元前210年巡游途中崩死地是今邢台市广宗县，宫变发生后从邢台广宗西行到石家庄井陉口，然后往西转北到内蒙古包头（九原），再从九原返回都城咸阳。其中所经过的地方，无论是平原地区广宗，半山区井陉，还是草原区域九原，可以说都不生产鲍鱼，距离广宗、井陉较近的海洋城市青岛、天津等也有四五百公里，往返近千公里，当时没有高铁，骑马的速度即使每天100公里，往返也要七八天，巡游的大部队无论是等，还是购买的人去追，都不符合正常逻辑关系。

再看看如何往辒辌车上放置鲍鱼。秦时一石的重量约为现在的109公斤，从体积上分析，200多斤的水产品，想必也要占据一定空间。据介绍，兵马俑车马坑中"安车"即辒辌车原型，该车分为前后两室，前室为驭手使用，后室放大后的尺寸高1.06米，长3.17米。考虑到该车已经放置了秦始皇棺材，又有秦始皇替身在车上就餐，接受百官奏请等，载有秦始皇遗体的辒辌车本身所剩空间有限，能够将109公斤鲍鱼放到车内的可能性值得怀疑。

最重要一点是以臭掩尸是否掩得住。秦始皇此次巡游，队伍规模有多大，《史记》没有记载，但据2016年2月23日《浙江日报》在一篇题目为《秦始皇南驼巡绍兴行——佐证会稽山旧址》文章介绍，公元前210年10月，秦始皇最后一次巡游队伍庞大，使用的四匹马并行拖行的双轮单轴车数百辆，有126位官员随行，还有其他众多服侍人员，战马就有3000多匹，被史学界以"千乘万骑"形容。如此之大规模的皇帝巡游，所到之处万众瞩目，但队伍中为什么会散发出一股股刺鼻臭鱼味？在秘不发丧背景下，无论对于众多不明真相的随行人员还是庶民百姓，都难以给出令人信服的解释。还有，载有秦始皇遗体棺材的庞大车队，由于政治因素秘不发丧，按照原定巡游路线，一路翻山越岭，线路距离2000多公里，耗时近三个月，如此长久的时间，伴随秦始皇遗体的鲍鱼能够持续发出臭味吗？恐怕早已变成鱼干了。综上所述，鲍鱼掩尸的史实到底是否存在，值得高度怀疑。

困龙之地的刀光剑影
（沙丘系列之二）

公元前210年7月，秦始皇在第五次东巡途中，驾崩于位于河北省广宗县的沙丘宫，并导致沙丘宫变的发生，此事件成为大秦王朝由盛转衰，进而加速灭亡的转折点。那么，在这次原定的巡游路线中有沙丘宫这个地点安排吗？其在平原津病了以后，为什么要选择驻跸沙丘宫？秦始皇不了解沙丘宫"困龙之地"的不祥名声吗？

第五次巡游的任务

根据司马迁《史记·秦始皇本纪》记载，秦始皇统一六国以后，共有五次巡游，其中第五次是时间最长的一次，自公元前210年10月"始皇出游"开始，到九月"葬始皇骊山"为止，整整一年时间。秦代施行的是颛顼历，以每年的十月为岁首。

这次东巡的任务是什么？与秦始皇其他历次巡游一样，史料中并无出游前的相关信息，后人只能根据出游后发生的实际行动确定，即此次出游的任务概括起来就是三大项：祭拜先贤，石刻题字，求长生不老药。按照《史记·秦始皇本纪》表述，围绕这三大任务，秦始皇的出游队伍先"望祀虞舜于九嶷山"，又过丹阳、至钱塘、临浙江、上会稽、祭大禹，而立石刻颂秦德；紧接着，从浙江走水路到达琅琊、芝罘，在那里见到了徐福，求长生不老药，在徐福等方士们的忽悠下，秦始皇还亲自拈弓搭箭，射杀了一"巨鱼"。至此，此次东巡的三大任务已圆满完成，其庞大出游队伍离开芝罘，经临淄,到平原津,从陆路开启了返程之道。

秦始皇第五次出游,自咸阳出武关,往南到湖北、湖南,转向东到江西、安徽,又向南到浙江、江苏、上海,再向北经水路到达琅琊、芝罘,后来在返回途中,经"平原津而病",耗时九个月,转了大半个中国。毫无疑问,巡游队伍从芝罘往西到达"平原津"这个地方,是属于计划之内的安排,因为那时秦始皇还处于健康状态,按原定的行程出行是符合正常逻辑的。再者,公元前218年,秦始皇第三次东巡,离开芝罘时,也是经过平原津,可以说,平原津这个地方对秦始皇并不陌生。

沙丘宫是最优选择

《史记·秦始皇本纪》中说,秦始皇"至平原津而病"。也就是说,秦始皇到了平原津这个地方,病了。在现代语境中,"疾"与"病"是同一义,而在古代汉语中,"疾"与"病"表达的语境是不同的。疾,含"矢",即离弦的箭头,速度快,指用箭头的尖端,刺激穴位就可以治疗的病,泛指比较轻的病;病,通"柄",需要用带手柄的工具医治,指比较严重的病。秦始皇在平原津"病"而非"疾",说明在平原津时,秦始皇病得已经非常厉害了。

平原津,是山东省平原县古黄河的一处渡口。《平原县志》称:平原津,即津期桥,在县城西南五十里处。战国时期,平原津是齐国西部边界的关口要塞;秦代,东方驰道过平原津。驰道,就是专供帝王行驶马车的御道。《史记·秦始皇本纪》载:"始皇二十七年(公元前220年),治驰道。"《汉书·贾山传》载:"秦为驰道于天下,东穷燕齐,南极吴楚,江湖之上,濒海之观毕至。"在秦始皇修建的通往各地驰道中,其中一条是出函谷关通往山东、河北的东方道。东方道过平原津,直通齐郡临淄。《平原县志·河津》载:"平原津,秦始皇三十七年出游,自琅琊北至荣成山,遂并海西至平原津而病,即此地也。"

巡游返回途中,秦始皇在平原津突发重病,这是预料以外的事情。此时,庞大的出巡队伍该如何应对呢?显然,平原津这个渡口既不利于秦始皇治病,更满足不了出巡队伍驻跸需要,赵高、李斯他们该如何决策呢?从地图看,临淄比较近,但是方向不对,碣石山有秦始皇第四次出游时所建数十万平方米的行宫,从综合因素分析,该地最理想,只是距离太远,要1000多公里;还有邯郸和巨鹿郡驻地巨鹿古城,这两个地方虽然与出游队伍返程的大方向基本一致,但是,与沙丘宫比较,距离还要远几十公里。而沙丘宫,在平原津正西方向,几乎是一条直线,路程不足百里,出巡队伍一两天即可抵达。而按照原定的从九原驰道返回计划,沙丘宫也是必经之道。所以,赵高、李斯他们最终选定从平原津启程驻跸沙丘宫,应当说是最优方案。

"困龙之地"的刀光剑影

赵高什么时候开始对政变予以谋划的呢?其实,从内在逻辑分析,他在平原津秦始皇病重时就已经动心了。到了"上病益甚,乃为玺书赐公子扶苏曰:'与丧会咸阳而葬。'书已封,在中车府令赵高行符玺事所,未授使者"时,他已看到了秦始皇遗诏的漏洞和篡权机会;而"七月丙寅,始皇崩于沙丘平台。丞相斯为上崩在外,恐诸公子及天下有变,乃秘之,不发丧。棺载辒辌车中,故幸宦者参乘,所至上食。百官奏事如故,宦者辄从辒辌车中可其奏事"的秘不发丧行为,使赵高下定决心,秘改遗诏,进一步坚定了实施宫变的信心,以至于最终说服胡亥、李斯,在看不见的刀光剑影中,通过政变集团形式实现了篡权目的。

这里有一个问题,难道说秦始皇在平原津病重以后,接下来出游队伍要驻跸沙丘宫,他不知道吗?赵高他们作出这样的决定不向患重病的秦始皇请示吗?而不向秦始皇请示的可能性较大。第一,赵高此时已有篡权之心;第二,秦始皇确实已经病入膏肓,否则,从他的一向狂妄自负性格特点看,不到万不得已,是不会给长子扶苏写"遗诏"的,生命即将走到尽头的秦始皇,估计那个时候已经没有心思考虑赵高安排居住地点与其政治野心是否背叛自己的关系了。

沙丘宫自商代开始,商纣王在此建酒池肉林,贪图享乐,最后身死国灭;

公元前 295 年，一世英明的赵武灵王，在立储问题上酿出祸端，小儿子赵何把大儿子赵章打败，武灵王自己被活活饿死在沙丘宫。对于沙丘宫这样的不祥之地，秦始皇多年受赵高、李斯这样的文人熏陶，对韩非子崇拜有加，说明秦始皇具有较高文化素养，一定知情。这从另一个侧面也可得以证实，即：秦始皇统一六国时，每消灭一个国家，就在咸阳周边，把该国知名宫殿再造，总计在咸阳周边新建几百个宫殿，其中唯独没有沙丘宫。

既然如此，独裁习惯的秦始皇为什么还住进沙丘宫，为什么不要求赵高重新选择呢？对此，在那个特定环境下，恐怕秦始皇已经没有选择权了，也不能排除赵高如此安排，是蓄意为之，从精神上击垮秦始皇，促使其早日驾崩，以实现自己的皇帝美梦。

棺车驶过古驿道

(沙丘系列之三)

根据司马迁《史记·秦始皇本纪》记载,公元前210年,秦始皇第五次巡游返回途中,"至平原津而病……行,遂从井陉抵九原。"

从《史记》上述的记载中,我们可以看到,秦始皇死在沙丘宫被秘不发丧没有问题,赵高、胡亥、李斯三人政变小组篡改秦始皇遗诏立胡亥为太子没有问题,赵高他们拉着装有秦始皇遗体的棺材从沙丘到井陉也没有问题,而接下来离开井陉后,这些巡游的大部队,是否仍然还拉着装有秦始皇遗体的棺材一直抵九原,经上郡直到九月返回咸阳安葬,

井陉秦皇古驿道

就有问题了。因为,前些年,有论者认为秦始皇遗体并未安葬在骊山皇陵,而是葬在了河北井陉以东的某个地方,其理由是:井陉秦皇古道的车辙较窄,秦始皇使用的辒辌车轮较宽,装殓秦始皇遗体的棺材太重,车辆通不过、人抬抬不动,所以,秦始皇棺车难过井陉关。秦始皇出生在邯郸,赵高他们将秦始皇葬在河北,既体现落叶归根的传统理念,也符合接下来长达几个月时间秘不发丧、一切照旧出游直至回到咸阳的客观规律。

这一推论真的有道理吗?井陉秦皇古道真的能阻挡住装载有秦始皇遗体棺材的辒辌车通行吗?目前为止,在缺少史料和实物证据支持的前提下,该论断难以成立,司马迁在《史记》中记载的史实权威性难以撼动。对此,我们不妨从几个侧面分析一下井陉古驿

井陉秦皇古驿道车辙

道难以阻挡秦始皇棺车通行的事实和原因。

第一，今天我们看到的井陉古驿道，并不是两千多年前秦始皇棺车经过时的驿道，用今天我们看到的古驿道车辙数据与装载秦始皇遗体棺材的辒辌车数据相比较，是不具可比性的。井陉古驿道距离石家庄市只有30多公里，笔者多次实地到该处观瞻，古驿道标志性景点就是东天门口矗立的范增题字"秦皇古驿道"巨石和从门洞内穿洞而过的古驿道及昭示着千年沧桑的两条深深的车辙。

据介绍，井陉古驿道现存道宽为2.85米，两条车辙内径1.05米，外径最宽处1.35米。《史记·秦始皇本纪》记载，始皇推终始五德之传，衣服、旄旌、节旗皆上黑。数以六为纪，而舆六尺。秦朝的"舆六尺"，相当于现在的约1.1米。这两条车辙，无疑为自秦代始的全国"车同轨"提供了极为重要的实物铁证。关于车辙深度，虽然现在我们看到的车辙深度只有20厘米左右，但要追溯起来，这里的车辙累加起来至少有两米深。因为地面车辙深到一定程度，就会影响行车。为了道路畅通，就只能用人工凿地面，将地面凿至与印辙相平。如此循环往复。两千多年里，门洞的地面整整凿低了近两米。由此可见，现在看到的古驿道车辙深度，与秦始皇巡游车队经过时，是大不相同的，也许那个时候，经过人工开凿，车辙与地面高基本一致，这就为秦始皇巡游团队通过该驿道创造了条件。

第二，井陉古驿道属当时秦始皇统一六国后修建的以咸阳为中心辐射各地的驰道之一，应具备在当时来说较先进、实用的通行能力。这段深藏在太行深山井陉的古驿路，究竟始筑于何时？2000年8月，国际古迹遗址理事会理事、世界遗产协调员亨利·克利尔考察了秦皇古驿道之后认定，这条古道从秦始皇时期算起，至少比罗马古道早建成100年。据专家考证，秦皇古驿道作为沟通燕赵、秦晋之间的官道始于秦始皇。秦始皇雄霸天下，于统一六国后，在原六国车马道路的基础上，修筑了以咸阳为中心通往全国的驰道。

据《汉书·贾山传》记载："秦为驰道于天下，东穷燕齐，南极吴楚，江湖之上，濒海之观毕至。"这些驰道构成了当时全国的交通主干线，形成了"条条大道通咸阳"的格局，堪称最早的高速公路。不仅如此，这些道路的修建标准也很高。《汉书·贾山传》记载，秦驰道在平坦之处，道宽五十步（约今69米），隔三丈（约今7米）栽一棵树，道两旁用金属锥夯筑厚实，路中间为专供皇帝出巡车行走的部分。景区工作人员介绍，井陉古驿道往西与九原直道相连，往东过平原津直达齐郡临淄，是秦帝国交通网中重要组成部分。试想，类似于现在的高速公路一样，如果当年的国家级驰道，连皇帝乘坐的辒辌车也难以通过，无论怎么说，也是说不过去的。

第三，过井陉到太原再到九原，井陉关并非只有目前我们看到的古驿道一条道，还有另外道路可以通过。据地方相关资料记载："驿路，东由获鹿县城，西行十里，入本县境内（指井陉县），历头泉、下安、上安、东天门、微水、长岗、横口、北张村、郝西河、东窑岭、河东、越治城、经南关、朱家疃、板桥、长生口、小龙窝、核桃园，至山西平定，出固关，长约百里。"这一驿道，因秦始皇出游队伍经过，而被称为"秦皇古驿道"。

除此以外，另据专家考察，楚汉之战时，韩信灭赵从山西过井陉走的是另一条路，此道从山西平定入井陉向北经今核桃园、大小龙窝、涉绵河而至天长镇，再北经石桥头、凤凰岭、天护城（战国、汉唐井陉县城驻地）转北经赵村铺、青石岭至固底，渡冶河到威州，转东南经五里寺，过平望桥后入鹿泉。这一道路当时为官道，一般叫作北线。后来，作为秦国驰道的秦皇古驿道成为主道以后，原来的官道（北线）应该没有废弃，类似于现在的高速修好以后，国道省道仍可通行。因此，秘不发丧的秦始皇灵车，两千多年前过井陉时，是从哪条路通过的？《史记》以及地方志资料中并不明确。在这样的情况下，以井陉秦皇古驿道车辙与秦始皇辒辌车轴距数据不符而认定秦始皇遗体没有通过井陉的结论是不切实际的，是缺乏说服力的。

扶苏之死
（沙丘系列之四）

公元前210年，秦始皇最后一次东巡，返回途中，根据司马迁在《史记·秦始皇本纪》中记载："至平原津而病。始皇恶言死，群臣莫敢言死事。上病益甚，乃为玺书赐公子扶苏，曰：'与丧会咸阳而葬。'"

两千多年来，史学界依照司马迁的这七个字记载，认定这就是秦始皇传位于长子扶苏的遗诏，后来，遗诏被赵高、胡亥、李斯三人沙丘宫篡改成赐死扶苏，胡亥才当了皇帝；所以，扶苏一直被认为是蒙冤而死的。甚至扶苏墓所在地——陕西省绥德县城附近有一条名曰"呜咽泉"的小溪，据传也是因为扶苏的冤死而几千年"呜咽"不息。史实说明，皇长子扶苏确系因赵高谋逆屈死，但是，从已公布的史料分析，扶苏的确不是当皇帝的料。有学者说，大秦帝国速亡，不是亡在赵高、胡亥手里，而是亡在扶苏手里，因为扶苏没有识破赵高的阴谋。这样的论断，是把扶苏的整体素质抬得太高了。

突　发

大秦帝国从秦仲算起到秦始皇这一代，共经历33位君王，600余年，每一位君王多是在位时确定继承人。可为什么到了秦始皇这里，确定储君成了一大难题。关于这个话题，学者们从多个角度予以分析，诸如秦始皇认为自己长生不老、要求条件太高、平六国击南越抗匈奴大事太多，等等。其实这些只是表面现象：他如果真的相信自己长生不老，为何还要动用几十万人修建皇陵？条件再高还能高过立嫡立长吗？扫平六国等事情再大，能有确立太子的事情大吗？我坚信，这些道理，在秦始皇心里清楚得很，毕竟，太子定，天下安嘛。

再者，秦始皇非常崇拜韩非子，据《史记》记载，秦始皇读了韩非的著作以后说："嗟乎！寡人得见此人与之游，死不恨矣！"用现在的话说，他就是韩非子的忠实粉丝了。关于确立太子的重要性，韩非子在《亡征》篇写道："轻其适正，庶子称衡，太子未定而主即世者，可亡也。"韩非子这里说的意思是："轻视正妻嫡子，庶子和嫡子并重，太子还未确定而君主就去世了的，可能灭亡。"作为一代英主，秦始皇对韩非子的这些观点一定很清楚，其在位时对太子问题一定是认真对待的。

在秦始皇众多儿子当中，皇长子扶苏的太子地位为何迟迟难以确定？对此，我赞成李开元教授的观点，即：皇长子扶苏天性仁善懦弱，秦始皇对这样的性格不太满意。十八子胡亥后来进入他的视野，其废长立幼的意识逐渐增强。其标志性动作是公元前210年第五次东巡时，胡亥一同参加，其实就是对胡亥的近距离考察。经过长达九个月的观察，当秦始皇突发重病，在平原津到沙丘宫途中，病情愈加严重时，秦始皇将皇长子扶苏与十八子胡亥比较后，最终改变了废长立幼的主意，决定还是尊重传统由扶苏即位，并拟好了让扶苏回咸阳为其主持丧葬仪式并即位的遗诏，加盖了秦始皇玺印，只是在中车府令赵高手里，尚未交使者发出，秦始皇就在这一关键环节驾崩了，为接下来的赵高、胡亥、李斯三人政变集团篡改秦始皇遗诏提供了绝佳机会。

流　放

据《史记》记载，秦始皇三十五年（公元前212年），因为劝谏坑术士，扶苏被迫离开都城咸阳权力核心，到北部边境蒙恬大军中做监军。这一政治流放，被史学家称为扶苏尊儒的表现。我想，扶苏为什么会在此问题上与其父秦始皇公开作对？为什么不去分析徐福、韩终、卢生、侯生等，是怎么利用求仙药这个不可能完成的任务行骗？其父秦始皇为什么在此问题上动怒从而对这些方士严惩？他首先没有站在自己是皇长子也就是皇太子的角色上去考虑问题。恰恰在这方面,皇长子扶苏的立场出了问题,自己本应维护父亲秦始皇的权威,但其不仅没有做到,反而还站到儒生的一面,却公开指责父亲秦始皇的做法。

公元前210年,秦始皇驾崩时50岁,篡权成功的秦二世胡亥21岁,那一年,扶苏多大呢?史书中没有明确记载。但是,我们可以推算一下,应为30多岁,秦始皇从22岁亲政到50岁去世,28年执政期间,扶苏的皇长子地位一直伴随左右。这期间先后经历吕不韦、昌平君、隗状、王绾、冯去疾、李斯等左右丞相,史书中没有关于扶苏与这些朝中重臣所涉确立太子方面的任何记载。事实说明,促使皇帝下定决心及早明确太子,除了皇帝本人以外,其他老臣、重臣的意见也很重要。遗憾的是,我们查不到皇长子扶苏在这方面的任何信息。

扶苏不是尊儒吗?《大学》称:"古之欲明明德于天下者,先治其国;欲治其国者,先齐其家;欲齐其家者,先修其身。""修齐治平"之道也是自尧舜以来古圣先贤智慧的凝练与总结。在战国时代,一些其他国家的士子为了实现自我价值,争着到秦国谋发展,从秦穆公时期的由余、蹇叔,到秦孝公时期的商鞅、秦惠文王时期的张仪,以及秦昭王时期的范雎、蔡泽,还有秦始皇时期的李斯,无不如此,且都成绩斐然,青史留名;而占据先天优势的皇长子扶苏,别说"平天下"的胸怀了,连"治国"这个次一级的目标也难以显示。在监军这个位置一干就是两年,这期间有何突出政绩,是通过什么方式朝着被父亲秦始皇确立太子的目标迈进,在史书上同样难以看到。这样的人,这样的皇长子,很显然,与秦始皇独裁、武断、果敢、刚毅的性格,与谋划统一六国后的全国大局所需要的接班人的整体素质要求是有一定距离的,而且差距还不小。秦始皇对扶苏不满意,是迟迟不明确其太子身份的主因;而扶苏缺少让父亲秦始皇高兴并进一步采取行动的政治性措施,也是不可或缺的因素。

较 量

公元前210年7月,秦始皇在沙丘宫驾崩后,赵高、胡亥、李斯秘不发丧，篡改秦始皇遗诏，以莫须有罪名赐扶苏、蒙恬死。赵高他们以秦始皇名义赐死扶苏和蒙恬的理由，据司马迁《史记·李斯列传》记载："朕巡天下，祷祠名山诸神以延寿命。今扶苏与将军蒙恬将师数十万以屯边，十有余年矣，不能进而前，士卒多耗，无尺寸之功，乃反数上书直言诽谤我所为，以不得罢归为太子，日夜怨望。扶苏为人子不孝，其赐剑以自裁！将军恬与扶苏居外，不匡正，宜知其谋。为人臣不忠，其赐死，以兵属裨将王离。"

我们看，就这么个漏洞百出的一张纸，派来两个人骑着马送过来，以"不忠""不孝"这样四个字，就要把皇长子扶苏和大将军蒙恬这样两位重量级人物的性命给结果了。人命关天。这样的关键环节，别说是扶苏、蒙恬这样的大人物，就是普通老百姓也要问个究竟呀！

这两个人接到这张伪造的催命符以后，分别是什么表现呢？据司马迁《史记·李斯列传》记载："使者至，发书，扶苏泣，入内舍，欲自杀。蒙恬止扶苏曰：'陛下（指秦始皇，他们不知道秦始皇已死）居外，未立太子，使臣将三十万众守边，公子监军，此天下重任也。今一使者来，即自杀，安知其非诈？请复请，复请而后死，未暮也。'"蒙恬这番话非常理性，希望扶苏向秦始皇复核，核实后证明属实，再自杀也不晚。可是，扶苏又是怎么做的呢？《史记·李斯列传》记载："扶苏为人仁，谓蒙恬曰：'父而赐子死，尚安复请！'即自杀。"就这样，这个愚昧、糊涂、愚孝、毫无政治素养的皇长子扶苏不仅自己亲手把皇帝宝座让给了篡位的胡亥，还亲自葬送了与自己朝夕相处数年的大将军蒙恬的性命。也许，当扶苏拔剑自裁的时候，根本就没有考虑到自己的这一举动会活活地将蒙恬大将军坑死。

悲　哀

篡逆者赵高在与被骗者扶苏、蒙恬的双方较量中，连一个普通百姓都清楚，正义在哪一方，主动权在哪一方，占据优势地位的是哪一方。毫无疑问，在扶苏一方。因为自己是受害方，自己拥有30万兵权，更重要的是，使者单枪匹马，在自己的驻防营地中，其内心不免充满恐惧感。

从赵高一方分析，这些利令智昏的篡权者，从秦始皇死秘不发丧，到伪造遗诏赐死扶苏、蒙恬，再到从沙丘宫到九原上千公里路上缓慢行进，等待扶苏自杀消息，一直就没有万一扶苏不死、蒙恬不死，甚至率领大军要见秦始皇复核事实及篡权失败后的安排。遇到了扶苏这样的对手，竟然将蒙恬大将军的关键性提醒置若罔闻，愣是把自己的优势当成劣势，主动变为被动，正义的复请变为愚昧的自裁。

这就是皇长子扶苏，在个人、战友、国家生死关头，竟然毫无政治意识，毫无是非界限，一份伪书、一骑单乘，就自裁了，就这样的性格、这样的素质、这样的谋略，秦始皇怎么能够放心地将其确立为太子？这样的人怎么能够坐稳秦始皇集老秦家六世之余烈打下的江山？扶苏没有即位当皇帝，当是秦人之幸。秦始皇生前对他在确立太子问题上的不满、犹豫并没有错。

秘不发丧的难度有多大

（沙丘系列之五）

关于沙丘宫变的众多细节，司马迁分别在《史记·秦始皇本纪》《史记·李斯列传》和《史记·蒙恬列传》中予以记载，其中，尤以《秦始皇本纪》最完整："七月丙寅，始皇崩于沙丘平台。丞相斯为上崩在外，恐诸公子及天下有变，乃秘之，不发丧。棺载辒辌车中，故幸宦者参乘，所至上食。百官奏事如故，宦者辄从辒辌车中可其奏事。独子胡亥、赵高及所幸宦者五六人知上死。……行，遂从井陉抵九原。会暑，上辒车臭，乃诏从官令车载一石鲍鱼，以乱其臭。行从直道至咸阳，发丧。太子胡亥袭位，为二世皇帝。九月，葬始皇郦山。"

从这段记载中，我们可以看到，秦始皇在沙丘宫驾崩以后，李斯、赵高、胡亥等高层作出的第一个决策就是封锁秦始皇病死的消息，实施秘不发丧。秘不发丧决策的提出者是丞相李斯，赵高、胡亥同意并配合实行。为什么要实行秘不发丧？李斯给出的理由是"上崩在外，恐诸公子及天下有变"。如何将秘不发丧的高层决策变成实际行动呢？李斯他们采取的措施是：第一，严密封锁消息，只有赵高、胡亥、李斯以及五六个宦官，最多九个人知道秦始皇已死；第二，将装有秦始皇遗体的棺材放到秦始皇生前乘坐的辒辌车上继续前行；第三，让一宦官做替身继续处理百官奏事；第四，继续往井陉、九原方向前行，以鲍鱼乱其尸臭；第五，从直道回咸阳，发丧，胡亥即位，九月葬始皇骊山。现在，让我们看看，从决策到实施，秘不发丧的难度有多大？

一

一个国家的皇帝突然死在出巡途中，远离都城，封锁皇帝死讯的决定应该由谁、由哪一级别作出？毫无疑问，应当是皇帝以下最高级别的大员。因秦始皇没立太子，所以往下就该是丞相。李斯当时的官职是左丞相。

秦国的左右丞相官职开始于秦武王时期，一直延续到秦二世。据《汉书·百官公卿表》所述：秦武王时期，右丞相是樗里疾，左丞相是甘茂；到了秦昭王时期，先后有魏冉、楼缓、范雎、蔡泽等任右左丞相；庄襄王时期，右丞相是吕不韦，左丞相是徐诜。秦始皇即位后，起初，右丞相吕不韦，左丞相昌平君；嫪毐事件后，吕不韦遭免相，右丞相为隗状，左丞相是王绾；统一六国后，右丞相是冯去疾，在秦始皇身边，李斯任职时间最长的职务是廷尉，根据记载，直到秦始皇三十四年，也就是在秦始皇去世前三年，李斯的官职才由廷尉晋升为左丞相。从秦代的左右丞相官职重要程度、排名次序看，右丞相为重，左丞相次之。

李开元教授在《秦谜：重新发现秦始皇》（中信出版社，2017年版）分析，统一六国后，秦始皇每次出游，除了第一次以外，其他四次时间都比较长，所以，他对朝中的工作安排，是有分工的。其最后一次出游，跟随秦始皇的是左丞相李斯，在都城咸阳负责日常工作的是右丞相冯去疾。所以，在此次出游归途中，秦始皇突发疾病而亡，李斯按照排名是在右丞相冯去疾之后，秘不发丧的重大决策，按照正常逻辑，不能瞒着右丞相冯去疾。因此，司马迁在《史记》中说，秦始皇死、秘不发丧的事情，只有他李斯和赵高、胡亥以及五六个宦官知道。皇帝驾崩如此天大的事情，李斯竟然不告知在咸阳留守主持日常工作的右丞相冯去疾，显然是不合情理的，是要冒较大政治风险的。越权行政，似乎不符合李斯在朝中工作几十年"老鼠哲学"的处事风格。

二

　　秘不发丧的一个极其难以实现的目标是"百官奏事如故"。这里的重点词是"如故",意思是说,赵高、胡亥他们确定的那个宦官,坐到秦始皇生前乘坐的辒辌车中,要装得和秦始皇没死一样,该吃饭吃饭,该下达指示下达指示,工作和生活与过去一样,使身边的出游队伍看不出任何破绽。这样的目的能够达到吗?有的容易完成,有的则难度较大。比如"百官奏事",这一条容易做到。秦始皇生前处理政务,也是通过宦官完成的,其本人并不直接露面。但是,遇到一些需要秦始皇本人必须公开露面的事情,要做到"如故"就很困难了。

　　秦始皇最后这次出游队伍规模有多大?《史记》等没有具体记载。2016年2月21日,《浙江侨报》在一篇题目为《秦始皇南巡绍兴行》的报道中写道:公元前210年10月,秦始皇有虎狼之威的南巡队伍从咸阳出发,直奔湖南九嶷山。祭了虞舜后,便向大越会稽山行进,秦始皇的座驾是四匹马并行拖行的双轮单轴辒辌车,有126位秦王朝官员随从大多都坐这类车辆,光是战马就有3000匹。如此规模的巡游队伍,加之各种服务人员,最少也要数千人甚至更多。说出了此次巡游出发时的壮观情景,返程时,从队伍规模方面比较,不会有什么变化。皇帝巡游途中,不光是坐在车中批阅百官奏事,还要接见地方官员,需要讲话、作指示等。这样一来,那个假装秦始皇的替身暴露的风险就会增加。

　　还有,长达几个月的巡游当中,秦始皇的皇帝生活哪样也不能少。据《古今图书集成·职方典·登州山川考》所记:"烧车岭,在县北三十里。秦始皇东巡,生公子于此,以火自焚其车,故名烧车岭。"《古今图书集成·职方典·顺天府古迹考》也记载:"秦太子墓,在大城县北六十里段堤村。相传是秦始皇巡游沙漠,驻跸于此,值幼子薨。"另据《山东通志·曲阜山川考》所记:"女陵山,在曲阜城北二十里。《太平寰宇记》,相传秦始皇东巡,女死,葬此。"

这些记载，虽然并非出于正史，但从一个侧面反映出，秦始皇在出巡途中，与在皇宫中一样，每天需要宫女伴寝，宫女或幼子，生生死死，是再平常不过的事情。如果李斯他们确定的秘不发丧规定严格落实，自公元前210年7月秦始皇沙丘宫死亡后开始，直到公元前210年9月回到咸阳结束，这样近两个月时间内，那个假的秦始皇怎么与随行的这些宫女相处？别说是宦官不具备男性功能，即使所谓具备男性功能的秦始皇替身，按照宫中规定，在与宫女伴寝前后，需要由专门官员检查、记录等环节，以确保后代皇家血统的正统。这样的环节，那个秦始皇替身，是完全回避呢，还是去冒险呢？因为按照规定，照顾秦始皇生活中的这些人员，是无权知道秦始皇已经驾崩消息的。

三

皇帝死在巡游路上秘不发丧的历史事实并不少见，可如何处理遗体的防腐问题更令人信服呢？据《明史·成祖本纪》载，1424年8月12日，朱棣死在第五次北征返回途中的榆木川，远离都城，随行的臣子杨荣等决定秘不发丧。他们随即做了两件事：一是收集军中和民间大量锡器，铸造了一个大圆桶。将朱棣的遗体装到里面封死，将制作匠人全部杀死；二是回京紧急向太子朱高炽报告朱棣死讯，以防其弟朱高煦争夺皇位。1424年8月25日，太子朱高炽接到朱棣死讯后，在京抢先登基称帝；1424年9月7日，朱高炽正式称帝，年号洪熙。从8月12日到9月7日，朱棣秘不发丧的死讯被隐瞒了将近一个月。

同样是一位大国的皇帝，同样是死在远离都城的外地，同样是北方炎热的夏季，同样是担心皇子争位，同样是秘不发丧，同样是在难以启动公开程序处理尸体防腐情况下，明代的杨荣用锡器铸桶防止尸臭，而秦代的李斯、赵高他们却采用鲍鱼掩饰。两者比较，前者令人信服，因为用锡将装有遗体的大桶焊死，完全与空气隔绝，其腐烂的尸水流不出来，尸臭气体也散发不出来。

而鲍鱼掩饰就不一样了，仅从直观动作看，为什么突然出现这么多鲍鱼？若是秦始皇喜欢吃鲍鱼，那么，人们会质疑为什么几个月下来，队伍中一直没有鲍鱼相陪伴？如果说，李斯他们能用秦始皇喜欢吃鲍鱼的谎言迷惑队伍的大部分随行者，那么，这一谎言迷惑不了一直为秦始皇服务的大厨们。因为这些鲍鱼只是扔在车上，从来没有送到后厨，更没有加工后作为秦始皇的御膳。进一步分析，《史记》中记载鲍鱼掩盖尸臭这样的信息，其最珍贵的价值不在于李斯们所采取这样的措施，而在于这样的行为可以证明装有秦始皇遗体的棺材不是高贵的；也没有采取防腐措施，其遗体在北方炎热的夏季里已经高度腐烂发臭，这是不争的事实。

长达两个多月的秘不发丧，数千人的东巡队伍拉着秦始皇已经发臭、高度腐烂的遗体从河北、山西到内蒙古再到陕西咸阳转悠，这样按照原来既定巡游路线回到都城咸阳，赵高、李斯、胡亥他们真的就当作秦始皇仍然在世一样，那么，回到咸阳后的公开"发丧"仪式，他们该怎么表演呢？他们不怕露馅儿吗？他们会告诉咸阳的大臣秦始皇早在几个月前就驾崩的实情吗？我们仔细查阅《史记·秦始皇本纪》和其他相关史料，难以看到具体记载赵高、李斯、胡亥他们公布秦始皇死亡的具体时间。就是说，没有看到他们什么时候公布秦始皇病亡这一信息，更看不到他们公布的秦始皇病亡时间，目前人们可以看到的确切记录，仍然是沙丘宫变前司马迁《史记》中公布的始皇三十七年（公元前210年）七月。

其实，站在赵高、胡亥、李斯一方，从保护秦始皇遗体角度出发，有两次机会可以向天下公布秦始皇死讯，官方可以就地采取积极科学的方式予以保护。按照公开数据，秦始皇死亡的沙丘宫距离井陉关180公里，井陉关到太原200余公里，太原直道再到包头九原700余公里，也就是说，从沙丘宫到九原，这些巡游的大部队长途跋涉，以每天30公里的速度，需要30多天；而从包头九原，沿直道回咸阳，距离900公里，又需近一个月。因此，司马迁记载的他们拉着秦始皇遗体从公元前210年7月开始，到公元前210年9月回到咸阳，两个多月时间应该是真实的。当赵高他们在沙丘宫篡改遗诏，并接到使者反馈的扶苏已经自杀的信息以后，就应当取消秘不发丧的决定，因为大势已定，没有必要再保密了；如果此时还担心蒙恬掌握军权的话，接下来，当蒙恬被囚禁阳周后，军事方面的威胁也被解除，也应当解除秘不发丧的决定，以便公开启动对于秦始皇遗体的保护。

结果，在他们的政变已经毫无悬念的前提下，仍然拉着发臭的秦始皇遗体按原计划行进，到九月宣布"发丧"时，秦始皇遗体早已腐烂发臭，只剩下遗骸了，怎么让大臣百官去瞻仰遗容呢？推测唯一的办法只能在回到咸阳前几天公布秦始皇死讯，并将替身杀死供瞻仰，而到骊山陵下葬时，再秘密将秦始皇遗骸埋入其中。这还真应了那句话：一个谎言需要一百个谎言去掩盖，而且还不知道其中有多少人要付出生命的代价。

被欲壑吞噬的赵高

（沙丘系列之六）

沙丘宫变这样一件影响深远的重大历史事件，其主导者竟然是政变三人集团中职级最低、与秦始皇关系最密切的赵高。司马迁在《史记》中，没有为赵高单独立传，记录赵高行为较多的是《秦始皇本纪》《李斯列传》《蒙恬列传》等，从行文篇幅看，《李斯列传》应当被看作是李斯与赵高的合传。从不同的史书记载分析，赵高是被秦始皇举荐到宫廷的，赵高犯了死罪后，是秦始皇决定为其免死的，后来又是秦始皇对他的极度信任，才让他做胡亥老师的。凡此种种，都说明，于公于私，秦始皇都是赵高的恩人，"滴水之恩当涌泉相报"。那么，赵高这么有文化的人，在关键时刻，其对秦始皇为何不但不感恩，反而恩将仇报，发动沙丘宫变是其蓄谋已久还是临时起意，是有周密计划还是冒险为之，其真实目的是为自己贪图私利还是为了国之大计等，我们不妨略作分析。

沙丘遗诏酿祸端

赵高在沙丘宫变时多大年龄，史书没有记载，但是《李斯列传》称：公元前210年，赵高为了劝说李斯拥立胡亥，对李斯说："高固内官之厮役也，幸得以刀笔之文进入秦宫，管事二十余年。"如果从赵高20多岁开始到秦宫工作算起，又工作20多年，其年龄大体在40多岁，接近50岁。那一年，秦始皇死时49周岁，赵高可以说与秦始皇是同时代人。

赵高在秦宫供职20多年，先后担任过的官职是中车府令（"秦王闻高强力,通于狱法,举以为中车府令。"见《史记·蒙恬列传》),这里的秦始皇称谓是秦王,说明是在统一六国之前,应当是赵高到秦宫后最早担任的官职;接着是行符玺令事,掌皇帝玺印,沙丘宫变时大概率任此职("赵高兼行符玺令事。"《史记·李斯列传》);到了沙丘宫变后,秦二世时期,赵高的官职先是"郎中令"("二世元年,赵高为郎中令。"见《史记·秦始皇本纪》);后来,晋职为丞相("李斯死,赵高为中丞相,事无大小,辄取决与高。"见《史记·秦始皇本纪》)。赵高担任的这四个官职中,中车府令、行符玺令事,官职较低,都属于九卿的属官,而郎中令则属九卿之一,丞相则是三公之一。

按此分析,公元前 210 年,当秦始皇病危之际,立下让长子扶苏"与丧会咸阳"的遗诏后,其官职远低于丞相李斯的赵高,第一个发现了遗诏的漏洞和可乘之机。他的第一反应就是如果真的让扶苏即位,因扶苏对蒙恬、蒙毅比较信任,极有可能让蒙恬主管朝政,更因蒙毅依法判处过赵高死刑,赵高不愿看到蒙氏一族得势,因此萌生修改秦始皇遗诏,让与自己关系比较铁的胡亥即位并找理由赐死扶苏、蒙恬,以铲除后患。

由此看来,赵高发动沙丘宫变的动机并非蓄谋已久,而是临时起意;接下来,当他将篡改遗诏的恶念具体落实时,他仍然信心满满。对胡亥,说服的焦点是"治人与被治于人"、当皇帝与当臣子的截然不同;对李斯,他的重点在于,如果扶苏即位,李斯与蒙恬对秦朝不同的功劳以及两人与扶苏的关系等,李斯明显要败于蒙恬。结果,为了保住丞相位置,李斯妥协。至少在这一阶段,对赵高来说,只要篡改遗诏目的实现了,胡亥和李斯被说服了,扶苏、蒙恬死了,自己的官位保住了,就达到目的了,至于胡亥登基后是自主行事,还是依靠李斯等老臣、重臣,甚至能否听取他赵高的意见,或许,此时的赵高考虑得并不太多。

指鹿为马欲壑深

接下来,胡亥即位,作为回报,胡亥将老师兼政治上的恩人赵高官职由九卿属官行符玺令事提拔为九卿之一的郎中令。按照正常逻辑,赵高帮助胡亥篡位登基，胡亥不仅保住了赵高原来的富贵，还擢升官职贵至九卿，这样的结果，似乎与赵高发动沙丘宫变保住官位的目的比较，已经远超预期，赵高应当满足才是。

　　但是，世界上最难满足的是人的欲望，人心不足蛇吞象。此时担任郎中令的赵高，已经不是沙丘宫变时的行符玺令事的官员了，再看看风光无比的新皇帝胡亥、比自己官职更高的丞相李斯，还有更出乎他预料的沙丘宫变细节——在权力和利益诱惑下，胡亥被俘虏了，李斯变节了，扶苏立即就自杀了，蒙恬随后也自杀了，他们手中30万大军威力一丁点都没有发挥，这一切来得太容易了。胡亥能即位，李斯相位能保，还不全仰仗我赵高的功劳！想想这些，赵高感到胡亥这个新皇帝仅仅将自己提升为郎中令，似乎太吃亏了，与自己在此次沙丘宫变中的贡献比较实在不相符。人的欲望之河一旦决堤，被其吞没的地方会寸草不生。赵高的欲望之堤此时也崩塌了，他从内心扯下二世老师的斯文面纱，悄无声息地采取了谏主、戏弄、杀戮三大损招，直接向着自己的皇帝梦跌跌撞撞一路狂奔。

　　首先，赵高利用秦二世胡亥对自己的信任，劝谏缺乏直接经验的胡亥，为了避免暴露自己的短处，处理所有朝政不要直接出面，不要面见大臣，所有事情都通过他赵高禀报。这样一来，胡亥的皇帝权力被架空了，赵高成了朝中大权实际掌控者，许多朝中大事，真实情况怎么样、赵高怎么处理的，胡亥根本不知道。二世三年，章邯率军与项羽展开巨鹿大战，章邯派司马欣到咸阳请求援兵，遭赵高拒绝，并派人追杀，后导致章邯降楚。其次，赵高采取极其卑劣的下三滥手法，戏弄丞相李斯，戏弄二世胡亥。李斯为了向胡亥汇报关东陈胜吴广农民起义之事，始终难以与二世亲自见面。赵高连续三次故意安排在二世与美女厮混的档口，通知李斯去面见胡亥，挑拨君臣之间关系；李斯被杀、赵高升任丞相以后，更加不可一世，公然在朝堂大殿上演指鹿为马闹剧。恰恰在这样的关键时刻，赵高犯了大忌，作为朝中高官，他将皇帝、丞相对他的信任，当作游戏人生的资本，随心戏耍，任意消费，对国不忠，对君不敬，对上不诚！

　　赵高欲壑膨胀的最血腥表现是屠杀，他利用胡亥之手，或者利用自己的权力，从沙丘宫变到被子婴所杀的两年多时间里，满足自己私欲最直接的手段就是屠杀。一开始杀扶苏、杀蒙恬蒙毅，接着杀秦始皇的20多个公子公主，再后来杀李斯、杀冯劫、杀冯去疾这些朝中大臣，最后连秦二世胡亥也成了他的刀下鬼。直到杀了胡亥以后，赵高终于悬在了欲壑悬崖上，他开始清醒了，那大秦帝国的皇帝龙椅不是谁都可以坐的。司马迁说，当赵高女婿阎乐率兵逼死胡亥以后，赵高来到胡亥皇帝的龙椅前，他刚要坐上去，整个大殿突然晃动起来，赵高认为这是天意，不让他当皇帝，所以，他安排子婴即位。这里所说的大殿晃动纯粹是胡扯，赵高终止他的皇帝梦却是真实的。赵高虽然此时清醒了，但为时已晚，这个被称为法律专家却视法律为儿戏的野心家随后死在子婴手中，这样的结局，既是天意更是民意，是他自己那深不见底的欲壑将肉体和肮脏的灵魂一并吞噬掉了。

亡秦报赵太荒唐

如果说赵高之死完全是其权力欲、报复欲、享受欲等私欲极度膨胀所致，当自己的私欲膨胀到为所欲为乱杀无辜的地步时，自己的末日也就来临了。然而，两千多年来，总有一些人对赵高这样的阴谋家、野心家、政治流氓的无耻行为贴上"亡秦报赵"标签，以显示赵高自沙丘宫变以后所有的亡秦行为都是为了给赵国报仇，更有甚者称赵高是灭秦的英雄，秦帝国不是被刘邦所灭，而是在刘邦之前，赵高已经将其灭了。

这样的结论未免太荒唐了。赵高如果真有"亡秦报赵"格局和动机，还用得着煞费苦心，策动沙丘宫变吗？当他第一时间知道秦始皇驾崩于沙丘宫时，直接就近与赵国的义军取得联系，秦国灭亡不是更快吗，哪还有后来的二世胡亥呢？真要那样，赵高说不定还真能立功，不一定死得如此难堪！赵高是"亡秦报赵"英雄的说法是怎么来的？这一说法最早源于唐代司马贞写的"痛其国为秦所灭，誓欲报仇，乃自宫以进，卒至杀秦子孙，而亡其天下"。到了明代，有位名叫赵时春的《史论》记载："本赵公子，为秦擒，被宫。六国未叛于外，而高先行阴谋于内，欲亡秦而报赵久矣。"

因为赵高本是赵国公子，而赵国又被秦所灭，后来，赵高又做了许多使秦国加速灭亡的事情。这样一来，赵高就被塑造成"亡秦报赵"的英雄。这样的结论为什么秦国史料没有记载，为什么后来的赵国也没有记载，如果说赵高"亡秦报赵"的说法成立，那么，当时风雨飘摇的秦国不予记载能够说得通，而复国后赵国不记载，岂不是将报国英雄赵高给埋没了？另外，从公开的史料看，很难看到作为身兼"亡秦报赵"大任的赵高在沙丘宫变前后与楚地的反秦武装以及此时已经复国的赵国相互勾结的任何蛛丝马迹。

贼船上的那只仓鼠

(沙丘系列之七)

公元前208年7月,秦都咸阳街头人山人海,水泄不通,人们扶老携幼,争相目睹一个人被处以极刑,这个人不是别人,正是秦代两朝元老、大名鼎鼎的丞相李斯。从公元前210年7月,秦始皇在沙丘宫驾崩,到公元前208年7月,李斯被秦二世以谋反罪蒙冤处死,仅整整两年时间。至此,沙丘宫变三巨头之一李斯,走完了他76岁的人生征途。也许,生命弥留之际的李斯,回忆入秦50余年以来每一次的人生选择,最后悔的当属沙丘宫变了,正是这次选择,使自己很快走上不归路。

老鼠哲学

年轻时的李斯,可以说是一个爱学习、爱思考、有志向的进步青年。他出身于楚国上蔡县的平民家庭,没有任何政治背景。他爱学习的表现,是拜荀子为师,学习专业是当时最时髦的帝王术。他爱思考的表现,是当他看到厕所边的老鼠,不仅所处环境肮脏,还时常因为人的到来受到干扰;而在粮库里的仓鼠,不仅环境优越,有吃不完的粮食,还很少受到人的干扰。从一只老鼠所处的不同环境,不同心态,青年李斯联想到人生,不同样如此吗?一个人的贫贱富贵不一样是决定于其所在的平台吗?同样是一只老鼠,在厕所与在粮仓,生存的质量可以说天壤之别。正是信奉这一老鼠哲学,使其飞黄腾达,从一介布衣跃升为大国丞相;同样是这一老鼠哲学,使其参与沙丘宫变,助纣为虐,最终成为赵高的刀下鬼。

按照《史记·李斯列传》记载,李斯跟随荀子学成入秦时,恰逢秦庄襄王去世,秦王嬴政继承王位,吕不韦是两朝丞相。凭借毕业于荀子门下的王牌影响,李斯顺利来到吕不韦门下,成为门客之一。由于其才华出众,李斯很快从吕不韦的数千门客中脱颖而出,晋升为郎官,有了与秦王嬴政见面参政的机会。李斯的第一个政绩是,在秦王嬴政亲政后,他建议秦王抓住时机,吞并六国,成就帝业。毫无疑问,秦王正需要这样的人才,于是,李斯由郎官晋升为长史。李斯再次就统一天下向秦王建议,具体实施过程中,不应只是军事手段,应采取金钱等多种方式,离间东方六国的君臣关系。秦王接受此建议,并取得积极效果,李斯又晋升为客卿。秦王政十年,由于韩国水工郑国间谍案暴露,秦王决定驱逐所有非秦国的客卿,李斯也在被驱逐之列。在离开秦国的路上,李斯向秦王写了最能展示其胸襟才华的《谏逐客书》,秦王看后备受感动,即刻收回成命,李斯因此贡献,被晋升为廷尉。

在秦王灭六国之前,李斯这一"名牌大学"的高才生,入秦以后从无人知晓的门客凭实绩一步步做到郎官、长史、客卿、廷尉,他的老鼠哲学,真正稳固了他在官场上的仓鼠之位。公元前221年,秦王吞并六国以后,他联合丞相王绾、将军冯劫等,尊秦王为皇帝,并制定、拥护秦始皇郡县制、拆除各国城墙疏通道路、统一文字和度量衡等政治主张,后被晋升为左丞相。秦始皇公元前221年统一六国,到公元前210年沙丘驾崩的10多年里,李斯作为丞相一直伴其左右,是秦始皇专制统治思想最主要的制定者和参与者、执行者。特别是焚书事件,李斯是具体提案人,经秦始皇批准后全国推行。参加赵高沙丘篡权宫变,是李斯人生中老鼠哲学信条最后的一次实践。纵观其一生,老鼠哲学对于李斯,其兴也,其亡也。

逼上贼船

李斯是怎么加入赵高沙丘宫政变集团中去的,是他主动或是被迫或是在胁迫下加入的,不同的原因,反映的是李斯的政治品德。在秦始皇驾崩后、赵高的篡逆阴谋没有公开前,这三巨头的表现分别是:李斯,忙于秘不发丧;

赵高，伺机篡改遗诏；胡亥，静观其变。当赵高与胡亥达成篡改遗诏的共识以后，我们通过《史记·李斯列传》中李斯与赵高劝降的六次较量，可以看到李斯从一开始斩钉截铁正义凛然到最后走投无路被迫就范的心路历程：

  第一次，赵高和盘托出篡改遗诏由扶苏即位改为胡亥的整体方案，李斯斩钉截铁，将其定性为"亡国之言"，将赵高怼了回去。第二次，赵高提出，假如李斯不同意立胡亥而按照秦始皇真遗诏立扶苏，扶苏即位后，一定会重用蒙恬而不重用你李斯，还从功劳、才能、人心、与扶苏关系等五个方面将李斯与蒙恬比较。李斯承认，自己这几个方面都不如蒙恬，但并不屈服于赵高。第三次，赵高提出，胡亥适合做皇帝，扶苏当皇帝不会让你做丞相。李斯回应"奉主之诏，听天之命"，仍不屈服。第四次，赵高对李斯说：你服从就是安，不服从就要危。李斯对赵高讲感恩，感恩皇帝，"岂可负哉"？第五次，赵高打出胡亥这张王牌。因为胡亥即将是新即位皇帝，所以，以上治下是皇威，以下治上是谋反。李斯针锋相对，皇位继承要遵守制度，否则会亡国，李斯仍不买胡亥的账。第六次，赵高讲利害，你听话，可长保富贵，世世称侯；你不听话，将祸及子孙。李斯听后，仰天大哭，终于无奈屈从，被逼上了赵高的贼船。

  从这六次较量看，虽然李斯最后输给了赵高，同意加入政变集团，但是，李斯是被逼迫的成分更多一点，他对秦始皇感恩的那颗忠心，始终难以放下。我们看这六次较量中，一开始赵高对李斯讲道理，后来用胡亥这张王牌，这些都不起作用后，赵高最后的手段是什么？表面上是给李斯讲利害，实际上其背后隐藏的手段是威胁恫吓：听话，就保你世世称侯，不听话就祸及子孙。这不是威胁恫吓是什么？而且还是来自即将即位的新皇帝威胁，在本人以及祸及后代的恐吓中，李斯就范了。还应看到的一点是，对于这六次较量，作为主谋者赵高，是有备而为，是在与胡亥达成一致后再与李斯做劝降工作的；而李斯呢，在赵高找其谈话之前，并不知道赵高篡逆，更不清楚胡亥已经被赵高所拿下。因此，李斯对于赵高的每一次较量，完全是从心底对秦始皇一片忠心态度的自然流露，对赵高的篡逆行为不屑一顾。只是最后一次当赵高使出杀手锏威胁到自己以及家人后代生命安危时，才感到并非一味拒绝那么简单而终于就范。

腰斩咸阳

李斯是什么人？是秦国丞相、秦始皇重要谋臣、饱读诗书的文人、政治家。赵高什么人？小人、阴谋家，政治上的两面派。在沙丘宫变中，李斯屈从赵高，上了赵高贼船，难道他不知道由此给他政治声誉造成的负面影响，难道他内心不予自责吗？而这些，李斯应是心中了然。

那么，既然想到了，为何李斯还那样做？按照李斯30多年在秦始皇身边工作的情感分析，也许有这样两点他可以自我宽慰：其一，胡亥即位，仍然是秦家天下，如果不是秦家，改为赵高，恐怕李斯再信奉老鼠哲学，即使拼老命也不会投降；其二，只有保住相位，才能继续辅佐二世，才能继续秦始皇确定的大政方针。如果不屈从赵高呢，李斯或者联合扶苏反对赵高和胡亥，有可能会在秦国掀起一场新的内乱，有违秦始皇之恩；赵高一旦篡位成功，自己的结果轻则被放逐，重者被谋杀。利害面前，李斯选择了屈从赵高。所以，在此问题上，有学者将李斯踏上赵高贼船行为定性为变节有待商榷，因为他继续为秦家天下效劳的本质没有变，将其定性为被迫就范更恰当一些。

李斯在沙丘宫变三巨头中，是最后一个参与者，又是第一个被处死的。赵高给李斯确定的罪名是谋反，从《李斯列传》记载的具体细节看，这完全是冤枉的。造成李斯被冤枉而死的最直接原因：第一是赵高野心勃勃，只有处死李斯，他才能坐到丞相宝座上；第二是胡亥失职渎职，自己缺乏政治主见，一切听从赵高谋划，完全被赵高的假象所迷惑，没有看到赵高公开惩处李斯背后的目的在于自己当丞相。当然，被赵高冤杀的另一个重要因素是，李斯对于胡亥、赵高篡逆成功后的滥杀行为所造成的恶果估计不足，对赵高的野心严重错判。他对关东起义军的担忧程度远超过胡亥，因此，向二世禀报义军实情是尽丞相之责。但他万万没有想到的是，赵高正是利用这一话题在胡亥面前诬告李斯与义军勾结谋反，直至丢了性命。李斯的悲剧在于：他对秦帝国的一片忠心，恰恰遇上了权力欲极强的野心家赵高这样的郎中令，和胡亥这样的缺乏政治意识宠信赵高、贪图享乐的新皇帝。这两位掌管大秦帝国的实权人物，哪怕有一个正直些、清醒些，李斯的命运也不会这样惨。

有人认为，既然赵高、胡亥把李斯冤杀，那么，在临死之前，李斯为什么不把赵高和胡亥主导的沙丘宫变逆取皇位事件公开于天下呢？作为当朝丞相身份，又是当事人之一，李斯一旦把此事公开，对赵高、胡亥造成的杀伤力该有多大！李斯一定会想到这一点，想到而不公开，也许是他作为政治家与赵高这样的阴谋家在气度上的不同；再者，作为一名老练的政治家，他一定会想到另一方面，即：既然赵高决定将李斯冤死，就一定对与李斯有关的、与自己不利的重大事情公开，制定了应对方案，真正到了那个环节，赵高、胡亥作为执政者，一定会占据主动，而自己只会被动，胜算的概率不高，所以干脆选择沉默，不去公开。司马迁在《史记·李斯列传》中评价李斯："人皆以斯极忠而被五刑死，察其本，乃与俗议之异。"在此对李斯要求有些高了，须知：李斯即使到了丞相之位，仍记仓鼠之念。但再大、再幸运的仓鼠也是鼠辈，因此，应当以平常心看待李斯，不应求全。

亡国之君未自知

(沙丘系列之八)

公元前210年,秦始皇在沙丘宫病危弥留之际,立下"扶苏与咸阳会丧"并即位的遗诏后撒手人寰,作为行符玺令事的赵高,当遗诏尚未发出、第一时间看到其内容后,担心一旦扶苏即位不利于自己富贵的情况发生,便立即找到胡亥,谋划篡改遗诏事宜,在李斯妥协后,年轻的胡亥登上大秦帝国皇帝宝座。高处不胜寒。仅仅两年多时间,胡亥就成了赵高的刀下鬼,且连同襄公立国始、历经41位国君、享国610年的大秦帝国一同送进了坟墓,正是"登临皇位威风起,亡国之君未自知"。

突降大任

公元前210年7月的一天,在位于河北省广宗县大平台一带的密林遮掩中,偌大沙丘宫内外,秦始皇巡游返程的大部队与往日一样,人欢马叫,车来车往,熙熙攘攘,一派繁忙。在这一片忙碌的队伍中,大殿内中车府令赵高却显得格外冷静。片刻之间,他拿着已经驾崩的秦始皇立下的"扶苏与咸阳会丧"的遗诏,来到胡亥面前,说:"上崩,长子至,即立为皇帝。方今天下之权,存亡在子与高及丞相耳,愿子图之。"胡亥说:"废兄而立弟,是不义也。不奉父诏而畏死,是不孝也。能薄而材谞,强因人之功,是不能也:三者逆德,天下不服。"赵高反驳说:"夫大行不小谨,盛德不辞让……故顾小而忘大,后必有害。狐疑犹豫,后必有悔。断而敢行,鬼神避之……愿子遂之。"权力的诱惑是无穷的。况且是至高无上的皇权。赵高将胡亥忽悠成功后，接着又以同样的手法劝降丞相李斯。经过六个回合激战，李斯败下阵来，成为沙丘宫变三巨头之一。

胡亥作为秦二世，按照司马迁撰写《史记》的规格，其执政经历的传记应当划归本纪系列，但结果是，不但本纪没有，连列传都没有记载。由此可见，司马迁根本不认可秦二世，《史记》中就没有胡亥的位置。我们根据《史记·李斯列传》的记载，在秦始皇驾崩于沙丘宫的特殊时刻，当赵高将篡改遗诏、立他即位的谋划和盘托出时，胡亥感到非常突然。他对赵高讲"三者逆德，天下不服"的道理，一方面是他当时的真实思想表达，另一方面也说明，他用这种方式当上了皇帝，没有任何思想准备，感到非常突然。

人在屋中坐，皇位天上来。人世间如此这般好事，竟然让胡亥遇上了。这一年，胡亥21岁。在他之前其祖上几十位君主中，20岁左右登基即位的不少，并且都大有作为：他的父亲秦始皇，13岁登基，22岁亲政，完成了统一天下之伟业；往前溯源，秦昭襄王19岁登基，远交近攻，为扫平天下奠定了坚实基础；再往前，秦孝公，21岁即位，在他手下实施商鞅变法，固农强军，划时代转折让历史铭记秦孝公的名字。看看祖上这些同样是20岁左右登基的君王，一个比一个牛，胸怀天下，光宗耀祖，那么，守着列祖列宗打下的新的天下一统的江山，胡亥这出皇帝大戏是如何表演的呢？对此，也许他的心中暗自有N种执政预案，但是，有两点是出乎其预料的：一是他的恩师兼恩人赵高很快会背叛他，二是他的性命会断送在恩师恩人赵高这一自己那么熟悉、那么信任的人手中。正是这两个出乎预料的没想到，自登基之日起，青春年少的胡亥政治生命就进入倒计时。

血染咸阳

按照正常规律，凡是通过逆取方式获得皇位的君主，在正式登基以后，一般会夹着尾巴做事，表现会非常谦恭谨慎，以此证明自己皇位来源并非逆取，而是非常合法、奉天承运、顺天意的。毫无疑问，秦二世皇位属于逆取。他在正式即位后，是怎么做的呢？综合司马迁在《史记·秦本纪》《史记·秦始皇本纪》《史记·李斯列传》《史记·蒙恬列传》等相关史料记载，秦二世自执政到被杀近三年时间里，大体可分为这样三个阶段：

第一个阶段是执政初期到东巡回归。在此期间，二世决策的主要大事：一是增加对祖庙祭祀，以显示自己皇位正统；二是沿着先皇秦始皇游历过的地点东巡，并在先皇刻石旁边加上自己名字，以示对先皇意志尊顺；三是继续建设阿房宫，目的在于向国人展示自己完成先皇未竟大业的决心。这一阶段大体是自公元前209年二世元年到四月东巡回归。这一阶段二世、赵高的重点活动在于树立新皇帝的权威，执政集团基本在正常轨道运行。

第二个阶段是随着新政权地位的巩固，赵高已不满足郎中令官职，谋篡丞相权、皇帝权的野心进一步暴露并进入实施环节，他有时候自己亲自操弄，更多的是借助二世之手达到自己目的。同时，二世的享乐思想膨胀，正好成为赵高篡权的切入点。据《史记·李斯列传》载，二世召高与谋事，谓曰：夫人生居世间也，譬犹骋六骥过决隙也。吾既已临天下矣，欲穷心志之所乐，以终吾年寿，其道可乎？赵高曰："夫沙丘之谋，诸公子及大臣皆疑焉，而诸公子尽帝兄，大臣又先帝之所置也。今陛下初立，此其属意怏怏皆不服，恐为变。且蒙恬已死，蒙毅将兵居外，臣战战栗栗，唯恐不终。且陛下安得为此乐乎？"二世既要享乐，又担心兄弟、大臣谋变？怎么办，赵高出主意：灭大臣，远骨肉；贫者富之，贱者贵之。二世采纳赵高进谏，大开杀戒，杀大臣，杀公子，杀公主，杀蒙恬、蒙毅，将数万秦始皇后宫没有生育过的宫女殉葬，将修建秦始皇陵的大批工匠活埋于陵内。此时的国都咸阳，全都笼罩在赵高和秦二世血腥恐怖中。与此同时，在赵高的蛊惑下，秦二世开始与大臣们完全隔绝，所有朝政都通过赵高传达，包括关东农民起义；丞相、将军的议案等涉及国家的重大问题，胡亥完全听不到实情，二世皇帝朝政大权几乎全部旁落于赵高手中，二世却整天沉溺于享乐之中。这一阶段一直延续到冯劫、冯去疾自杀，李斯被诬陷入狱，整个大秦帝国朝政被赵高搞得乌烟瘴气，是典型的乱政阶段。

第三个阶段是赵高登上丞相高位后，仍不满足，于二世三年八月在朝堂上公开上演指鹿为马闹剧，到二世被逼自杀。可以说，赵高此时的野心膨胀到极点，根本不把二世放在眼里。他在朝堂大殿搞指鹿为马，一方面向二世皇权挑战，试探一下二世是否会进一步采取不利于自己的行动，另一方面也想试探一下有多少大臣会屈服于自己的淫威。经过指鹿为马闹剧以后，二世对赵高不仅没有采取严厉惩治，而且更加唯唯诺诺，这令赵高更加有恃无恐，直至赵高指使女婿阎乐率兵包围望夷宫，二世被逼自杀。这一阶段，可以说是秦二世这个皇帝最窝囊、被臣子赵高完全边缘化的阶段。

昏庸自刎

看司马迁《史记》，人们总在思考：秦二世胡亥一位堂堂大秦帝国至高无上的皇帝，为什么会被自己手下的一个臣子所逼杀？而在皇权至上、皇帝一人专权的秦帝国，服侍两代国君的赵高，又为什么敢于向二世皇帝开刀？其实，这两个问题的实质只是一个，即：秦二世胡亥是一个缺乏政治意识、缺少政治手段、没有政治格局，不知皇权为何物的昏庸皇帝。这样的皇子，没有资格去做统一后的大秦帝国皇帝。二世胡亥有多昏庸，我们看看他临死时的悲悯做法：当阎乐的屠刀架到脖子上的时候，他讨价还价，要求放弃皇位，做一个郡主，做一个万户侯，被拒绝以后，又要求做一个普通平民百姓。直到此时，他还不明白，赵高是要他的命。这样的皇帝，在死亡面前都显得那么啰啰唆唆，自寻其辱，死得一点皇帝尊严都没有。二世胡亥昏庸无能的另一个表现是，同样为秦家血脉的青春年少皇子继承的皇位——秦始皇一亲政，立即大刀阔斧果断处理嫪毐事件；秦孝公即位伊始，面向各国发布招贤令，承诺"谁能强秦，与之分土"，这是何等气魄！在此，我们并不是说，每个皇位继承人都像这些出色的政治家一样，一亮相就出彩，但是，作为一个君王，必须有权威、要有皇威，才能震慑众臣，不能被臣子牵着鼻子走。所以，秦二世对赵高的阴谋，如果一开始没有看透情有可原，可到了指鹿为马的时候，二世仍然对赵高无动于衷，那不是昏庸是什么？

长子扶苏接到伪造的遗诏立即就死，最爱的十八子胡亥被一个大臣摆弄得团团转，最终逼迫自杀，其他的十多个皇子呢？根据《史记·秦始皇本纪》和《史记·李斯列传》记载，面对胡亥毫无任何道理的屠杀令，没有一个敢于反抗或者与胡亥拼争，全都伸着脖子被胡亥杀掉，这些都是秦始皇的亲子吗？秦始皇那种凶猛果敢、困难面前毫不服输的血性哪去了？知子莫如父。都说秦始皇生前不立太子，是他一大罪过。可是，我们换个角度看，就这样的皇子，哪一个符合秦始皇所期望的担当太子之重任？

接下来，享国610年的大秦帝国被刘邦灭亡后，就秦国被灭的原因，学术界纷争不断：有的说是秦始皇暴政，有的说是赵高篡权，也有的说是大臣失语，还有的将其归罪于秦始皇专权制度。可能这些都太宏观了，从微观角度看，直接原因就是二世胡亥昏庸。因为集权制度下的皇帝，权力完全集皇帝于一人，出现赵高此类的阴谋家不足以颠覆政权，但皇帝一旦昏庸，政权随时都有倾覆危险——昏庸皇帝胡亥被逼自杀，不足以抵偿亡国的实情。只是那一天来得太晚了，如果能提前一年，胡亥被赵高搞垮，仍让子婴即位，或许那时在子婴手里的秦王朝还能喘口气。

殉国与亡国

（沙丘系列之九）

据司马迁《史记·秦始皇本纪》记载，二世三年（公元前207年），赵高任丞相，杀了李斯。八月，赵高在朝堂搞指鹿为马。九月，刘邦率军攻破武关，派人与赵高秘密接触。赵高害怕，在望夷宫杀死秦二世，立子婴为秦王。子婴计杀赵高。四十六天后，率百官投降刘邦。又过了一个多月，项羽率诸侯军直奔咸阳，杀子婴，焚王宫，秦灭。

千古奇冤

就因为司马迁在《史记》中这样的记载，我们后来的史学家，一说到秦国灭亡，就说是子婴亡国。但是，同样根据司马迁在《史记》中的这一记载，如果仔细梳理，可看出子婴完全是以身殉国，他为大秦帝国所作出的贡献，以时间而论，秦国其他30多位君王很难做到。从事实来看，虽然其结果是亡国，可这样的结果，丝毫埋没不了子婴以身殉国的浩然正气。两千多年来，子婴一直背着颇具负面影响的"亡国"之名，实在冤枉。

我们看看子婴这位年仅30多岁的秦国公族，在人生最后岁月中的经历：公元前207年9月，被立为秦王，计杀赵高，灭赵高三族，执政46天后投降刘邦，又过了一个多月，被项羽所杀。别说是两千多年前，就是现在，谁有子婴这样在几个月时间内连续经历数次国家级别、国际级别惊天地泣鬼神的事件后而自身也被杀而亡？

从上述经历中可以看到，在短短四个月左右时间内，秦王子婴的每一次决策，无不是在对手的刀尖上跳舞，惊心动魄、惊天动地，这些行动一个共同的特点，对子婴来说均表现为：时间之短、事件之大、风险之高。然而，子婴凭借一颗对大秦帝国的赤诚忠心，每一次都能做到从容应对。当赵高逼杀二世以后，赵高欲做皇帝的野心暴露无遗，因得不到大臣的支持，便临时决定让子婴做秦王而不是皇帝，子婴一眼就看出，赵高这样的安排仅是权宜之计，再加之赵高一贯的劣性，所以，在被立为秦王仅仅几天时间内，子婴不仅设计杀死恶贯满盈的赵高，还诛赵高三族。试想，如果子婴没有对秦国的忠诚，没有对篡逆者赵高的刻骨仇恨，其怎能对提拔自己做君王的恩人下如此狠手？仅凭杀赵高这一决策，即可表明子婴后来被项羽所杀，其性质完全是以身殉国的英雄烈士，而不应背负亡国的骂名。

投降背后

司马迁在《史记·秦始皇本纪》中描述子婴投降刘邦时写道："子婴为秦王四十六日，楚将沛公破秦军入武关，遂至霸上，使人约降子婴。子婴即系颈以组，白马素车，奉天子玺符，降轵道旁。"据此，一些研究人员之所以将子婴称为"亡国之君"，其中一个很重要的理由是，在国家危急时刻，他率秦庭百官宁可选择投降，既不部署抗敌，又不提前安排离开咸阳，向西蜀撤退，以图东山再起。子婴作为一国之君，为什么会作出投降刘邦的决定，这里有我们能够看到的一些公开的原因，也有一些我们只能推测而难以看到的理由。先说能够看到的公开的原因，就是当时的秦国朝政被赵高和二世搞得一塌糊涂，刘邦率义军驻军霸上，直逼都城咸阳，此时最需要的就是军队。可是，此时子婴手中无兵可调：征南越百万大军远水不解近渴；王离长城军团30万大军在巨鹿之战中战败；章邯率领的20万囚徒军投降项羽，这是秦国的主力部队状况。此时，秦王子婴身边充其量不过仅有少量的卫戍部队，怎么能抵挡住刘邦的10万大军？

还有一些不公开的原因，历史记载中只是蛛丝马迹，我们看不到详细内容。比如，《史记·秦始皇本纪》记载的"楚将沛公破秦军入武关，遂至霸上，使人约降子婴"。请注意，这里有"约降子婴"四个字，其重点在"约降"上。何为"约"？当然是双方认可的条款。那么，刘邦军队到了霸上以后，并没有直接进攻都城皇宫，而是派人与子婴谈条件，劝降，并签订了合约。这就意味着，子婴率百官投降刘邦是有条件的，具体什么条件？史书中没有记载。不过，司马迁在《史记·项羽本纪》的鸿门宴中，有一个细节，就是刘邦左司马曹无伤秘密给项羽透露军情："沛公欲王关中，使子婴为相，珍宝尽有之。"这里的"使子婴为相"信息，曹无伤是怎么知道的。也许与子婴与刘邦签订的投降条约有关。或许，在子婴以及当朝大臣们看来，先投降图存是寻机再起的最优选择。

非常遗憾的是，子婴与刘邦所谈好的行动，在实施过程中遇到了不可抗力因素——项羽率领各路诸侯的40万联合国军杀将过来，刘邦也招架不住，项羽成为主宰者。项羽对秦国是项燕、项梁国仇家恨一起报，子婴成了刀下鬼。

身世之谜

在秦始皇时代一直不显山不露水的子婴，到底是何方人士？这个问题，别说我们不知道，连司马迁本人也不清楚，因为在《史记》中不同的篇章，对子婴的身世有着不同的记载，具体情节甚至互不衔接。主要有以下四种记载，均有出处：一是二世兄子，二是二世兄，三是始皇弟，四是始皇弟弟之子。与之相关的另一个问题是，不少史料都记载秦始皇同母异父的兄弟共有三个，除秦始皇以外，还有其两个弟弟是他母亲赵姬与嫪毐所生。后来，在秦始皇亲政的当年，秦始皇将两个弟弟处死。

其实，根据专家研究，秦始皇同母异父以及同父异母的兄弟共有四个，除了被处死的两个以外，秦始皇还有一个比他小三岁的弟弟名叫成蟜，后被封为长安君。成蟜与秦始皇是同父异母。秦昭王四十八年，秦始皇嬴政父亲异人23岁，嬴政在邯郸出生。秦昭王五十年，长平之战以后，秦军攻邯郸，赵王要杀异人，异人在吕不韦的帮助下逃回秦国，留下3岁的嬴政和赵姬在邯郸。那一年秦始皇父亲异人25岁，回到秦国后与韩夫人结婚。秦昭王五十一年，成蟜在咸阳出生。这一年，秦始皇4岁，其同父异母弟弟成蟜1岁。秦王政八年，嬴政22岁，成蟜18岁。这一年，成蟜率军攻赵，战败后投降赵国，被赵国封到饶阳一代，后死在赵国。成蟜有一儿名婴在秦国长大。到秦二世三年，子婴30多岁，其被立为秦三世前后的所作所为，与多种史料记载的情节基本相符。

西汉大文学家、政论家贾谊在其名篇《过秦论》中，评价子婴：子婴登位，最终也不曾觉悟，假使子婴有一般君主的才能，仅仅得到中等的辅佐之臣，崤山以东地区虽然混乱，秦国的地盘还是可以保全的，宗庙的祭祀也不会断绝。笔者对于贾谊的这一论断很难赞同，因为子婴登位的秦朝，早已处于风雨飘摇之中。无论战国纷争的冷兵器时代，还是其他时代，国家不论大小，"枪杆子里面出政权"是最现实的。大秦帝国的崩塌，既不是由于秦始皇暴政，更不在于陈胜吴广暴动，主因在于胡亥、赵高荒于政事，盲目自信，错误判断形势，国难之际，正规部队基本没有发挥作用，这才是问题的本质。

第五编
隐忍中的爆发

巨鹿大战发掘现场

　　然羽非有尺寸，乘势起陇亩之中，三年，遂将五诸侯灭秦，分裂天下而封王侯，政由羽出，号为"霸王"，位虽不终，近古以来未尝有也。

——司马迁《史记·项羽本纪》

项羽：隐忍中的爆发

(巨鹿大战系列之一)

毫无疑问，楚霸王项羽是巨鹿大战中的一号人物。项羽这个一号人物是怎么炼成的？从历史角度看，完全是项羽一次次隐忍，而巨鹿之战像一根导火索，将项羽隐忍中的满腔怒火点燃并爆发，破釜沉舟，惊世骇俗，难怪司马迁这样的大家评价项羽："近古以来未尝有也。"那么，巨鹿大战之前，项羽在人生的转折关头，都有哪些隐忍表现呢？

痛失兵权

秦二世二年（公元前208年）九月，秦将章邯于山东定陶击败楚军，楚军将领项梁兵败丧命。当时，项羽并未与项梁一起作战，据《史记·项羽本纪》记载："当时沛公、项羽去外黄攻陈留，陈留坚守不能下。沛公、项羽相与谋曰：'今项梁军破，士卒恐'，乃与吕臣军俱引兵而东。吕臣军彭城东，项羽军彭城西，沛公军砀。"

这就是说，项梁战死时，项羽同刘邦等在外黄作战，听到项梁死讯后，都撤回彭城，并在彭城周边驻扎。对于楚国复国后事实上掌权者项梁之死，最关心的就是楚怀王熊心和项羽了。楚怀王趁此先把军权抓到了自己手里，并提拔一批新人，培植自己势力，对项羽的军事才能不屑一顾，更别说安排其接替项梁掌握兵权了。对项羽而言，一方面，自己的爷爷项燕被秦将王翦所杀、亲手将自己带大的叔叔项梁又被秦将章邯所斩，使其对秦国旧恨未消，又添新仇；另一方面，在当时情况下，无论从军功、民意、抗秦等多方面考量，项羽是接替项梁继续率领楚军对秦作战的最优人选。但是，楚怀王熊心掌权心切，担心一旦项羽掌握军权，又会像项梁那样一呼百应，楚国仍然是项家天下，自己这个楚王仍然是傀儡。因此，从天而降的这一真正掌权机会不能失去。

面对楚怀王熊心的做法，项羽虽然心中怨气冲天，却难以发作，只好隐忍，将这笔账记在心头，等待对楚怀王熊心的报复机会。大文豪苏轼在《留侯论》中，曾赞扬能够隐忍是大勇的表现，他说："古之所谓豪杰之士者，必有过人之节。人情有所不能忍者，匹夫见辱，拔剑而起，挺身而斗，此不足为勇也。天下有大勇者，卒然临之而不惊，无故加之而不怒。此其所挟持者甚大，而其志甚远也。"与此对照，项羽不正是这么做的吗？

西进遭拒

项梁战死以后，由楚怀王熊心直接谋划复国后的楚国抗秦大计。楚怀王根据天下形势，派出两支队伍继续灭秦大业。一支由刘邦率领西进关中，一支由宋义率领北上救赵。楚怀王熊心此时还与众将约定并公布了"先入关者王之"的著名政治宣言。由于项羽对叔叔项梁之死悲痛至极，因此要求随刘邦一同西进。项羽这样的选择，其心理因素应当是以报仇为主，想当关中王他那个时候还没有资格，估计不会去想。但是，让他感到意外的是，这个要求被楚怀王熊心拒绝了。

关于拒绝的理由，司马迁在《史记·高祖本纪》中这样介绍："项羽怨秦破项梁军，奋，愿与沛公西入关。怀王诸老将皆曰：'项羽为人僄悍猾贼。项羽尝攻襄城，襄城无遗类，皆阬之，诸所过无不残灭。……不如更遣长者扶义而西，告谕秦父兄。秦父兄苦其主久矣，今诚得长者往，毋侵暴，宜可下。今项羽僄悍，今不可遣。独沛公素宽大长者，可遣。'"不让项羽西进，原因是项羽性格"僄悍"，还有攻下襄城以后，杀人放火，所到之处，无不残灭；而派遣刘邦去的原因是，因为刘邦是"宽大长者"，可遣。这样的理由难以成立。因为，刘邦是长者不错，但是战争期间，不只是项羽屠城，刘邦同样也屠城。司马迁《史记·项羽本纪》记载，刘邦起兵不久，由于项梁实力较强，就归顺项梁。"项梁使沛公及项羽攻城阳，屠之。"就是说，攻打城阳时，刘邦同样是屠城的参加者。对于西进遭拒以及不公正的理由，项羽在楚怀王熊心面前，又一次选择了隐忍。

接着北上救赵，宋义为主将，项羽被楚怀王安排为宋义的副手，项羽不仅仅是隐忍，简直是不服气，甚至感到是楚怀王对自己军事才能的蔑视。因为这是去和赵国等国军队一起，与秦军开战。军事将领的作战经历、在士兵中的威望等，对战争成败往往起着关键作用。在这些方面，宋义与项羽比较，两者之间可以说天壤之别，因为宋义原为楚国令尹，并无军事作战经历，后来只是项梁部下，基本没有军功，更别说在士兵中的威望了。在这样的情况下，楚怀王熊心竟然让宋义做了楚军救赵队伍的主帅。试想，连一些长期跟随项梁的士兵都不看好宋义，项羽怎么会甘居其下呢？于是，项羽的心中又增加了对楚怀王熊心的不满和怨气，但其仍然隐忍。

当众受辱

项羽强忍着心中的怒怨和对宋义的不屑，带领部队从彭城出发，踏上了千里以外的巨鹿征程。行至安阳（今山东曹县），大部队停留四十六日不进。司马迁《史记·项羽本纪》记载：项羽曰："吾闻秦军围赵王巨鹿，疾引兵渡河，楚击其外，赵应其内，破秦军必矣。"宋义曰："夫被坚执锐，义不如公；坐而运策，公不如义。"因下令军中曰："猛如虎，狠如羊，贪如狼，强不可使者，皆斩之！"

如果说，宋义和项羽作为队伍的主要领导，在作战部署方面，有不同看法，尚属正常。但是，宋义在全军面前发布专门针对项羽这样"强不可使者"的命令，并"皆斩之"，则属异常行为了。因为这样的命令，对项羽而言，不仅仅是对他人格尊严的公开侮辱，也是宋义利用权力对项羽实施的人身威胁和恐吓。

我们看项羽是什么人，自反秦开始的第一天起，他就是从割下县令脑袋起家的，对于宋义的公开挑战，项羽在当时的选择并不是刀剑相见，仍然是隐忍并等待复仇的时机。宋义自认为有了楚怀王熊心这个大大的靠山，就可以损公肥私，就可以恣意妄为，但那恰恰是自掘坟墓，给项羽提供了复仇的最佳理由。大部队在安阳停留期间，士兵忍冻挨饿，作为主帅的宋义却为自己儿子宋襄到齐国任丞相职位而奔波，并亲自将儿子送到齐国，大宴宾客。后被项羽以"勾结齐国谋反"的理由，不仅杀了宋义，还派人追赶到齐国任职的宋义儿子宋襄，并将其杀掉。就这样，宋义父子成了项羽刀下鬼，楚怀王熊心被迫让项羽当了救赵队伍的上将军。

破釜沉舟

可以说，项羽杀了宋义，坐到上将军位置上，得到救赵队伍的拥戴是顺理成章的。因为这支队伍，原本就是项梁拉起来的，队伍对项氏家族、对项羽的军事才能还是非常崇拜的。后来，在巨鹿大战中的破釜沉舟，大败秦军，是项羽自叔叔项梁战死以后一次次隐忍的总爆发。自项羽成名以后，人们一提起"破釜沉舟"，就与项羽的名字连在一起。其实，"破釜沉舟"的"专利"并非项羽，而是比项羽早400多年的秦将孟明视。

早在秦穆公时期，秦穆公以孟明视为将伐郑，返回时遭晋国偷袭失败；公元前625年，孟明视奏请秦穆公伐晋复仇。结果，仍以战败收场。孟明视两次战败，秦穆公仍然对他信任有加。公元前624年，孟明视率领秦军渡过黄河之后，烧掉战船，背水一战，取得胜利。司马迁在《史记·秦本纪》中记载，"穆公复益厚孟明等，使将兵伐晋，渡河焚船，大败晋人，取王官及鄗"，占领了晋国王官和鄗这个地方。历史上的两个"破釜沉舟"事件，为什么项羽总被人们记起，而秦穆公时期的孟明视常常被忘掉？因为项羽的破釜沉舟改变的是一个时代，而孟明视体现的仅仅是一种精神，其影响远不如项羽。

"巨鹿大战"是秦国与复国后的东方六国军事力量方面的重大转折，秦国自此由主动方变为被动方，后六国的抗秦力量则由被动转为主动。这里最出彩的是项羽，项羽赢了，赢得是那么惊天动地、惊世骇俗。不过，对项羽的破釜沉舟，也应采取实事求是的态度。比如，当他带领数万队伍过河以后，作出破釜沉舟决定的瞬间，其除了勇武、复仇的主基调以外，他杀掉宋义父子自感理亏也是一个因素。因为只有胜利，才能彰显杀掉宋义父子的正义感；而一旦失败，楚怀王要追究，无论结果如何，对项羽都不是一件光彩的事儿。因为宋义做法再不正确，也到不了被杀头的份儿，何况连宋义儿子也杀了。

熊心：宁折不弯
（巨鹿大战系列之二）

发生于公元前208年今河北省平乡县平乡镇区域的巨鹿大战，是项羽率领5万楚军同秦将章邯、王离所率40余万秦军主力进行的一场决战性战役，也是中国历史上著名的以少胜多的经典战例。此战基本摧毁了秦军的主力，并事实上宣告了秦二世倒台。而楚将项羽却因此战一举成名，中国历史由此拉开了楚汉之争序幕。说到巨鹿大战，我们的目光不能只聚焦到项羽、章邯、王离等战将身上，更应关注的是直接谋划者、决策者后楚怀王熊心。

一步登天

公元前210年秦始皇驾崩以后，秦朝命运迎来大转折，从而名震天下的并非只有胡亥、赵高政治投机钻营者以及陈胜、吴广等各路英雄豪杰，也有一些默默无闻的庶民百姓一夜之间竟然一步登天，从一个山间的牧羊人，魔术般地成为一国国君。后楚怀王熊心就是这样的一个人。可以说，正是秦始皇死亡、陈胜吴广起义，改变了他的政治命运。

后楚怀王熊心的恩人有两个，第一个是著名谋士范增，第二个是决策者、楚国贵族项燕的后人项梁。对此，司马迁在《史记·项羽本纪》中这样描述：居鄛人范增，年七十，素居家，好奇计，往说项梁曰："陈胜败固当。夫秦灭六国，楚最无罪。自怀王入秦不反，楚人怜之至今，故楚南公曰'楚虽三户，亡秦必楚'也。今陈胜首事，不立楚后而自立，其势不长。今君起江东，楚蜂午之将皆争附君者，以君世世楚将，为能复立楚之后也。"于是项梁然其言，乃求楚怀王孙心（此处楚怀王指的是前楚怀王）民间，为人牧羊，立以为楚怀王，从民所望也。陈婴为楚上柱国，封五县，与怀王都盱台。项梁自号为武信君。

司马迁的这段记载说明，提议立楚怀王后人为王的是范增，决定熊心为后楚怀王的是项梁。同时，在明确后楚怀王熊心的地位以后，项梁这支反秦武装力量也进入了一个全新的阶段，即：由原来的一支抗秦武装力量正式上升为代表复国后楚国予以抗秦。这时不仅有了楚怀王熊心，还有了都城盱城，还有楚上柱国陈婴，自号武信君的项梁等君臣，为项梁在更大范围内扛起反秦大旗、进一步打击和消灭秦军主力奠定了组织基础。

不当傀儡

历史上有过两个楚怀王，其一为战国时期的楚怀王熊槐，其二即本文所写的后楚怀王熊心。据史载，后楚怀王为战国楚怀王之孙。对于后楚怀王熊心这一身份，一直以来，史料记载比较模糊。原因很简单，从战国楚怀王熊槐死，到楚国被秦灭国，差不多70年时间，楚国换了四代国王，分别是襄顷王、考烈王、幽王、哀王负刍。按年资论，后楚怀王熊心在公元前209年陈胜吴广起义时期，被范增、项梁立为楚王的时候，其年龄绝对不只是一个放羊娃，而应当是一位心智比较成熟且早已成年、隐藏在民间的楚国贵族。

既然这位后楚怀王熊心身上流淌着楚国旧贵族的血液，就应当在自己的命运发生根本性转折的关头有着相对清醒的认识。就是说，从骨子里就应当知道：当时天下较大的这支反秦武装力量总头目项梁，为什么要把自己这个牧羊人安排为复国后的楚国国王，并且仍称为楚怀王。其目的在于利用旧楚国国王名望以笼络人心，并非真的让他去做国王，以致拥有至高无上的权力。可是，这位后楚怀王熊心宁折不弯，坚决不当傀儡，一有机会，其并不感恩提拔他的项氏家族，而总想过一把真国王瘾。

机会很快就来了。秦二世二年（公元前208年）九月，秦将章邯于山东定陶击败楚军，楚军将领项梁兵败丧命。项梁一死，楚怀王熊心头顶上的紧箍咒一下子松了下来。接着，他丝毫不顾及项羽的存在，不失时机开始行使自己的权力。按照司马迁《史记·高祖本纪》记载，楚怀王熊心接连采取多项措施，继续灭秦大业：第一，迁都。徙盱台都彭城。第二，抓军权。并吕臣、项羽军自将之。第三，封官。以沛公为砀郡长，封为武安侯，将砀郡兵；封项羽为长安侯，号为鲁公；封吕臣为司徒，其父吕青为令尹。第四，救赵。赵数请救，怀王乃以宋义为上将军，项羽为次将，范增为末将，北救赵。第五，定约。令沛公西略地入关。与诸将约，先入定关中者王之。

虽然楚怀王熊心被项梁拥立为王只有几个月时间，但是从他直接谋划的这一整套灭秦部署看，这位楚怀王的政治谋略确实了得。可以说，正是在项梁战死以后、楚国抗秦队伍向何处去的关键环节，楚怀王熊心的政治才能得以发挥，也才有了其后刘邦与项羽的楚汉之争。从这个角度分析，无论是项羽百战百胜辉煌人生，还是刘邦开创四百余年汉朝天下，他们都应当感谢这位不甘心当傀儡的楚怀王熊心。

如约之约

无论历史还是现实，每当关键环节，哪怕有一点点作为的政治人物，都在公开操作的背后，将自己的真实目的隐藏得很深很深，这位楚怀王熊心也是如此。即使是对自己有大恩大德的人，与政治目的比较，也属次要地位。事实上，熊心从坐到楚怀王这个位子的那一天起，就知道自己真正的政治对手是项家叔侄。项梁虽然死了，项羽的影响仍然不可低估。所以，在项梁死后，他一方面剥夺项羽兵权，一方面还给项羽"鲁公"一个爵位，同时提拔重用吕臣、刘邦、宋义等新人，培育自己势力。不仅如此，楚怀王熊心还利用权力削弱项羽力量，命令项羽做宋义副将北上救赵；安排刘邦率军直接西进灭秦，并与诸将公开约定：先入关者王之。所有这些，其真实目的在于压制项羽。

关于"先入关者王之"的怀王之约，从一开始就是不公平的，就是明显偏袒于刘邦的。因为当时的诸将是：刘邦、吕臣、宋义、项羽、吕青、范增、陈婴等。其中，吕臣、吕青、陈婴并不带兵；而宋义、项羽、范增北上救赵，只有刘邦一支队伍直接西进入关。当时还有一个更为重要的背景是：章邯、王离两支三四十万秦军主力都在包围赵国巨鹿之城。楚怀王熊心心中明了，论两军实力，宋义和项羽面临的压力要比刘邦大得多。在这种情况下，楚怀王熊心仍然宣布"先入关者王之"，其目的不是明显让刘邦当关东王吗？不过，人算不如天算。楚怀王做梦也没有想到，自己亲自提拔的宋义在北进途中错误估计形势，大军行进到安阳，一停就是40多天，这给项羽公报私仇和展示其军事才能提供了绝佳机会，项羽借此杀掉宋义，并在随后的巨鹿大战中破釜沉舟、大败秦军，一战成名。

后来，项羽带领四十万诸侯大军直入关中，楚怀王熊心彻底失去了对军队的控制。进入关中之后，《史记·项羽本纪》记载：项王使人致命怀王。怀王曰："如约。""如约"，仅仅两个字，又一次展示了楚怀王熊心宁折不弯的性格，也透露出面对强大而豪气冲天的项羽，此时他毫不示弱且不屑一顾的蔑视姿态。

惨死郴地

虽然项羽希望楚怀王熊心封他为王，但怀王的答复是"如约"，你项羽巨鹿大战击败数十万秦军功劳虽大，但想以此要挟毁约，没门儿！项羽见情势不对，干脆不再听命于怀王，向诸将表示怀王是项氏拥立的，可其没有战功，灭秦定天下的功劳在于项羽自己与其他出武力的军人。项羽尊熊心为"义帝"，随后自行分封天下十八路诸侯，项羽则自立为"西楚霸王"，定都于彭城。自此开始，熊心的楚怀王头衔改为"义帝"。

据司马迁《史记·项羽本纪》记载，汉元年（公元前206年）四月，项羽欲还都彭城，派遣将士迫熊心徙郴，熊心无奈只得出都就道，但左右群臣，依恋故乡，怨声载道，未肯速徙。项羽大怒，暗令义帝途经之地的三王（九江王英布、衡山王吴芮、临江王共敖）欲将义帝击杀于途中。十月，英布遣将追之郴县，将熊心弑于郴城穷泉傍。郴人怜之，将熊心葬于城邑西南边的后山。

刘邦还是讲义气的。毫无疑问,熊心确定的"先入关者王之"的怀王之约,受益方最明显的是刘邦,刘邦对楚怀王当政时期所采取的压制项羽、偏袒自己的多种操作心知肚明。所以,公元前205年3月,当刘邦统率50多万各路诸侯大军进攻项羽大本营彭城途中,得知义帝熊心死讯后,"袒而大哭。遂为义帝发丧,临三日",以及后来荥阳大战中,刘邦开列项羽十大罪状,其中之一就是"阴杀义帝"等。如此行为,应当是刘邦对楚怀王感恩之心的真实表达。

从汉元年二月到汉二年十月,熊心被项羽封为义帝总计只有八个月左右。一个牧羊人,一朝成楚王,由于对军情误判,而后一年便成为义帝,最后命殒他乡。熊心这么一个有心计、有谋略的贵族,如果在和平时期,应当是能够为国家作出点成绩的;可是他恰遇秦末农民起义,新的时代给了他崛起机会,也葬送了他的一生。真可谓动乱的年代,动乱的人生,从平民百姓到达官贵人,谁的命运也离不开、躲不过天下大势。

不可低估陈余的谋略

（巨鹿大战系列之三）

自公元前210年秦始皇驾崩，到公元前207年秦三世子婴投降，可以说是统一的秦末与关东六国风起云涌反秦武装斗争的最激烈时期。在各路反秦武装中，冲在第一阵线的多是头面人物，陈胜、吴广、项梁、刘邦、项羽以及被扶持起来的后六国君王；第二阵线毫无疑问属于为第一阵线巨头们出谋划策的儒者、臣僚、士人和担任反秦武装力量指挥官的群体；第三阵线就是那些成千上万跟随各路头领直接参加战斗的庶民百姓。显然，陈余属于为数不多、有文化、有智谋的第二阵线范围内重量级人物。透过乱世看陈余的人生，我们不可低估他的谋略，更不能忽略他在巨鹿大战中为战胜秦军所作出的突出贡献。

谏言北上

关于陈余参加反秦武装力量以及在不同阶段行动，司马迁通过《史记·项羽本纪》《史记·张耳陈余列传》《史记·淮阴侯列传》等篇章，作了较为详细记载。《史记·张耳陈余列传》介绍，在反秦初期，大梁人陈余来到楚国的陈地，积极参加陈胜吴广领导的农民起义队伍。当时，陈地有人建议陈胜称王，陈胜就此征求张耳、陈余意见。张耳、陈余认为，如果此时称王，有为私嫌疑，不利于抗秦大业。但是，"陈涉不听，遂立为王"。请注意，这一阶段的公开活动，多是张耳、陈余两者同时出现，且张耳被摆在第一位。

陈胜称王以后，发生了变化。陈余个人形象被凸显出来，不是像过去那样，事事都有张耳与陈余共同参与。此时，《史记·项羽本纪》记载，陈余开始单独参与政治。陈余乃复说陈王曰："大王举梁、楚而西，务在入关，未及收河北也。臣尝游赵，知其豪杰及地形，愿请奇兵北略赵地。"于是陈王以故善陈人武臣为将军，邵骚为护军，以张耳、陈余为左右校尉，予卒三千人，北略赵地。占领赵地以后，武臣自封为赵王，陈余被封为大将军，张耳被封为右丞相。后来，叛将李良杀死赵王武臣，张耳、陈余拥立赵国贵族赵歇为赵王，并以信都为新的都城。李良又进兵攻击陈余，结果被陈余打败，李良只好投奔秦将章邯。

《史记·张耳陈余列传》记载："陈余者，亦大梁人也，好儒术，数游赵苦陉。"陈余是大梁人，喜好儒学，多次游历赵国苦陉（战国中山邑，后属赵。在今河北定州市东南）这个地方。由上述这些事情可以看出，虽然陈余和比自己年长许多的张耳一同参加陈胜吴广反秦武装，可是，在一些关键环节，陈余还是有自己的主张，如陈胜称王以后，是陈余自己向陈胜提出建议，列举自己游历赵地、了解赵地的有利条件，自告奋勇请兵予以攻伐，得到陈胜批准。这一步，是陈余参加反秦武装后地位提升的关键一步，被封为大将军，率领队伍直接开赴反秦战场，攻克赵国十几座城池。到了赵王歇时期，陈余仍是大将军，一介年轻书生掌控着后赵的军事大权。

书降章邯

公元前208年8月，秦将章邯在山东定陶击败楚军，楚军将领项梁战死。至此，章邯认为南方地区的反秦武装力量已基本被消灭，于是，他将兵锋指向复国后的赵国，赵王歇与张耳逃到巨鹿城，秦将章邯和王离共40多万秦军在巨鹿城南北两个方向形成包围状，而赵国与楚齐燕魏等复国后的诸侯联军也先后聚集巨鹿城，与秦军对峙并伺机开展救助面临被秦军吞没的赵国。此时，陈余率领赵国五六万人的队伍，与邻国救援队伍一起，驻扎在巨鹿城

井陉古战场陈余墓

下。秦军与赵国和诸侯联军之间的巨鹿大战一触即发。

在历史重大转折关头，陈余对巨鹿大战所作出的贡献，根据《史记·项羽本纪》《史记·张耳陈余列传》记载，主要表现有四个方面：第一，向各诸侯国求援。当时，赵王歇和丞相张耳被秦军包围在巨鹿城内难以出城，张耳和赵王作出的向各诸侯国求援救兵的决定只能通过在城外的大将军陈余安排使者具体落实。这说明，陈余此时既管赵国军务又掌管外交。第二，在张耳以丞相职务以及"刎颈之交"私人关系双重逼迫下，陈余从自己队伍中调拨5000人与围城的秦军开战。结果全军覆没，以惨痛代价证明张耳要求陈余与秦军拼命救赵的判断是错误的，张耳自此以后再也没有逼迫陈余。第三，及时与项羽沟通战况。《项羽本纪》记载："项羽已杀卿子冠军，威震楚国，名闻诸侯。乃遣当阳君、蒲将军将卒二万渡河，救巨鹿。战少利，陈余复请兵。项羽乃悉引兵渡河，皆沉船，破釜甑，烧庐舍，持三日粮，以示士卒必死，无一还心。"请注意，这里的"陈余复请兵"的实质，是陈余向项羽汇报了巨鹿城当时战况以后，项羽在综合分析蒲将军率两万士兵截断章邯粮道、取得小胜基础上，从而决定率军破釜沉舟，向城内王离军展开生死战。第四，当项羽破釜沉舟、秦军主力基本被消灭后，章邯处于是战是降的关键环节，陈余亲自写信劝降章邯。

《史记·项羽本纪》记载了具体内容，陈余亦遗章邯书曰："白起为秦将，南征鄢、郢，北坑马服，攻城略地，不可胜计，而竟赐死。蒙恬为秦将，北逐戎人，开榆中地数千里，竟斩阳周。何者？功多，秦不能尽封，因以法诛之。今将军为秦将三岁矣，所亡失以十万数，而诸侯并起滋益多。彼赵高素谀日久，今事急，亦恐二世诛之，故欲以法诛将军以塞责，使人更代将军以脱其祸。夫将军居外久，多内隙，有功亦诛，无功亦诛。且天之亡秦，无愚智皆知之。今将军内不能直谏，外为亡国将，孤特独立而欲常存，岂不哀哉！将军何不还兵与诸侯为从，约共攻秦。"陈余劝降信，促使章邯决定叛秦归楚，章邯经过数次派人秘密与项羽接触，最终带领20多万秦兵降楚。可以说，劝降章邯，事前既没有通过赵王，也没有告知项羽，完全是陈余的个人行为。从这件事中，人们可以看到陈余对当时天下大势的关注、判断正确性以及敢于冒险干大事的胆魄。从上述四件事中，也可以看出，在项羽与秦军展开的巨鹿之战中，陈余的贡献要远远大于张耳。

后赵复国

巨鹿大战以后，项羽这颗新星陡然升起，没有哪股力量能挑战他的实力和威严。汉元年二月，项羽分封天下十八王，分赵。立张耳为常山王，治信都。信都更名为襄国。陈余呢？项羽曰："成安君陈余不从入关，闻其在南皮，即以南皮旁三县以封之。"

对于这样的分封结果，陈余感到愤怒："张耳与余功等也，今张耳王，余独侯，此项羽不平。"随即联合同样感到项羽分封不公平的齐王田荣出兵，加之陈余属下南皮等三县兵力，袭击常山王张耳。张耳兵败，投奔刘邦。接着，陈余"复收赵地，迎赵王于代，复为赵王。赵王德陈余，立以为代王。陈余为赵王弱，国初定，不之国，留傅赵王，而使夏说以相国守代"（《史记·项羽本纪》）。

不平则鸣，一鸣冲天。这就是陈余的性格。客观而言，仅就巨鹿大战中张耳与陈余两人的功劳分析，陈余明显大于张耳。因为张耳一直被困于城内，属于被诸侯联军解救的对象；而陈余呢，除了带兵直接参战以外，还有写信劝降章邯的功劳，这一贡献，或许早已被胜利冲昏头脑的项羽忘在脑后了。项羽不考虑大局、只考虑谁在巨鹿大战后追随入关，就封王；没有随之入关就封侯，那样做显然是不公平的。再看常山王张耳，或许感到在处理与陈余巨鹿大战相关问题方面对不起陈余，如：逼迫陈余出兵5000，全部被灭；诬陷陈余杀害张黡、陈泽两员大将；解除陈余大将军印、收其兵权等。其在陈余队伍进攻面前，几乎没有任何抵抗就败走汉王，说明对陈余的谋略和胆量，张耳还是比较了解的。

殒命钓盘

陈余和赵王歇复赵仅一年多时间，到了汉三年，刘邦派韩信和张耳引兵数万攻赵。《史记·淮阴侯列传》记载："赵王、成安君陈余闻汉且袭之也，聚兵井陉口，号称二十万。"因为陈余没有采纳广武君李左车作战部署，"韩信、张耳已入水上军，军皆殊死战，不可败。信所出奇兵二千骑，共候赵空壁逐利，则驰入赵壁，皆拔赵旗，立汉赤帜二千。赵军已不胜，不能得信等，欲还归壁，壁皆汉赤帜，而大惊，以为汉皆已得赵王将矣，兵遂乱，遁走，赵将虽斩之，不能禁也。于是汉兵夹击，大破虏赵军，斩成安君泜水上"。

这就是著名的"背水一战"，韩信以数万汉兵战胜了陈余20万赵军，以少胜多，出奇制胜，陈余在战败后，自今石家庄井陉口率军一直向东南方向撤退至今邢台临城县钓盘山。据《明一统志》卷三介绍："钓盘山，在临城县东南五里。相传韩信败陈余于此。余问其地，曰：'钓盘山'。余曰：'鱼遇钓盘，吾其亡矣。'果遇害。"《明史·地理志》载，临城"县西北有泜水，东经钓盘山下，与沛水合"。看来，司马迁在《史记》中的记载与后来的史料记载基本一致，陈余殒命于临城钓盘山，陈余这条"鱼"被钓盘山死死"钓"住了。

成王败寇。对历史人物评价也是如此。张耳与陈余两个人在秦末战争中的表现，张耳虽然位置比陈余高，但是从两个人的所作所为看，陈余的谋略和个人品德明显高于张耳。可因为张耳既是赵王、后又与汉高祖刘邦攀上儿女亲家等密切关系，所以，往往会扬张抑陈。不过，因为陈余主要经历与河北有关，其收复赵地、巨鹿大战、背水一战、游历定州、分封南皮、命丧临城等均在今河北境内，所以，河北各地建有陈余的纪念场所：在石家庄秦皇驿道景区山顶，建有陈余墓、陈余祠，在邯郸市成安县也建有成安君陈余祠，历代香火不断。

破釜沉舟古城营

(巨鹿大战系列之四)

在河北省邯郸市邱县西北10多公里的古城营村农田里，有邱县人民政府竖立的一个标志牌"破釜沉舟遗址"，这里距两千多年前发生的巨鹿大战主战场河北平乡县平乡镇60多公里，项羽为什么将破釜沉舟地点选择在这里呢？翻阅《史记》，司马迁在《项羽本纪》中，仅用数百字就将巨鹿大战中的项羽之勇之谋以及与秦将章邯、王离作战的排兵布阵乃至最后以少胜多取得决定性胜利等细节，描写得活灵活现，跌宕起伏。

但是，由于司马迁惜字如金或其他原因，致使诸如此次战斗中"破釜沉舟"等地点并没有作具体交代，引起众多专家学者以及民间人士予以探究。2017年6月，笔者前往河南内黄、河北邱县等地，苦苦寻觅两千多年前楚霸王项羽破釜沉舟遗踪。

马铃声声霸王庙

发生于胡亥三年（公元前207年）、使项羽声名鹊起的巨鹿大战，从《史记》以及其他众多资料分析，大致经历了三个阶段，即：帐杀宋义—破釜沉舟—殷墟会盟。这三个阶段中，除了最后一个阶段，项羽在今安阳西北殷墟接受秦将章邯率20万大军投降以外，其他两个具体地点一直争议不断。

首先一个就是楚军救赵在安阳停留46天的"安阳"在哪里？到底是在山东曹县还是在河南内黄？2017年6月21日，笔者来到河南省内黄县楚旺镇南街村，在霸王胡同祝金宝（音）家旁边，见到了寻觅已久的霸王庙。庙门两侧一副对联虽然褪色，但字迹清晰可见，上联是："西楚威名有项羽"。下联是："破釜沉舟誉霸王"。横批："威震繁阳"（楚旺镇为古繁阳县驻地）。当地村民说，古时候的安阳，就是现在的楚旺一带，为了纪念楚霸王，老百姓修了霸王庙，也叫霸王祠。唐朝时霸王祠在楚旺村北门卫河边上，后来卫河改道，清末迁到南街村。

另有传说，在没有建霸王庙之前，因为楚旺村是巨鹿之战中宋义屯兵的地方，每到夜深人静的时候，宋义的鬼魂不散，村里大街小巷总能听到战马呼啸并伴有马脖子上所系铃铛唰啦、唰啦整齐而刺耳的响声，吵得村里老百姓睡不好觉。后来，自从唐朝时修好霸王庙，夜间里这种声音就消失了。村民们说是霸王爷把宋义镇住了。到内黄县县志办查阅《内黄县志》《楚旺镇志》，均记载，楚旺村不仅有楚王、楚村、楚祠里、楚王堡村名变迁与楚王杀宋义夺兵救赵有关，而且该村还有宋义墓的记载。

这些唯一性的地方性史料以及现存遗址和其他历代相关资料相互印证，说明楚军救赵停留安阳46天的地点在河南内黄。

破釜沉舟古城营

项羽先斩后奏，在营帐内杀掉宋义并夺得兵权以后，巨鹿大战由序幕转为正式开场。根据项羽的部署，第一步是派英布、蒲将军突袭章邯甬道，即粮道，打个措手不及。《史记》记载，取得小胜，阻断了章邯队伍与围在巨鹿周边王离队伍的联系。此举极大增强了项羽打

破釜沉舟遗址

击秦军的第二步信心，即：速战速决、破釜沉舟。那么，破釜沉舟的具体地点在哪里？2017年6月28日，笔者在河北省邱县见到了县地方志办公室原主任、现中国史志专家杨凤奎。听了杨凤奎先生的介绍以及细读其相关论著，笔者感到河北邱县古城营更加符合逻辑。

一是从古漳河的流向看。根据《水经注》记载，西汉时期漳水自西南向东北流经区域为安阳、临漳、成安、肥乡、曲周、邱县，经斥丘（今成安漳河店一带）、平恩（今曲周东南呈孟村一带）到达南曲（今邱县古城营）。项羽大军之所以选择在古城营上岸，破釜沉舟，到巨鹿战场与秦军决战，从自然条件分析，很重要的一个因素是根据史料记载，古城营当时为古曲周城所在地，商业繁华，漳河船运发达，便于军队登陆；另一个因素是从古城营到巨鹿城（今平乡县西南平乡镇）距离较近，只有50多里。在古城营破釜沉舟以后，50多里路程，按照每小时10里计算，半天即可到达巨鹿参加战斗，按《史记》所述，只带三天干粮也足够战时需要。

二是从军事部署看。当时巨鹿城南面是秦军章邯20多万大军，巨鹿城周围是秦将王离队伍，巨鹿城北面是赵国队伍，其他各诸侯国救赵队伍慑于秦军威严，只是在巨鹿城周围安营扎寨，难以形成联合战斗力。在此情况下，项羽数万大军从河南内黄军营顺漳水（内黄为黄河漳河汇流处）向河北邱县古城营进发，因古城营位于巨鹿城东南方向，远离巨鹿南面的章邯大军，项羽队伍行进比较安全。

三是从史料记载看。《邱县志》载：古城营秦时为漳河渡口，这里有商代巨桥仓，后来为历代东西南北方向御道交会处。1931年5月出版的《中国古地名大辞典》记载，棘原在西汉系广平国治所（今鸡泽县旧城营西南）。《史记》载，巨鹿之战后"章邯军棘原，项羽军漳南"，说明两军在古城营渡口一带驻扎对峙。

四是从出土文物看。1997年春，当地村民在古城营村西南"庄户顶文化遗址"约5米深处发掘大量马骨、陶器、铁器、釜片等，经国家文物专家考察认定，此处应为项羽率兵渡河破釜沉舟地；2003年12月，邱县人民政府在此地建立"破釜沉舟遗址"纪念碑；2005年2月，古城营遗址被列为市级文物保护单位。破釜沉舟的巨鹿之战，震撼了各路诸侯。此后，项羽声名鹊起，诸侯各国救赵队伍都归项羽统领，队伍进一步壮大。几个月后，项羽打败章邯20万秦军，加速了秦国灭亡进程。

"有志者，事竟成，破釜沉舟，百二秦关终属楚；苦心人，天不负，卧薪尝胆，三千越甲可吞吴。"这副对联是蒲松龄在科举考试屡次不中、落魄至极之际写下的励志自勉联，其气势磅礴、催人奋进，引用了史上非常著名的两个典故和典故之后的对应结果，一个是楚霸王项羽破釜沉舟灭大秦，另一个是越王勾践卧薪尝胆吞吴国。蒲松龄以此联激励自己，终于以一部《聊斋志异》名垂青史。蒲松龄的这副楹联，让破釜沉舟故事从精神层面更加发扬光大。

人生跌宕数章邯

（巨鹿大战系列之五）

集少府、将军、英雄、降将、雍王等众多头衔于一身，最终以自刎的方式结束了自己的生命。看司马迁的《史记》，在众多的传奇式人物当中，像章邯这样跌宕起伏的人生实不多见。司马迁没有给章邯专门作传，章邯的经历散记在《史记·秦始皇本纪》《史记·项羽本纪》《史记·李斯列传》《史记·张耳陈余列传》等诸多篇章中。

奇谏奇功

章邯生于何年，史料没有记载。他的登场亮相，始于秦二世胡亥二年，即公元前208年。《史记·秦始皇本纪》载，这年冬天，陈胜部将周文率几十万义军到达戏水，二世大惊，与群臣谋曰："奈何？"少府章邯曰："盗已至，众强，今发近县不及矣。郦山徒多，请赦之，授兵以击之。"在秦国面对义军压境紧要关头，章邯的奇谏得到秦二世批准。章邯的这一进谏"奇"在何处？其一，方案就地取材，近水解渴；其二，刑徒由死转生，拼命效力；其三，谏者领兵挂帅，锋芒初露。

这里需要说清楚的一个问题是，章邯当时的职务是"少府"，不少资料将"少府"解释为"掌管皇府财务和山海池泽之税"的官职，属九卿之一。如果仅看如此解释，章邯率囚徒与反秦义军作战，是由文转武。但据《秦汉官制史稿》介绍，"少府"的另一种解释是"将作少府"，职责是负责宫廷基础建设。马非百先生在他的《秦集史》中引《通志·氏族略》表明，章邯，字少荣，收赵灭韩有功。章邯本是武将出身，职务是"将作少府"，原本就是修造秦始皇陵"骊山刑徒"的总管。因此，紧急时刻，他向秦二世提出刑徒转军的奇谏是非常合乎逻辑的。

应当看到，当时秦二世征求如何应对退敌方案时，李斯、赵高、冯劫、冯去疾等一批老臣、重臣尚在，章邯所提方案能够得到众臣认可，能够得到二世批准，对他本人来说，也是一件非常光荣、自豪的事情。因此，"赳赳老秦"的品格在章邯率领的几十万囚徒军中又一次得以传承，战场上捷报频传：先是在函谷关附近击败楚将周文所率几十万大军，周文自杀；又在荥阳攻城拔寨，在章邯军队强大攻势下，陈胜被自己的车夫庄贾杀死，开城降秦；后又在司马欣、董翳协助下再破齐楚联军，击破楚军统帅项梁，项梁在定陶战死。此时的章邯，旗开得胜，屡战屡胜，将楚军的周文、陈胜、项梁等名将一举消灭，在秦二世和老秦人面前是何等风光！作为一个带兵的大将，还有什么能比打胜仗、杀死敌人名将更快意人生的事情！特别是在定陶灭项梁一战，使他的人生达到了最辉煌的巅峰。

为谁而战

人生如波浪。再高的浪头，下一波就是低谷。章邯的人生转折正是自杀死项梁以后，开始向赵地进攻而急转直下的。据《史记·张耳陈余列传》记载："章邯引兵至邯郸，皆徙其民河内，夷其城郭。张耳与赵王歇走入巨鹿城，王离围之。"在巨鹿之战中，秦将王离在巨鹿城北面围城，章邯率军在巨鹿城南面修筑甬道，与王离军团一起攻灭巨鹿。章邯正是在这场军力、物力均数倍于敌情况下，遇到了年轻的楚军将领项羽。项羽破釜沉舟，一战成名，将秦军击败，章邯怎么也想不明白，自己数十万大军，会败在项羽不足九万人手下！章邯的人生霉运不仅如此，巨鹿战场的失利是他看得到的，而他看不到的是，在赵高的蛊惑下，秦二世已经将都城咸阳变成杀人刑场：他们在杀了数十个公子、公主以后，又将屠刀砍向大臣，冯劫、冯去疾被迫自杀，李斯在咸阳街头被腰斩，李斯死了以后，赵高坐上了羡慕已久的丞相宝座。

也就在这个时候，《史记·秦始皇本纪》记载：二世"三年，章邯等将其卒围巨鹿，楚上将军项羽将楚卒往救巨鹿。冬，赵高为丞相，竟案李斯杀之。夏，章邯等战数却，二世使人让邯，邯恐，使长史欣请事"。所以，章邯派长史司马欣去咸阳回应二世的责难，受到赵高的冷遇和追杀，司马欣回到军中对章邯说："将军有功亦诛，无功亦诛。"章邯听后心灰意冷：自己在外打仗，为国效命，打了胜仗因为功劳太大被杀，打了败仗因为没有功劳也要被杀，这样的结果，自己带领军队到底是为谁而战？另外，章邯在朝中任"将作少府"，最重要的工程就是秦始皇陵，而他多年来的直接上级，就是主管秦陵的丞相李斯，章邯与李斯的关系，从工作角度看，应当是非常紧密的。李斯被杀，让他的恐惧和绝望大大增加。他担心自己被赵高当成了"李斯余党"，其必然是"有功亦诛，无功亦诛"，使其为秦二世尽忠效命的想法彻底打消，再加之陈余给他言之切切的劝降书信，章邯进而作出率领20万秦军投降项羽的决定。这20万秦军最终被项羽在新安城南全部坑杀。

无奈自刎

章邯此次降楚，是大秦帝国600多年历史上对外战争中最大的耻辱，超过了公元前628年，秦穆公时期进攻郑国，返回途中被晋襄公袭击，5万秦军全军覆没；同样超过了公元前225年，秦将李信、蒙武率20万大军灭楚，被楚国大将项燕击败的纪录。

也就在这一年，即秦二世三年，赵高杀死了胡亥，立子婴做秦王，子婴做了秦王以后，随即杀死恶贯满盈的赵高。子婴做了四十六天秦王，楚军打垮了秦军，进入武关。秦朝灭亡。项羽三分秦地：封立三秦王，封章邯为雍王，称王于咸阳以西，建都废丘；封长史司马欣为塞王，建都栎阳；封董翳为翟王，建都高奴。公元前206年8月，刘邦明修栈道暗度陈仓，章邯在好时与汉军交战，又被汉军打败，退保废丘。刘邦随即平定了雍地，率军围困雍王章邯于都城废丘。刘邦久攻废丘不下，至公元前205年6月，汉军用计水淹城池而城破，章邯遂拔剑自刎。

此时，我们不仅要问：章邯为谁自刎，为秦国吗？秦国已经亡国了，即使不亡国，秦人能原谅你吗？追随你的被项羽坑杀在新安城南的那20万秦民子弟会原谅你吗？为项羽而自刎吗？项羽不计你杀害自己叔叔项梁之仇，接受你的投降，表明项羽大度性格；但是，你章邯在废丘与刘邦相持10个多月，为何项羽不伸援手？这还不表明项羽对你的态度吗？因此，章邯的自刎，只能是为自己——为自己生命中最后的无奈选择。

跌宕人生

人生跌宕数章邯。我们看看，自公元前208年率领囚徒风光登场，为了秦国屡战屡胜，到公元前205年被刘邦围困而拔剑自刎，不到四年时间，章邯的人生就从风光无限的救秦英雄变成了降楚求生的罪人，不是吗？同样是大秦的名将，同样是以自杀方式终结生命，白起、蒙恬，总是被后人敬仰和同情；而章邯——这位大秦帝国的最后一位大将，拔剑自刎的结果是，别说令人敬仰，连同情都难以认可。

大秦末年的军事史，因为有了章邯，才有了秦王朝最后一支所向披靡、战无不克的囚徒大军；因为有了章邯，才使胡亥、赵高、陈胜、周文、魏咎、项梁、项羽、刘邦等这些历史人物逊色的更加逊色，精彩的更加精彩；同样，也因为有了章邯，才更令我们感到国家兴衰与个人命运的联系该是多么紧密。试想，如果胡亥、赵高不瞎折腾，当章邯率军在巨鹿之战中能够得到二世的正确决策，那么，凭借当时秦军20万囚徒大军和王离30万长城军，共计50万，即使不从南越调回赵佗的50万大军，事实已经说明，完全能够应对复国不久的六国旧部，从而重振大秦雄风。如果真是那样，章邯的命运或加官晋爵，或封侯封君，与亡国后的自刎结果天壤之别。就大秦王朝命运而言，章邯率领囚徒大军屡战屡胜的事实说明，秦朝灭亡的直接原因是秦二世用兵决策失误，历代文人所称秦朝灭亡的原因是"秦王暴政，不施仁义，老百姓苦秦久矣"等，均系从结果推导所得，片面性极强，"枪杆子里面出政权"才是颠扑不破的箴言。

一个本应佩戴国家勋章的抗敌英雄，最终却饮剑而亡。章邯跌宕悲惨的一生价值在于：当感到上天对你不公的时候，可以想想章邯，或许所有困惑便会释然。

拨开巨鹿大战第一战多重迷雾

（巨鹿大战系列之六）

发生于秦末的巨鹿之战，不仅使项羽一战成名，而且以此为转折点，加速了秦二世政权倒台，在中国乃至世界军事史上，该战也成为以少胜多的著名案例。但是，两千多年来对该战第一战的信息记载寥寥无几，人们有必要拨开与此相关的重重迷雾。

被迫出兵

巨鹿大战第一战是从何处开始的？史学界一般将公元前207年12月项羽帐杀宋义，掌握军权后，立刻派遣英布和蒲将军率两万军队渡河袭击章邯粮道并取胜，作为巨鹿之战的开始，然后经过破釜沉舟、活捉王离、杀死张角、涉间自焚，达到战争高潮；再经过统领诸侯、棘原之战、新安坑俘、章邯降楚，标志着巨鹿之战以项羽全胜而结束。接着，项羽西进，火烧咸阳，分封十八王，项羽人生抛物线达到辉煌峰值。

其实，仔细分析相关史料发现，巨鹿之战的第一战并非是项羽安排的英布、蒲将军率两万军队过河，而是当赵王歇与赵相张耳被秦军围困在巨鹿城之后，在项羽率军渡河之前，为张耳所迫，在城外的赵将陈余派出5000人规模军队与包围巨鹿城的秦将王离军团之间发生的一场大战。

按照《史记·张耳陈余列传》记载，章邯引兵至邯郸，夷其城郭。张耳与赵王歇入巨鹿城，王离围之。王离兵食多，急攻巨鹿。巨鹿城中食尽兵少，张耳数使人召陈余，陈余自度兵少，不敌秦，不敢前。数月，张耳大怒，使张黡、陈泽往。陈余乃使五千人令张黡、陈泽先尝秦军,至皆没。

《史记·张耳陈余列传》没有具体时间显示,而《史记·高祖本纪》记载得更加明确,秦二世二年(公元前208年)"章邯已破项梁军,则以为楚地兵不足忧,乃渡河,北击赵,大破之。当是之时,赵歇为王,秦将王离围之巨鹿城",秦二世三年(公元前207年),"赵数请救,怀王乃以宋义为上将军,项羽为次将,范增为末将,北救赵"。由此可以说明,陈余5000士兵与包围巨鹿城秦将王离军团的这场战斗,正式拉开了闻名于世的巨鹿大战序幕;同样是这次战斗,使张耳、陈余两人由"刎颈之交"的好友变为有你无我的生死对头,直至在后来"背水一战"中,陈余被韩信、张耳所杀。

迷雾重重

其一,身份不清。中国军事博物馆历代战争展馆入口处硕大展示牌写道:"兵者,国之大事,死生之地,存亡之道,不可不察也。"两军交战,关系国家前途命运,是一件非常严肃而慎重的事情,尤其是指挥将领的确定,学问更大。但在巨鹿之战第一战战斗中,陈余一方的决策环节显得异常唐突,具体表现:率领5000人马对秦作战的指挥官张黡、陈泽身份不明。陈余作为赵国大将军,两军开战,择将是第一要务。那么,张黡、陈泽够不够做指挥官的资格,如果不合适,为什么不从自己的队伍中选择?结果,包括张黡、陈泽在内等5000人全军覆没。陈余的做法显然不符合逻辑。

其二,生死不明。据《史记·张耳陈余列传》记载,巨鹿大战胜利后,在宴会上,张耳为什么当着陈余面,说是陈余杀了张黡和陈泽两人。张耳这样质疑,当然有他的理由,对于自己派出去的张黡、陈泽两人,生不见人,死不见尸,难道说陈余不是重点怀疑对象吗?再看陈余说张黡、陈泽是在战斗中战死了,证据是什么?见到过张黡、陈泽战死后的尸体吗?如果见到了,是怎么处理的?……如果这些都统统说不清楚,怎么能打消张耳的怀疑?

其三,缺乏佐证。关于巨鹿之战的史料,目前能够查阅到的大体有这样数篇:《史记·项羽本纪》《史记·高祖本纪》《史记·张耳陈余列传》《史记·白起王翦列传》《史记·秦楚之际月表》《汉书·陈涉项籍传》《汉书·张耳陈余传》《资治通鉴·秦纪·大泽起义》《资治通鉴·秦纪·破釜沉舟》等。遗憾的是，在这些史料中，对巨鹿之战第一战，陈余在张耳逼迫下出兵5000，最终全军覆没的事情，除了《史记·张耳陈余列传》（《汉书·张耳陈余传》与《史记》同）有记载外，其他均无。也就是说，此事成为一件孤立的信息，缺乏与之相关联的、必要的佐证。比如，《史记·白起王翦列传》中，可以说是对秦将王离最详尽的描写，但并没有其在巨鹿打败陈余5000人马的光辉业绩，其背后原因同样显得迷雾重重。

谜团成因

巨鹿之战中秦赵之间如此重要的第一场战斗，为何在司马迁的《史记》中成为孤立信息，形不成事件相关方相互佐证、闭合完整的信息链，其谜团背后成因是什么呢？综合多方史料，主要因素是：

第一，张耳与陈余的关系发生变化。在加入陈胜反秦队伍之前，张耳、陈余同为读书人，当时两人同命相连，共同的遭遇和志向使其成为"刎颈之交"。但是，当陈胜起义以后，两人都加入反秦队伍，并随着两人知名度提高、职务晋升等，权力欲望膨胀，再加之目睹陈胜、武臣、李良、韩广等为了各自利益以及各自效忠的集团利益而相互争斗、残杀的事实后，两人的关系其实在巨鹿之战前就发生了质的变化，即：由原来单纯的友情关系变成了暗自争斗的权力利益关系。

第二，陈余的贡献得不到张耳认可。张耳在宴会上劈头就问陈余，是不是你杀了张黡、陈泽？作为赵国的丞相，涉及人命关天的事，他这样问，应是经过深思熟虑后，张耳才对陈余彻底摊牌以致最终收回陈余将军印，解除兵权。张耳的这一举动既出乎陈余所料，也使陈余心中不平。首先，对于5000士兵全部阵亡以及张黡、陈泽的死，陈余也是满腔怨愤，因为这样的结果完全是拜张耳所迫；再者，在赵王歇与张耳被王离军围困在巨鹿城以后，在城外的陈余职责不仅仅是统率数万赵军，还担负着与楚军联络等外交工作。

《史记·项羽本纪》记载，项羽派英布、蒲将军渡河，取得小胜后，在"陈余复请兵"的背景下，率领全部楚军破釜沉舟，并获得全胜。也就是说，项羽作出破釜沉舟的战略部署，其中也有陈余的贡献；陈余对自己在抗秦中的贡献，自认为与张耳一样大，这一点从项羽分封中将张耳封为赵王、将自己封为南皮三县诸侯感到不满中可以得到证明。试想，陈余的贡献不仅没有得到张耳的褒奖，还被张耳解除兵权，他怎会善罢甘休。

第三，相关信息缺乏官方记载。司马迁对于巨鹿之战中第一战的描写是：陈余"乃使五千人令张黡、陈泽先尝秦军，至皆没"（《史记·张耳陈余列传》）。秦赵之间一场仅赵方就参加5000人马的战斗，如果加上王离一方，在兵力占据绝对优势条件下，参战兵力一定高于陈余的数量。这样一来，双方参战兵力应当在万人或者数万人之间。如此规模的一场战斗，在司马迁笔下，仅用19个字就结束了。

另外，秦代施行军功爵制，军人凭军功晋爵。汉承秦制。我们看到，《史记》中对于刘邦将领樊哙的军功就记载得非常详细。可是，司马迁在《史记·白起王翦列传》中，没有任何关于王离在巨鹿之战第一战军功记载，比如杀敌数量、缴获武器，俘虏或杀死对方将领级别等记录。这样的结果至少表明，司马迁在官方军事档案中未看到巨鹿之战第一战的事实记载。

至于这次既具有一定规模又是秦国获胜的战斗，为什么在秦国官方档案中查无讯息，我想，应当与当时的政治形势密切相关，即：几乎与巨鹿之战同时，秦二世三年（公元前207年）九月，赵高杀了秦二世胡亥，去掉帝号，立秦三世子婴为秦王。五天后，恶贯满盈的赵高被子婴所杀。又46天后，子婴投降刘邦，秦朝灭亡。

范增出走与霸王之亡

(巨鹿大战系列之七)

秦末时期范增的故事，司马迁在《史记·项羽本纪》《史记·高祖本纪》《史记·陈丞相世家》等篇章中有比较详细的记载。司马迁说范增是"年七十，好奇计"；刘邦说"项羽有一范增而不能用，此其所以为我擒也"。而对范增的评价，比较接近实际的是"政治家"这个头衔。何为政治家？参照《辞海》的解释，政治家是指那些具有一定政治主见、政治才干，并对社会历史发展起着重大影响作用的人物。而自范增出道以来，从其对项梁、项羽政治参与看，恰恰具有这方面的特征。

五次出手

翻遍司马迁关于范增对项梁、项羽反秦武装集团的政治参与，发现每当关键时期或者遇有重大行动，范增总计共有五次比较具体的参政机会，所提建议有的被采纳，有的不明不白被否决，直到最后一次连辩解的机会都没有而离场。

范增首次登台亮相是在项梁起兵反秦不久，秦二世的章邯军团势头正旺，陈涉被杀，楚地多支抗秦大军（包括刘邦军团）纷纷聚集在项梁麾下，项梁在薛县召集各路将领商讨新的对策。此时，范增向项梁提出建议，应立楚人后裔为王才有更大影响力、号召力。其理由：楚人一直怀念楚怀王，陈涉起义，自立为王，所以失败；各路反秦队伍为何归附你项梁，因为项家世代为楚将，楚将能获得人心，有号召力。听范增这么一说，项梁认为有道理，就同意了。便从民间找到已经沦落为放羊娃的、老楚怀王之孙熊心，将其立为新的楚王，因为楚怀王在民间影响力大，因此决定新的楚王名称仍为楚怀王。别看项梁采纳了范增这样一个建议，那对项梁来说，在体制上发生了翻天覆地变化——标志着一个新的时代开始了：楚国复国，国王熊心，项梁为武信君，陈婴为上柱国，都城盱台。这时的楚国中央级班子，谁的角色定位，自己都明智得很，国王熊心只不过是傀儡，实权还是在项梁手中。

范增的第二次登场是项梁在定陶战死以后，章邯率军北上攻赵，赵国屡屡向楚国等诸侯国求救。楚王熊心本就是个不安分的主儿，他并不满足名义上的楚王，时刻都想过一把真正的楚王瘾。项梁一死，他头上的紧箍咒解脱了，更不把项羽放在眼里。所以，在组建北上救赵的班子时，任命宋义为上将军，项羽为次将，范增为末将。

范增的第三次出手，是大家熟悉的鸿门宴。项羽拒绝范增建议，放跑刘邦。范增的第四次出手是鸿门宴以后，项羽分封十八路诸侯之前。《史记·项羽本纪》对此记载："项王、范增疑沛公之有天下，业已讲解，又恶负约，恐诸侯叛之，乃阴谋曰：'巴、蜀道险，秦之迁人皆居蜀。'乃曰：'巴、蜀亦关中地也。'故立沛公为汉王，王巴、蜀、汉中，都南郑。"从史料记载看，面对重大事项决策，很少有将项羽、范增两人名字并列放在一起的。这里足以看出，项羽和范增在提防刘邦与自己争天下的认知方面是完全一致的。

范增的第五次出手，也是最后一次，是在汉三年，项羽屡次侵夺汉军甬道，致汉军军粮短缺，刘邦恐慌，请求与项羽讲和。项羽想答应。范增说："汉易与耳，今释弗取，后必悔之。"范增一针见血指出要害，项羽改变了主意。这件事让陈平看到了范增的厉害。于是，经刘邦批准，陈平策划离间计，离间项羽与范增之间关系。操作细节为：项王使者到汉出使，陈平让人准备了丰盛宴席，已经上桌。此时，上菜者故意装作惊讶，说"我原以为是范增的使者，没想到是项王使者"。随之又把丰盛菜肴撤下换成粗劣菜品。使者将此情况汇报给项羽，项羽据此认为范增私通汉军，不容辩解，即剥夺了范增权力。于是，范增离开项羽回彭城，在途中因病而死。

末将之将

秦二世二年（公元前208年）八月，章邯得到秦二世的兵力支援，即率部进攻项梁，大破楚军于定陶。项梁战死。为了北上救赵，楚怀王任命宋义为上将军，项羽为次将，范增为末将。诸别将皆属宋义，号为卿子冠军。按照《史记·项羽本纪》记载，范增虽为末将，排名第三把手，但其自此开始，毕竟成了一名带兵的大将，人生命运也由此开始发生大转折。

令人感到迷惑的是，在能够查阅到的史料当中，使项羽破釜沉舟、一战成名的巨鹿之战，范增的名字仅仅出现在战争初期的部署当中，后来一直到战争结束，也没有看到有关范增所属队伍参加战斗的具体细节记载。尤其在项羽帐杀了宋义以后，楚怀王任命项羽为上将军，并明确："当阳君、蒲将军皆属项羽。"这样一来，按照当初的部署，救赵大军中原来由宋义、项羽、范增三人组成的指挥部，只剩下项羽和范增两人了。那么，问题来了：巨鹿之战不同阶段制定的作战方案以及发生的重大事项，如杀宋义、破釜沉舟、章邯降楚、坑杀20万降卒等，为什么看不到范增参与的记载呢？是范增真的没有参与还是上将军项羽不让他参与？从当时的历史背景分析，大概有这样几个方面的因素：一是决策程序并非集体性质，项羽作为上将军，自行决定重大问题尚属常态；二是项羽"猛如虎，狠如羊，贪如狼，强不可使"显勇好强的性格所决定，认准的事情就干，不让其他人知道；三是有的事情不能让别人知道，如杀宋义、坑降卒等，知道的人越少越好；四是分工不同，巨鹿之战战场分布比较广，项羽所率部队与范增所率队伍驻防地点不同，范增只是配合，战斗中归属项羽统一指挥，没有出现特别战例或者出现后被以项羽军队名义载入了史册。

但是，从巨鹿大战以后范增职务或待遇的变化可以反证：范增这个末将之将，是在项羽主导下自始至终参加了巨鹿之战，并且是有功劳的，项羽对范增的表现是满意的。这样的结论有两个证据：

第一个证据是在巨鹿大战之后的鸿门宴上，《史记·项羽本纪》中第一次出现"亚父南向坐。亚父者,范增也"的记载。范增比项羽年长几十岁,项羽尊称范增"亚父",说明项羽对范增在巨鹿大战中的贡献予以认可。

第二个证据是,项羽分封十八王以后,汉三年,刘邦被困荥阳,项羽数侵夺汉甬道,汉王缺粮,向项羽求和,项羽欲答应。此时,历阳侯范增说"后必悔之",于是,项羽与范增急围荥阳。请注意,此时的范增,身价又涨了,已经由谋士、末将、亚父又向前跨越一大步——成为历阳侯了。谁封范增为历阳侯呢?有资格的只有两个人:一是怀王,一是项羽。此时楚怀王已被项羽迁徙至郴地,途中被杀。那么,封范增为历阳侯的只能是项羽。但是,什么时间封的?史书没有记载,从客观事实推断,应该是在项羽分封十八路诸侯前后。这一举动同样说明,如果范增在巨鹿之战中没有功劳,项羽怎么会分封他为历阳侯呢?

霸王之亡

从巨鹿之战到鸿门宴到分封诸侯,再到项羽与刘邦楚汉之争数年间,在范增协助下,项羽可以说再大的困难也是顺风顺水,处处占据优势:巨鹿大战,一战成名;封诸侯、迁义帝,刘邦再不满意,只能忍受;彭城大战,刘邦56万诸侯军被项羽打得大败;被困荥阳,刘邦更加感到恐慌。这样的局势,一直到汉三年,陈平的离间阴谋得逞以后,范增离开项羽。也就在这一年开始,离开范增的项羽命运急转直下,直至垓下被围,乌江自刎。我们看看,项羽在没有范增的日子里,都经历了哪些惊心动魄的大事件。

首先是纪信救主。刘邦求和被项羽拒绝后,为了荥阳解围,汉将纪信装扮成刘邦,趁夜间从荥阳东门放出2000多名妇女,假装投降。楚军高呼万岁。刘邦趁机从荥阳西门出城逃往成皋。这次也和鸿门宴一样,在项羽军力处于绝对优势情况下,刘邦又一次逃脱。到了汉四年九月,韩信破齐,消息传到楚国后,项羽震惊,派大将龙且迎战,遂被汉军所杀。项羽又派盱台人武涉游说韩信,试图达成楚汉齐三足鼎立之势,被韩信拒绝。自此开始,楚汉两军势力大反转，项羽处于劣势局面。接着就是刘邦提出的鸿沟议和。项羽遵守协议，释放了刘邦老爹、妻、女、子等，解除防务，率部东归。而刘邦却背信弃义，趁机继续攻击项羽，兑现给韩信、彭越封地承诺，多路大军将项羽逼至垓下，自刎于乌江。

这就是事实，巧合也好，命运也罢，项羽与范增这对君臣，合作时项羽一路绿灯；一旦离开范增，项羽的命运急转直下，直到生命的尽头。当然，事情没有"如果"，假如范增仍然在项羽的身边，诸如"纪信救主""鸿沟议和"那样的低劣骗局，能够逃得过范增那双慧眼吗？项羽在范增离开短短不到两年时间内就人亡政息的事实，再次说明，范增不仅仅是一位重要谋士，更是一位政治家。越是在关键时刻，越显示出他的战略眼光：如立楚国后裔为王；鸿门宴之前建议项羽对刘邦"急击务失"；当刘邦提出议和，项羽欲答应时，范增提醒项羽"后必悔之"等。遗憾的是，项羽仅仅是军事家，他的心目中，王之九郡的楚霸王已足矣，当初看到秦始皇时所说"我可以代替他"的初心早已忘得一干二净；范增不同，他的心目中是想通过项梁、项羽等王者之手，真正恢复旧有的楚国版图和政治制度。他和项羽比较，奋斗的终极目标是有较大差距的。所以，当陈平并没有什么技术含量的离间之策公开以后，或许，项羽与范增两人心中都明白是怎么回事，只是谁也没有点破，两人分开也许都认为是一个合适的理由。

按照司马迁在《史记》中记载，同样作为项羽的谋士，陈平、韩信这两位可以说大名鼎鼎。陈平在项羽门下为官，说：项羽不能信人，用的人不是项家就是妻之昆弟，虽有奇士不能用，所以我乃离楚。韩信说：我事项王，官不过郎中，位不过执戟，言不听，画不用，故倍楚而归汉。比较陈平、韩信、范增三人，其有许多共同点，都侍奉过项羽，都是出色的谋士，韩信和范增都还是带兵的大将。不同的是，陈平和韩信对项羽不满意，都离楚投奔到其对手刘邦麾下，只有范增即使离开项羽也不去刘邦那里干与项羽为敌的事情，这样的做人底线令人敬佩。

在秦汉战事频发年代，中国多数人的寿命不过四五十岁。范增能够活到70岁，已属奇人；而七十出山，并屡出奇计，忠诚君主，别说在两千多年前的冷兵器时代，就是当下，范增这样的老者仍属奇中之奇。当"力拔山兮气盖世"的项羽，败在刘邦刀下时，其可曾再度想起奇人范增以及对他提出对刘邦"急击务失"的忠告？一个人即使权位再高、再春风得意，也不可轻视或忽略属下在关键时刻所提的建议，过分的自恋，过度的自信，往往会置自己于死地，或许回过味儿的时候已经晚了。

张耳浮沉录

(巨鹿大战系列之八)

2020年6月24日,国务院批复河北省邢台市区划调整:撤销桥西区,设立信都区;撤销桥东区,设立襄都区。这里的信都、襄都名称历史悠久。信都名称是战国时期赵国第四位国君赵成侯因在邢地设立檀台和信宫而得名。襄都名称比信都要晚一些,系汉元年项羽分封十八路诸侯王,张耳被封为常山王,将信都改为襄国。也就是说,张耳是襄国的首任国王。楚汉战争背水一战后,刘邦又封张耳为赵王,国都仍在邢地。可以说,张耳从受陈涉安排北上赵地反秦,到选任赵王歇、再到被秦将章邯兵围巨鹿、两度为王等人生浮沉中最重大事情都发生在河北境内。如今两千年过去了,河北井陉有背水一战古战场;河北内丘有张耳沟村;河北冀州有张耳祠、张耳墓等。张耳虽是魏国大梁人,但其生前死后皆与河北有着密不可分的关联。

内丘县张耳沟村

北上抗秦

关于张耳一生浮沉荣辱,司马迁在《史记·张耳陈余列传》《史记·淮阴侯列传》《史记·项羽本纪》、班固《汉书·张耳陈余传》等皆有记载,尤其在《史记·张耳陈余列传》记载得比较详细。张耳是魏国人,有志向,有抱负,年轻的时候曾经在战国四公子之一信陵君魏无忌的门下做门客。张耳曾经被官家消除了本地的名籍,逃亡到外黄一朋友家。在这里娶了一位富家女,并得到富家女家鼎力支持,广交天下之士,名气越来越大,后来当上了外黄县令。秦灭魏国的时候,张耳就在外黄,刘邦那时候还是一介布衣,仰慕张耳名声,曾经从沛县多次来到张耳家里,在张耳家里一住就是几个月,两人成为挚友。公元前225年,秦国攻灭魏国后,官家知道张耳是魏国的名士,就悬赏千金捉拿。为了躲避追捕,张耳改名换姓,与刎颈之交好友陈余一起逃到陈地避祸,做里正手下护卫工作。张耳胆大心细,遇事冷静。这期间,张耳把上面捉拿自己的通缉令到处张贴,认真传达,谁能想到张贴通缉令的人就是被通缉者本人呢!

恰在此时,张耳命运迎来大的转机:公元前209年,陈胜吴广起义爆发,并打到了陈地。张耳、陈余便去求见陈胜,陈胜和他的手下都听说过张耳、陈余的名气,因此非常高兴地接纳了他们。陈胜在陈地称王后,派自己的亲信武臣为将军,张耳为左校尉,陈余为右校尉,带兵三千北上赵地抗秦。武臣和张耳到了赵地之后,军队很快发展到几万人,武臣自封为武信君,攻下了十几座城池,接着采用范阳人蒯通谋策,燕赵之地的三十多个城守将也向武臣投降。在节节胜利面前,张耳责怪陈胜不让他和陈余做将军,只是委任他们校尉之职。于是便对武臣说,将军用三千兵马占领了赵国大片土地,如果不效仿陈胜称王的话恐怕难以稳定局势。武臣听后自立为赵王,封陈余做大将军,张耳做了右丞相。就这样,人逢乱世走鸿运,张耳从一名被秦朝官家通缉的犯人,摇身一变成为新立赵国的丞相。

武臣虽然作战勇敢,但他没有做赵王的命。公元前208年,武臣被自己的部下李良所杀,因张耳在赵国耳目众多,提前得到了消息,因此幸免于难。于是,张耳规整武臣5万余军队,拥立赵国旧族赵歇为赵王,以笼络民心。实际上,赵王歇不过是个傀儡,因为左丞相邵骚与武臣一起被李良所杀,真正掌控赵国实权的还是右丞相张耳,此时的张耳迎来了他人生历程中的第一次巅峰。

好友反目

张耳的新班子（赵歇为赵王，张耳为丞相，陈余为大将军）建立不久，即面对着一场生死存亡的严峻考验。公元前207年，秦将章邯领兵到邯郸，把城里的百姓都迁到河内，摧毁了城郭。张耳和赵王歇逃入巨鹿城，被秦将王离团团围住，从而引发了楚霸王项羽一战成名的巨鹿之战。

张耳和赵王歇被秦军包围在巨鹿城内，大将军陈余呢？率数万军队驻扎在巨鹿城北。章邯的军队驻扎在巨鹿城南，修筑甬道与黄河接连，给王离运送军粮。王离兵多粮足，急攻巨鹿。巨鹿城内粮食已尽，兵力很弱，张耳多次派人召陈余前来救援，陈余考虑到自己的兵力不足，敌不过秦军，不敢前往。相持了几个月，不见救兵，张耳大怒，派张黡、陈泽前去责备陈余。于是，陈余就派了5000人马让张黡、陈泽带领着攻击秦军，结果全军覆没。后来，多个诸侯国援军陆续赶到，但面对强大秦军都不敢进攻。最终，楚军大将项羽挺身而出，破釜沉舟，彻底击败秦军，张耳和赵王歇得以解围。解围以后，紧接着在答谢诸侯的宴会上，丞相张耳和大将军陈余见面了。张耳询问自己派去的张黡、陈泽两位使者下落，陈余说，他们和5000士兵一起在与秦军作战中战死了。对此说法，张耳不相信，"以为杀之，数问陈余"。陈余大怒，就解下将军印，推给张耳，起身上厕所去了。张耳在属下撺掇下，接受了陈余的将军印以及陈余的军队。自此，张耳和陈余，这对曾经的生死之交反目成仇。巨鹿大战以后，张耳跟随着项羽40万大军和其他诸侯进入关中。

公元前206年2月，项羽分封十八路诸侯王，张耳向来交游很广，很多人替他说好话，项羽平常也听说张耳有才能，于是分割赵国的土地封张耳做常山王，都信都，改名为襄国。而陈余呢，只被封了南皮等三个县为侯。陈余不服气，认为项羽分封不公，同样功劳，凭什么张耳为王，自己仅侯？赵王歇反秦无任何功劳，还被封代王。于是，陈余率自己封地军队攻击中山王张耳，张耳败逃，投靠了刘邦。陈余击败了张耳后，迎回了赵王歇，自己被赵王歇封为代王。但是陈余没有到封地去，而是留下来辅佐赵王。公元前205年，刘邦联合多路诸侯攻打楚国国都彭城，派使者通知赵国，要和赵国共同伐楚。陈余向刘邦提出条件：只要杀掉张耳，就从命。于是刘邦找到一个和张耳长得相像的人斩首，派人拿着人头送给陈余。陈余这才发兵助汉。这次刘邦在彭城以西打了败仗，陈余知道张耳没死，所以就背叛了刘邦。从这件事可以看出，陈余对张耳解除自己的大将军职位特别在意，非要将张耳置于死地不可。

背水恩仇

公元前204年，韩信平定魏地不久，刘邦派韩信和张耳攻打赵国的井陉。当时，韩信、张耳只有兵马数万；而赵将陈余拥兵20多万，还有著名军师李左车相辅，又占据有利地形，可以说赵军在此次作战中占有绝对优势。韩信在敌强我弱形势下，事先了解到陈余并未采纳李左车的作战方案，于是心中暗喜，便冒险作出"背水一战"的战略部署，类似巨鹿之战中项羽的破釜沉舟，全军将士奋勇作战，切断退路，以少胜多，击败赵军，在泜水河畔杀死陈余，在襄国追杀了赵王歇。此战结束后，刘邦封张耳为赵王。张耳再一次以赵王身份回到赵地，使他的人生辉煌达到顶点。不过，张耳当上赵王仅仅两年后，于公元前202年去世，享年62岁。这一年，张耳的儿子张敖做了赵王，刘邦与吕后所生的大女儿鲁元公主嫁给张敖做王后，张耳与刘邦结为儿女亲家。只是，这些至高无上的荣耀，张耳已经看不到了。或许，令张耳感到欣慰的是，三年前，陈余还向刘邦要张耳的脑袋，否则不出援兵；三年后，陈余竟然成为张耳的刀下鬼。

张耳是名士后代，曾祖父是大名鼎鼎的秦国丞相、纵横家张仪，祖父张封章，父亲张伯辽，儿子张敖，可以说都非普通庶民，都是有作为的人。张耳本人呢？我们看看他的履历：公元前225年，秦灭魏后，被通缉，改名换姓逃亡。公元前209年，陈胜吴广起义爆发，张耳加入起义军，被任校尉；同年，武臣自立为赵王，张耳被封为右丞相。公元前208年，武臣被杀，张耳立旧赵国王族赵歇为赵王。公元前207年，张耳与赵王歇被困巨鹿城，解围后，与陈余反目。公元前206年，项羽封张耳为常山王，陈余不服，率军将张耳赶跑。公元前205年，张耳投靠汉王刘邦。公元前204年，张耳随韩信井陉击赵，背水一战，杀死陈余。公元前203年，刘邦封张耳为赵王，都城仍为襄国。公元前202年，张耳病逝。

浮沉荣辱

张耳生于公元前264年，从履历中可以看出，他一生最潇洒的日子并非是做赵王，而是在外黄任县令期间，那时，他有财力十足的富家女夫人做后盾，广交天下名士，贤名在外，整日高朋满座，刘邦、陈余等挚友均是在那时结交的。公元前209年，陈胜吴广起义爆发，张耳参加起义大军时，已经50多岁。从公元前209年加入反秦队伍到公元前202年去世，他的职务从校尉到丞相又被项羽、刘邦两度封为赵王，表面上步步升高，但是动荡的年代，战事不断，每个官衔时间都极短，一年一变，没有安稳的日子。张耳一生中最狼狈的大事有两件：被困巨鹿城和被陈余从常山王封地赶跑。这两件事中，被困巨鹿是形势所迫；而被陈余赶跑则与自己在处理与陈余关系方面的失误密切相关。

张耳作为一位稳重、智慧的贤者，其人生中最大的失误是与刎颈之交的陈余反目。导致二人反目的导火索是被困巨鹿城中的张耳派自己的属下张黡、陈泽去城外要求陈余出兵救援，陈余不情愿地派出5000士兵，由张黡、陈泽率领与秦军开战，结果全军覆没。张黡、陈泽两人战后是否仍然活着？史料没有记载，按照一般推论，其大概率应当是在战斗中与众多士兵阵亡，因为战斗结束后，张耳、陈余双方都没有听到张黡、陈泽的任何信息。所以，在巨鹿解围后的宴会上，张耳一再认定是陈余杀了张黡、陈泽，陈余当然不予认可，由此解下将军印给了张耳，两人由此反目成仇。

从《史记·张耳陈余列传》记载的细节看，张耳在没有任何证据的前提下，认定陈余杀了张黡、陈泽，是不理智行为，解除原赵王武臣封给陈余的大将军职务，更加显得决策不周，以致因此事后来酿成一系列祸端。张耳、陈余由刎颈之交到反目成仇，主责在张耳，陈余处于被动地位。就个人人品而言，有说张耳比陈余的段位高一些，对此笔者持不同意见。陈余的人品要高于张耳，当张耳冤枉陈余杀死张黡、陈泽时，陈余敢于扔掉将军印以证明自己清白；当自己认为项羽封王明显不公时，便率军攻赵，将张耳赶跑；当刘邦让陈余出兵攻楚时，陈余直言以杀死张耳、见到张耳脑袋就出兵；当知道刘邦以别人的脑袋代替张耳脑袋骗自己时，陈余迅疾背叛刘邦等。陈余在大是大非面前，如此分明，决策果断，行动迅速，说明了陈余不受委屈、敢恨敢爱的鲜明个性。正因为陈余的这一刚正性格，也成为张耳在井陉口背水一战中不动声色地下决心杀死陈余的重要因素。

巨鹿大战主战场寻踪

（巨鹿大战系列之九）

巨鹿之战，是秦末农民大起义中也是中国历史上著名的以少胜多的战役之一。其主战场在哪里，由于该战争规模较大、战线较长，史学界众说纷纭，就连该战所在地巨鹿以及邻近平乡、隆尧、宁晋、丘县、曲周、临漳等地也能说出与巨鹿大战主战场相关的一些例证。那么，该战主战场的核心区域到底在哪里？

锁定平乡

司马迁在《史记·张耳陈余列传》中记载："章邯引兵至邯郸，皆徙其民河内，夷其城郭。张耳与赵王歇走入巨鹿城，王离围之。陈余北收常山兵，得数万人，军巨鹿北。章邯军巨鹿南棘原，筑甬道属河，饷王离。王离兵食多，急攻巨鹿。"

从这里的记录看，既有赵相张耳和赵王歇走入巨鹿城的表现，又有秦赵双方队伍在城外围堵具体方位，因此，可以说其主战场的位置就是在巨鹿郡城。那么，巨鹿郡城又是当今什么地方呢？翻阅教科书证实：秦代巨鹿故郡位于今天河北省平乡县平乡镇，其坐标为东经 114.52 度、北纬 26.57 度，即两千多年前的那场名震天下的巨鹿大战主战场。

黯淡了刀光剑影，远去了鼓角争鸣。当年巨鹿郡城到底什么样？张耳、赵王歇为何选择退守到巨鹿郡城等，两千多年来，既缺乏翔实的文字资料，更无影像图画可据，人们只能依据大概率的史料予以复原和描绘。2017 年 9

月的一天，笔者从北京来到河北省平乡县平乡镇这块在华北平原中普通得不能再普通的土地上，既看不到向社会公示的巨鹿故郡的城郭残存，也看不到与巨鹿大战有关的一丝一毫的文字昭示。笔者向当地长者了解巨鹿故郡，他们不大清楚，但会告诉你，这个镇子上最有名气的古文物就是建于1008年宋代、现在在一处废弃粮库内的文庙大成殿，据说是这个县唯一一处国保级文物。

位于平乡县平乡镇的巨鹿郡城遗址，在2015年被批准为河北省省级文保级别，列为秦至汉代遗址。在标志缺失情况下，实物遗存在哪里呢？平乡县文保部门负责人士介绍，根据专家考证，这里是巨鹿郡城遗址西城墙，现在八九十岁的老人还能记着当年城墙的模样。后来，由于缺乏管理，古城墙上被盖起民房，时间越长，房子盖得越多，人们再也看不到城墙的样子了。

史料充足

河北省平乡县文保部门专家介绍，两千多年前的巨鹿郡城即现在的平乡镇一带，这个结论有多方面史料支撑。

《汉书·地理志》记载："巨鹿郡，秦置。""巨鹿，《禹贡》大陆泽在北。纣所作沙丘台在东北七十里。"这是从方位角度表述巨鹿古郡最早最具体的记载。《旧唐书·地理志》却记载，巨鹿郡在今平乡村北十一里八辛庄一带；《清一统志》记载，巨鹿郡遗址在今平乡县平乡村；《中国古今地名大辞典》载，巨鹿郡在今平乡县平乡村；郭沫若主编的《中国史稿地图集》（上册，中国地图出版社1996年版）"秦末农民起义"篇章中，对于巨鹿郡与平乡县的位置作出明显标记；1988年，考古工作人员在城西北50米处，发现战国墓群，并出土了陶器、青铜剑等；2004年河北省文物研究所在配合邢临高速公路文物发掘中，在平乡镇南数百米处，地表下4米，发现古代城郭上沿，所探到的城墙为黄土夯打而成，南北走向。

据介绍，考古工作者为了搞清城墙的结构和性质对此进行发掘，清理出城墙50余米，并向南探测10米远，发现城墙向东拐；在发掘过程中，还发现秦汉时期的灰陶片和其他包含物，专家对发现的材料进行研究和考证，认为这里是古巨鹿郡城址。历史上记载的巨鹿之战遗址范围很大，虽然史学界已经争论了多年，但目前能够佐证且得到各方都公认的还是位于平乡镇的巨鹿郡城遗址。所以，目前中国军事博物馆古战场展区内陈列的仍是平乡县平乡镇巨鹿郡古城墙发掘时的图片。

城池坚固

在中国漫长的封建社会中，"巨鹿"这一地名显赫，直到现在仍有大都市保留着"巨鹿路""巨鹿道"等街巷名称。据考证："巨鹿"原本为"大麓"，其名字最早见于《尚书》。它记载"尧试舜百揆纳于大麓"，说五千年前唐尧禅位给虞舜，就是在这地方。古时候，"大""巨"二字相通，"麓""鹿"二字意近。战国末年，吕不韦编写《吕氏春秋》，把"大麓"写作"巨鹿"，"巨鹿"之名由此诞生。

寻访巨鹿古战场的人士介绍，巨鹿郡城址位于平乡县城西南14.3公里处的平乡镇，年代为秦至东汉初，城近似方形，城墙由夯土所筑而成，城墙非常坚固。笔者在平乡镇期间，有上了年纪的老者说，距离今平乡镇三四十公里以外的永年广府古城保存得非常完整。如果到广府古城一看就非常直观，巨鹿郡古城与此相仿：同样是城墙又宽又高，城外河渠密布、林木茂盛；城内庶民日出而作，日落而息，街巷纵深，四通八达。

《史记·张耳陈余列传》中记载："张耳与赵王歇走入巨鹿城，王离围之。陈余北收常山兵，得数万人，军巨鹿北。章邯军巨鹿南棘原，筑甬道属河，饷王离。王离兵食多，急攻巨鹿。巨鹿城中食尽兵少，张耳数使人召前陈余，陈余自度兵少，不敌秦，不敢前。数月……"从这里的描写可以看出，张耳、赵王歇在章邯大军压境下，从信都退守巨鹿郡城，也是从交通位置、城池坚固程度、饮水充足等方面深思熟虑的，否则的话，他们在城内也难以坚持"数月"之久，直到项羽解围。《史记》中还记载，张耳、赵王歇在城中被围后，张耳派人逼迫城外的陈余大将军出兵攻秦，陈余考虑到敌强我弱具体情况，给予张耳派出的使者5000人马攻秦，结果陷入沼泽，全军覆没。这一点也说明，巨鹿故郡城外，水草茂密，沼泽地较多。

第六编

纵　深

吴起：最失败的成功者

（纵深系列之一）

按照史学家的断代，我国自公元前770年到公元前476年为春秋，自公元前475年到公元前221年为战国。人们常说的春秋战国时期，就是指公元前770年到秦始皇统一六国的公元前221年。

这500多年，无论史学家们怎么表述，基本可以用"民族大融合、社会大动荡、经济大发展、个性大张扬"这样"四大"来概括。各路英雄你方唱罢我登场。如思想家：儒家孔子、孟子、荀子，道家老子、庄子、列子；法家子产、韩非、李斯；政治家管仲、伍子胥、吕不韦、吴起、商鞅、李悝、申不害、苏秦、张仪；兵家孙武、孙膑、吴起、尉缭子……为中华文明数千年文脉传承打下了坚实基础。

不知你注意到没有，在这一长串堪称院士级、博导级的名单中，"吴起"的名字出现了两次，他既是政治家，又是兵家。有人说，战国的兵家名单中，还应当有廉颇、李牧、白起、王翦的名字。不对，他们这些只是大将，不能成为兵家。吴起，在战国初期群雄并起、竞争惨烈的年代，一人能获得政治家、兵家两大头衔，可见其多么了得！毫无疑问，他的人生是成功的；可仔细梳理他的人生轨迹，我们会惊奇地发现，与他同时代的名家比较，他又是最失败的——一个最失败的成功者。

学得文武艺

吴起生于公元前440年，去世于公元前381年，享年59岁。综合《史记·孙子吴起列传》《史记·儒林列传》《资治通鉴·吴起传》《尉缭子·制谈》《韩非子·内储三》《战国策·秦策三》《说苑全译·指武》等篇章记载，公元前412年，吴起在鲁国为将，那一年他28岁，率军攻齐，大破之。

司马迁在《史记·孙子吴起列传》中称："吴起者，卫人也，好用兵。尝学于曾子，事鲁君。""曾子薄之，而与起绝。起乃之鲁，学兵法以事鲁君。"《史记·儒林列传》记载，子夏居西河……吴起……受业于子夏之伦。西河学派是魏文侯创办的，由孔子的门生子夏传学。由此可见，吴起学兵家理论是在鲁国，学儒家本领是在魏国。

"学得文武艺，货与帝王家。"2500多年前手持儒家、兵家两本文凭的吴起，年轻气盛，志存高远，信心满满，与现在名牌大学毕业生没什么区别，首先想到的是当公务员、当君王身边的高级公务员。他在鲁国将军的位置上干了三年以后，到公元前409年，从弱小的鲁国，跳槽到当时诸侯列国中势力最强大的魏国，在魏国，一干就是22年，直到公元前387年遭国相公叔痤嫉妒而离魏奔楚。从31岁到53岁，吴起最壮丽的人生智慧全都贡献给了魏国。

他在魏国先是辅佐魏文侯、魏武侯两代国君，从公元前409年到公元前396年，效忠魏文侯的13年间，主要是率兵打仗，充分展示了他的军事才华，为魏国开疆拓土，设立河西郡并被任命为河西郡守。这期间，最著名的魏秦阴晋之战，吴起仅凭10万军队就打垮了20多万秦军，以至于魏霸河西，力压秦国80余年而秦不敢东出函谷。之后，吴起又做了魏国的上将军，并对魏军进行彻底改革，开创了华夏有史以来最早的职业化军队（募兵制）——魏武卒。加之他以身作则、官兵一致、爱兵如子的带兵作风，魏国军队所向披靡，史书记载，与敌大战72场，取得了64胜、8平的骄人战绩。至此，吴起在魏国政坛功绩、名望越来越大。

极身无二虑

"极身无二虑，尽公不顾私。"战国时期士子阶层这种敢于牺牲、坚定不移的理想信念、不达目的誓不休的仁者侠情，成为那个时代独有的一抹亮色。毫无疑问，吴起同样是这一阶层的一员，同样有着为辅佐君主而"极身无二虑，尽公不顾私"的一腔热血。公元前396年魏文侯驾崩，魏武侯继位，除了军事才能外，他治国理政的政治见解也得以充分展示。

一代明君魏文侯去世，继任者魏武侯却没有其父亲魏文侯一般的文韬武略，新的国君面前，对吴起也是个考验。在他的心目中，一心考虑的只是国家社稷，而国君对他的话是否喜欢，吴起很少考虑。看下面记载，就足以说明吴起在处理与新国君关系上，显得非常幼稚，处处让魏武侯感到难堪。

据《说苑·建本》记载，有一次，魏武侯谋事而当，大臣们谁都比不上，退朝时面带喜色，本想得到吴起赞扬，而吴起引用楚庄王对待类似事情的话说："诸侯自为得师者王，得友者霸，得疑者存，自为谋而莫己若者亡。"翻译成今天的白话就是：诸侯做事能得到师傅可称王天下，得到朋友可称霸诸侯，能得到提出疑问的人能够保全国家，自认为没有谁能比得上的会灭亡。《史记·孙子吴起列传》记载，魏武侯即位不久，与吴起泛舟黄河顺流而下，船到半途，魏武侯回过头来对吴起说："山川是如此的险要、壮美，这是魏国的瑰宝啊！"吴起回答说："国家政权的稳固，在于施德于民，而不在于地理形势的险要。如果您不施恩德，即便同乘一条船的人也会变成您的仇敌。"

虽然这些事情使魏武侯难堪，但是魏武侯并没有责备吴起，而是对吴起充满了尊敬。魏武侯听了吴起的教诲后，向后退了几步，双手拱揖说："你可是苍天派来改正我过错的。"在吴起面前显得特别谦卑和改正错误的诚意。这也许就是阳谋与阴谋、所处位置不同处理同一件事所采取的不同做法。在这一点上，魏武侯早已知道如何对待功高显赫的吴起，而吴起却还对这位新的君王抱有重用自己的幻想。

后来，在魏武侯选择新任丞相时，吴起天真地认为，凭借自己对魏国的功劳，坐上丞相宝座当是手拿把攥，天下人没有不服气的。结果出乎他的预料，毫无功劳的贵族田文做了丞相而不是自己。对于这样的结果，吴起很不理解，找到田文与田文比谁对魏国的功劳大。田文承认自己没有吴起功劳大，但是，他从另一个角度对吴起说："国君还年轻，国人疑虑不安，大臣不亲附，百姓不信任，正当处在这个时候，是把政事托付给您呢，还是应当托付给我？"吴起沉默了许久，然后说："应该托付给您啊！"由此可见，吴起辅佐魏国，满脑子想的都是魏国强大，在丞相职位方面，他压根就没想过自己这个外乡人与田文属于贵族血脉这一差别，更想不到，在继任者魏武侯眼中，吴起的军事才能和告诉他"在德不在险""自为谋而莫己若者亡"的治国之道，都已成为其"功高震主"的负能量。田文死后，早已嫉妒吴起的公叔痤正是把准了魏武侯的这一心理，才与魏武侯、属下、妻子一同导演了将公主嫁与吴起、吴起拒绝、逼走吴起的政治游戏。公元前 387 年，吴起离魏奔楚。

到楚国时，吴起已经 53 岁。由于吴起在魏国的功劳大，在其他列国的名气也大。来到楚国任一年宛守后，被晋升为国相并主持变法。他在魏国披肝沥胆，历经两任国君没有实现的心愿，没有登上的国相平台，竟然这么轻而易举实现了。因此，他更要凭借自己的治国才能，通过"吴起变法"报答楚悼王。

吴起变法主要内容：一是均爵平禄。将贵族充实到地广人稀偏远之处，开发边远地区。二是精简政府机构，整治官场腐败。三是禁止私人请托，纠正残害忠良的不良风气。四是加强军事力量，用财政提高士兵待遇，增强战斗力。这样的变法，虽然增强了楚国实力，但是触动了贵族利益。公元前 381 年，楚悼王一死，王室大臣发生骚乱，攻打吴起，吴起无处逃脱，便附趴在楚悼王尸体上。那些攻打吴起的人将吴起乱箭射死。这一年，吴起 59 岁，以终结生命的代价践行了"极身无二虑，尽公不顾私"的信条。

生死伴污名

政治家、改革家、兵家、郡守、大将、令尹、国相等，吴起的这些亮闪闪的金字招牌，都足以说明他的一生是成功的。与其同时代的名家，谁能有如此跨界、多元的成功呢？是的，这是事实。可我们不能忘记的是，与其同时代的名家比较，吴起还是背着诸多污名的成功者，且从生前到死后数千年一直伴随着他。因此，从古代士子们非常看重名节角度看，吴起又是一个非常非常失败的成功者。那么，成功者吴起到底身负多少种污名呢？

其一，杀人犯。"吴起杀其谤己者三十余人，而东出卫郭门。"其二，败家子。"其少时，家累千金，游仕不遂，遂破其家。"其三，求将杀妻。"齐人攻鲁，鲁欲将吴起，吴起取齐女为妻，而鲁疑之。吴起于是欲就名，逐杀其妻，以明不与齐也。鲁卒以为将。"其四，母亡不归。吴起"遂事曾子。居顷之，其母死，起终不归。曾子薄之，而与起绝"。其五，贪而好色。"吴起于是闻魏文侯贤，欲事之。文侯问李克曰：'吴起何如人哉？'李克曰：'起贪而好色，然用兵司马穰苴不能过也。'于是，魏文侯以为将。"（以上均引自《史记·孙子吴起列传》）

一个堂堂国际级别大咖，竟然身负如此罪状。对于吴起的这些污名，除了与曾子"绝交"以外，吴起的仕途和升迁似乎并没有受到任何影响。为什么出现这样的结果？这与吴起的诸多污名真实性以及事情本身性质有关。比如，吴起"杀30多个"诽谤他的邻居。这一事情的真实性就值得分析。吴起所在的卫国在当时是一个小国，附属于魏文侯掌政的魏国。魏文侯注重修德，建立了崇尚儒学的西河学派，丞相李悝编著的《法经》也有较大影响。如果自己的属国真的发生吴起一次杀死30多人的恶性事件，怎能不了了之？再者说，被杀的人也要告官吗！还有，李克说，吴起"贪而好色"，没有提供任何事实，从吴起在鲁国、魏国、楚国数十年为政经历看，其政绩、名声均系勤政清廉，与"贪而好色"形成鲜明对照。关于"母亡不归"，从"孝道"方面讲，吴起有过，但从具体原因分析，也与吴起个性有关。吴起离开家乡外出求学，临别时咬着胳膊对其母亲说："起不为卿相，不复入卫。"母亲亡故时，吴起尚在求学，既没做卿，也未为相。他践行诺言，不回去奔丧，虽不遵孝道，也自有其理，包括败家求官同样如此。

对于诸多污名，吴起生前不在乎，死后也没有人为其洗刷清白，只能顺其自然了。不过，好在公道自在人心。对于春秋战国时期的名士来说，生前或死后，其名字能称为"子"的，均是对其尊重、尊敬的标志，是有德行的表现，如孔子、孟子、庄子、韩非子，等等。可喜的是，吴起在不少史料中，也被称为"吴子"。

令吴起想不到的是，在其死20多年以后的公元前359年，同样是与魏国国相熟悉的商鞅在秦国实施著名的"商鞅变法"，其废除官爵俸禄世袭制、制立军功爵制、奖励耕织等，几乎是吴起在楚国实施变法的继续和深化，甚至连"徙木立信"这样的办法，也完全照搬照抄吴起。吴起在魏国做郡守时，就使用让庶民百姓搬走车辕，奖励上等良田方式，激励勇者将秦国设置在魏国边境的岗亭摧毁。商鞅学用吴起之法，为秦孝公、秦惠文王两代国君图强图变提供了可操作性方案，为秦始皇后来的图霸天下奠定了物质基础。大才吴起，生逢其时，生不逢时，惨死于乱箭，污名伴身，真乃一失败的成功者。

商鞅：斯人不朽

（纵深系列之二）

商鞅于公元前356年和公元前350年两次大规模的变法，为秦国崛起成为战国时期的霸主，乃至后来为统一六国奠定了体制、经济等方面的坚实基础，可这样一位为秦孝公单枪匹马打了18年工的高级白领，中国最早的职业经理人，以超优异成绩完成了"强秦"这一责任目标以后，最终被秦孝公继任者秦惠文王以莫须有的"谋反"罪名车裂！如此辉煌业绩、如此惨烈下场，悲乎！

大才之材

商鞅，原名卫鞅、公孙鞅，因封地在商，被称为商鞅。其生于公元前395年，卒于公元前338年，享年57岁。商鞅到底有多厉害？可以说其才气完全超出我们的想象。根据司马迁《史记·商君列传》："鞅少好刑名之学，事魏相公叔痤为中庶子。公叔痤知其贤，未及进。会痤病，魏惠王亲往问病。曰：'公叔病有如不可讳，将奈社稷何？'公叔曰：痤之'中庶子公孙鞅，年虽少，有奇才，愿王举国而听之。'王嘿然。王且去，痤屏人言曰：'王即不听用鞅，必杀之，无令出境。'王许诺而去。公叔痤召鞅，曰：'今者王问可以为相者，我言若，王色不许我。我方先君后臣，因谓王即弗用鞅，当杀之。王许我。汝可疾去矣，且见禽。'鞅曰：'彼王不能用君之言任臣，又安能用君之言杀臣乎？'卒不去。惠王既去，谓左右曰：'公叔病甚，悲乎，欲令寡人以国听公孙鞅也，岂不悖哉！'"

到底是司马迁，仅用200多个字，就把国君、丞相、小办事员商鞅三个人物形象刻画得鲜明突出，表面上写国君与丞相商议国之大事，暗中突出了商鞅的才能和快速准确机智的判断能力。商鞅年少时学的专业是刑事法律，后来在魏国丞相公叔痤手下当个办事员。公叔痤病重，临终前魏惠王去看望，请公叔痤推荐丞相接班人选。公叔痤就推荐了商鞅。魏惠王不予理睬。公叔痤进一步告诉魏惠王，如果不用商鞅，你就杀了他，别让他到他国，那样对魏国不利。魏惠王仍然没有给予公叔痤明确答复。魏惠王走后，公叔痤对商鞅说："我推荐你接替我的职位，魏王没有表态。后来我说，你不用商鞅就把商鞅杀了，别让他去他国。看来魏王没有用你意思，你赶快逃跑吧，晚了就来不及了。"商鞅镇定地说："既然魏王不听你的话用我，也就不会听你的话杀我。"商鞅继续在魏国做他的小办事员。

公元前361年，秦孝公发布招贤令，称："国家内忧，未遑外事。三晋攻夺我先君河西地，诸侯卑秦，丑莫大焉。"然后说，不管是谁，"有能出奇计强秦者，吾且尊官，与之分土"（引自《史记·秦本纪》）。"与之分土"，什么概念？那可是下了大决心的，也是第一个提出与公族以外的人分享天下的国君。商鞅一看自己施展抱负的机会来了，就从魏国来到秦国，通过景监见到秦孝公，公元前356年，商鞅被秦孝公任命为左庶长，主导强兵强国变法。

这里我们可以看到，在魏国时，商鞅仅仅作为相府的办事员，其才能就被老丞相公叔痤发现了，并在病重时推荐给魏惠王。试想一下，从办事员到丞相这样的副国级职位，中间相差多少台阶？再者，公叔痤提醒魏惠王，如果不用商鞅就将商鞅杀掉，这里体现的是什么呢？是商鞅的潜在价值。那么，公叔痤如此看重商鞅，他的判断是否正确呢？这一点可以从商鞅入秦以后得以证明：他的强秦理论和实施方案，得到秦孝公认可，从此登上更大舞台。后来，商鞅率秦军打败魏军。魏惠王感叹：当初悔不听公叔之言。可以说，商鞅的才华能够得到魏国魏惠王、魏国的丞相公叔痤、秦国秦孝公，这样两个国家、三个重量级人物的认可，足见商鞅的才气了得。

不与众谋

通过与贵族老臣甘龙、杜挚的激烈辩论，商鞅的变法主张战胜了守旧保守势力，秦孝公成为商鞅变法的有力支持者和坚强后盾。这一年商鞅39岁，秦孝公24岁。两位志存高远的变法推动者、主导者，为了实现"强秦"目标，面向东方诸侯各国，运筹帷幄，任意挥洒人生。公元前356年和公元前350年，变法分成两步推进，目标明确，靶向集中，即："农、战"二字。

政治与军事方面：实行残酷的连坐制。一人有罪，父母妻子连坐（连带受罚）。五家互保，十家相连。五家连在一起称为"伍"，十家连在一起称为"什"。组建地方政府系统。把小的村落、乡邑聚集起来，设立县。全国共设41个县（一说31个县），县直属中央，创新政治结构。废除世卿世禄，实行军功爵制，二十个等级，用最大的力量奖励战功。许多靠世袭、资历、行贿等途径成为贵族的人失去特权。经济方面：推崇农耕，一个家庭生产的粮食和布帛超过一般产量，可免除徭役。凡是无业、懒惰而贫穷的，押送边疆垦荒。废井田开阡陌，把原来田里用土堆成的疆界和供战车奔驰的道路都打开，鼓励耕种，承认土地私有。鼓励赵魏韩周边国家来秦国开荒种地，三年不收税。社会生活方面：严禁私斗，移风易俗，一家有两个成年男子，强迫分家，以增加生产和国家税收。

从变法内容我们可以看到，商鞅变法并非增量改革，并非帕累托式不损害既得利益、将社会风险降至最低的维稳式改革，而是涉及国家体制和贵族阶层以及老百姓个人利益调整的全方位改革，遇到阻力、引起社会震荡是必然的。对此，商鞅在秦孝公支持下，采取了立信、树威、去异、罚誉等多方面不与众谋的强硬手段，排除一切阻力，推动变法深入人心，落地见效。

将一根两丈高木头从城门的这一侧搬到另一侧，如此简单的劳动给予50金，显然超出常规，商鞅召集众人实施这一行动，要的就是轰动效应，要的就是让老百姓看到，官府说话是要兑现的，即使是不符合常规，也照样兑现，目的在于为变法造势；在变法中，太子犯罪，一样受到处罚，对太子师傅公子虔按律予以黥刑、劓刑，以树立法律权威，彰显国君推行变法的坚定意志；去异，就是禁止不利于变法的各种聚集游说，在舆论上统一认识；罚誉，就是将一些到官府集中反映从变法中得到好处、赞扬变法的百姓，一律流放到边疆一带，以使官府从各个方面集中精力推进变法。商鞅就是商鞅。不与众谋的思维，不与众谋的举措，不与众谋的冒险，换来的是不与众谋的结果。秦孝公将商鞅由左庶长提升为大良造。该职位是孝公时期秦国国内仅次于国君的最高官职，位列变法后的军功爵制第16位。至此，两位变法最高谋划者、推动者之间更加默契，对变法效应和预期更加信心满满。

新的崛起

秦国从襄公开始到秦始皇统一六国，在600多年历史中，共经历33位国君，能够使秦国从西部边陲的一个小小附庸，变为称霸诸侯进而统一天下的强国，这期间共有四次崛起，即：襄公立国，穆公坐实，孝公强秦，昭公东进。在此基础上，秦王嬴政横扫六合，天下归一。其中，最大的转折点是孝公强秦，当然，秦国此次新的崛起，商鞅因变法成功而功莫大焉。司马迁在《史记·商君列传》这样记载："变法行之十年，秦民大说，道不拾遗，山无盗贼，家给人足。民勇于公战，怯于私斗，乡邑大治。"这里既有民风的改变，也有经济方面的变化——家给人足。当然，此次新的崛起，基层乡村变化仅仅是一个侧面，更大的成就还是国家层面的，对此，司马迁在《史记·秦本纪》中记载得非常清晰。

商鞅掌握大权之后，一直寻找机会攻打东邻魏国，为秦国报仇。先前，魏国实力强过秦国，夺取了原属秦国的黄河以西地区，压迫秦国。再说，商鞅来秦之前，在魏国一直屈居人下，长期不受重视。公元前354年，秦国军队夺取了魏国的少梁（今陕西韩城）。公元前352年，商鞅又率领军队包围魏国旧都安邑（今山西夏县），迫使魏国守军投降。此为锋芒初试，表明秦魏力量对比开始逆转。

人一旦走了运，风吹草帽扣鹌鹑，机会说来就来。公元前341年，魏国与齐国大战。齐国以孙膑为军师，田忌为大将，杀了魏国大将庞涓。公元前340年，商鞅一看机会到了，趁此向孝公建议，魏国惨败，力量疲弱，应该趁机进攻魏国，孝公批准。魏国派出公子卬迎击秦军。公子卬是商鞅在魏国时的熟人，商鞅给他写信说："我们是老朋友，阵前相遇，实在令人为难。不如我邀请你到我这里来相会，饮酒结盟，让两国永远和好算了。"公子卬信以为真，结果被商鞅拿下。秦军大破魏军。魏国被迫把河西大部分土地割让给秦国，国都也迁到了远离秦国的大梁。自此，孝公先父秦献公时魏强秦弱局面彻底扭转。这一战役的胜利，秦孝公非常高兴，亲自出来迎接商鞅，并把商、于（今陕西商州区到河南内乡县之间）地区15个邑封给商鞅，赐给他一个称号叫商君，商鞅的爵位也由大良造的第16位上升至20等级中最高的彻侯级别。

"夕阳无限好，只是近黄昏。"当商鞅的爵位升至最高、秦孝公兑现了"与之分土"的承诺仅仅两年后，公元前338年，秦孝公驾崩，商鞅的好日子也到头了：秦惠文王即位当年，为秦国战斗了19年的孤独勇士商鞅被以最惨烈的方式处死——车裂。

王秦亡秦

商鞅死，鞅法续。公元前206年，项羽杀了子婴，历史的车轮逐渐进入汉刘邦天下，死了100多年的商鞅，动不动就被一些儒家学派拉出来批判、羞辱、谩骂一番，直到现在仍然如此，主要理由：商鞅变法不得人心，秦国所有人都恨他；商鞅计擒公子卬，没有道德；商鞅作法自缚，自己杀死了自己等。这样的评价对商鞅以及商鞅变法客观、公正吗？

我们先看第一个，商鞅变法是不是得人心，是不是秦国从上到下全都反对。从变法内容看，触动了贵族阶层利益，商鞅又惩罚过公子傅，惩罚过公子虔。甘龙、杜挚等守旧势力一开始就反对变法，新法实施后，触动了这一阶层利益，其反对变法，对商鞅仇恨是正常的。而广大庶民通过新法有了新的晋爵通道，是利益获得者，怎么会反对呢？如果真的全都反对，那么，一些人到官府集中反映变法好、被商鞅流放边疆以及秦国将本国与韩赵魏邻国过来的庶民分为主民与客民，主民主战、客民主耕的情况该怎么解释呢？如果新的变法连本国老百姓都不接受，其邻国的庶民怎么还能跑到秦国做"客民"呢？

我们在看第二个，关于商鞅与魏公子卬作战、计诱获胜不道德问题。商鞅不该被"道德"所绑架。其一，此事发生在孙膑计胜马陵道的第二年。庞涓与孙膑是同门子弟，庞涓中计而亡，孙膑用计诱杀庞涓，是兵家智谋，怎么到了商鞅这里，就成了不仁不义不道德了？其二，即使商鞅与公子卬在魏国是熟人，或者朋友，可在战争面前，各为其主是起码规则，魏公子卬忽略了这一点，说明不是一个合格的将才。其三，一些专家以春秋期间两军打仗不杀重伤者、不杀老人，对方没有集合好队伍不开战等实例，来反证商鞅计诱公子卬缺乏道德。前一种战争行为是公元前五六百年时期的规矩，而商鞅与公子卬之间的秦魏大战距离那时的战争形态已过了300多年，两者不具可比性。

西汉著名经学家刘歆称："夫商君极身无二虑，尽公不顾私。"确切概括了商鞅的个人品质。西汉时期《盐铁论·非鞅》中，大夫认为商鞅"王"秦，儒学派认为，商鞅"亡"秦，针锋相对。无论后人如何评价商鞅，一个不争的客观事实是：商鞅变法的秦孝公时期，对秦国而言是划时代的——此前，备受屈辱；此后，所向披靡，直到秦王嬴政统一天下。另一个不争的事实是：惠文王对商鞅掳其身，留其法，其历代君王一直延续。因此，我套用《盐铁论》结尾句式作本文结语：斯人已去，斯人不朽。

赵武灵王：自酿的苦酒
（纵深系列之三）

自公元前403年周天子册封赵、魏、韩三家为诸侯国算起，到公元前222年秦将王翦俘获赵嘉，赵国共经历11代君王，其中赵武灵王依托"胡服骑射"将赵国推向顶峰。然而，两千多年来，人们在赞扬赵武灵王同时，也发现，即使是赵武灵王这样的大人物，一旦掌握不受约束的权力以后，也会恣意妄为，也会因违规违章付出生命的代价。对此，仔细查阅司马迁的《史记·赵世家》，则更加清晰明白。

一夜春梦

赵武灵王赵雍，生于公元前340年，驾崩于公元前295年，享年45岁，英年早逝。赵雍父亲赵肃侯公元前326年去世，公元前325年，年仅14岁的赵雍即位，因后人给其上的谥号为武灵王，因此，这一年史称"武灵王元年"。公元前321年，根据先王的安排，韩赵联姻，19岁的武灵王娶韩女为夫人。次年，生赵章，并将其立为太子。太子定，天下安。可以说，从武灵王年少即位到后来亲政的10多年里，其内政外交国之大事，多由老臣、重臣把握，赵国这艘大船在各诸侯国群雄竞争的汪洋大海中平稳前行。

变化发生在武灵王十六年（公元前310年）。这一年，武灵王30岁，血气方刚，风华正茂；太子赵章10岁，眉清目秀，活泼可爱。《史记·赵世家》写道：十六年，"王游大陵。他日，王梦见处女鼓琴而歌诗曰：'美人荧荧兮，颜若苕之荣。命乎命乎，曾无我嬴！'异日，王饮酒乐，数言所梦，想见其太。吴广闻之，因夫人而内其女娃嬴，孟姚也。孟姚甚有宠于王，是为惠后。"这段话意思是：武灵王游览大陵。有一天，武灵王梦见一位少女弹琴并唱了一首歌："美人光彩艳丽啊，容貌好像苕花。命运啊，竟然无人知我嬴娃！"另一天，武灵王饮酒很高兴，屡次谈起他所做的梦，想象着梦中少女的美貌。大臣吴广听说后，通过夫人把他女儿娃嬴送入宫中。这就是孟姚。孟姚特别受武灵王的宠爱，她就是惠后。

公元前309年，武灵王与孟姚的儿子赵何出生。赵何的年龄比他的同父异母哥哥、太子赵章小了整整10岁。正是武灵王的这一夜春梦，成为赵国这艘大船、成为他这个掌舵人未来航程中的一大暗礁。武灵王此次游览大陵，竟然能够将春梦变成了现实；而蹊跷的是，武灵王先父赵肃侯同样是在其登基十六年的一天，同样是去游览大陵，他做了一件什么事呢？《史记·赵世家》记载，十六年，肃侯游览大陵，刚到鹿门，宰相太戊午便牵住肃侯的马头说，正是农事繁忙时候，老百姓一天不耕作，就一百天没有饭吃。肃侯听了立即下车认错，就不再去游览了。战国时的"大陵"旅游景区在现在什么地方？《史记·正义》等解释在山西交城文水一带，钱穆《史记·地名考》称在邯郸附近。我想，不论在哪，已无意义，关键是武灵王与先父同是即位"十六年"去同一个地方，两代国君随后由此发生的不同结果，难道不值得武灵王在冥冥之中仔细琢磨吗！

一大变革

从公元前310年到公元前307年，正是武灵王春风得意、美梦成真、顺风顺水时候，武灵王十九年（公元前307年）正月，33岁的武灵王有一次召集朝中大臣们讨论国家大事。武灵王说："要攻灭中山国这一心腹之患，就要有高出世人之功名，就要背离世俗牵累，我要实行胡服骑射变革。"武灵王这一提议，是他在多次前往中山国以及北方林胡边地察访后得出的结论。这一变革，一开始就得到具有鲜虞族身世的老臣肥义、大将楼缓的支持。肥义还鼓励武灵王：成大事者不与众谋。公族中的老臣公子成等原本都是华夏氏族，对于武灵王提出的胡服骑射变革，一开始并不理解。在他们眼中，东夷西戎，南蛮北狄，是属于野蛮落后的部落，只有赵国这样的中原文化，才是文明的；要变革，只有从野蛮变为文明，哪能由文明变为野蛮！对于老臣们的不理解，武灵王是有准备的，他说："只要实行胡服骑射，有了骑射装备，近可以使上党地势更为有利，远可以报中山国之仇。"通过做工作，胡服骑射变革同样得到公子成等老臣们的支持，他们上朝时都将原来穿的宽衣长衫改为胡人穿的紧身短款。在政治上确定了胡服骑射变革以后，经济上随之也发生了大的变化，因为建设强大骑兵队伍，需要大量马匹，需要养马人、需要骑手、需要教练，需要生产制造大量配套产品，这些不仅得到赵国北部胡人的支持，也开阔了赵国国都邯郸老百姓的眼界，更重要的是获得了赵国南北各方文化认同。至此，赵国的军事力量从原来的站立固定式射箭改为在行进中骑射，中原文化排兵布阵与游牧骑射快速反应优势互补，使赵国军事实力在各诸侯国中不断提升。

从武灵王二十一年开始，到武灵王二十六年，连续数年武灵王亲征中山国，迫使中山国献出多座城池求和，并夺取了燕、代、云中、九原等大片土地。

一步到位

公元前299年，这一年正是武灵王带着胡服骑射变革所结的胜利果实，率领赵国骑兵部队在中山国、在北方胡地叱咤风云、攻城略地的风光时刻，谁也想不到的是，这年五月，他突然宣布废长立幼，废除太子赵章，立小儿子赵何为赵王，自己退位，做主父。对此，司马迁在《史记·赵世家》中这样记载：武灵王"二十七年五月戊申，大朝于东宫，传国，立王子何以为王。王庙见礼毕，出临朝。大夫悉为臣，肥义为相国，并傅王。是为惠文王。……武灵王自号为主父"。

这一年，主父武灵王41岁，被废的太子赵章21岁，惠文王赵何10岁。从《史记》以及其他文献资料看，武灵王此次宣布的重大国事非常突然。为什么这样做？似乎只有他自己心里明白，相关各方谁都没有心理准备，事前也没有任何征兆。我们看：第一，太子赵章自胡服骑射变革成功后，一直跟随武灵王驰骋战场，并无任何战场失利的信息，所以，废除太子地位他感到突然；第二，上位的赵何只是一个10岁的孩童，正是受教育阶段，宣布他为赵王，取代父王王位，恐怕他连想也没有想过；第三，对大臣们而言，武灵王关于废长立幼的决断，以前没有放出一丝口风，此次突然宣布，也令他们感到意外。

武灵王做得更绝的是，他不是宣布废除赵章太子地位，另立赵何为太子，他仍然做赵王，而是一步到位，直接让赵何做赵王，自己把王位让了出来。在此之前的历史上，废长立幼的有，禅让王位的有，但是像武灵王这样正处于年富力强、国家蒸蒸日上的情况下，将废长立幼和王位禅让同步进行的实例还真不多见。公元前297年，惠文王二年，主父武灵王43岁，他以主父身份，继续率军征战中山国以及东胡等匈奴边地；公元前296年，惠文王三年，主父武灵王剿灭中山国，将中山王迁到远离中山国的肤施城，封被废的太子赵章为赵国北部代地安阳君，臣田不礼为相。

一场血战

该来的总要来。是福不是祸，是祸躲不过。惠文王四年（公元前295年），这一年，主父武灵王45岁，废太子代地安阳君赵章24岁，惠文王14岁。对于早晚会到来的赵国王室中的一场血案，当事各方有准备的是废太子赵章、辅佐惠文王的大臣，而没有任何思想准备的是主父武灵王和王位位置上的少儿赵何。原因是什么？是废太子赵章自被废的那一天开始就伺机夺回本属于自己的王位；而赵章和田不礼的密谋，早已被惠文王的辅佐老臣肥义、公子成、李兑等看透，并着手部署了应对措施。最终，在沙丘宫血案中，大臣肥义、公子章及田不礼在互斗中被杀，武灵王被困宫中不得出，又不得食，探爵彀而食之，三月余而饿死沙丘宫。

如果仔细梳理武灵王主政经历，这样的结果怪不得别人，完全是自己造成的，确切地说，是因为在继承人选择方式上违规操作、废长立幼且一步到位而所付出的代价。我们从公子成、李兑包围沙丘主父宫三个月时间而主父武灵王得不到解救直至被饿死的事实可以看出，武灵王废长立幼的决定是多么不得人心：被废的赵章不满意，因为失去了继承王位资格；上台的惠文王不满意，因为武灵王要把赵国一分为二，让公子章做代王；大臣们不满意，因为你武灵王要重新掌权，辅佐惠文王大臣们的实际权力就被剥夺了。想想看，此时年仅14岁惠文王的王权，实际全被公子成、李兑这帮大臣把控着，这些人一旦将武灵王放出来，就要依法被灭族。因此，武灵王只有死路一条。立嫡立长制，是几千年封建社会继承制所遵循的基本规则，历朝历代因违反这一规则发生的悲剧不胜枚举，武灵王又是一个明证。

范雎：高处不胜寒

（纵深系列之四）

根据《史记·范雎蔡泽列传》记载，范雎是个大人物。他是秦昭王时期的相国，爵位应侯。他是一位出色的政治家。其从魏国来到秦国后，提出了远交近攻的战略方案，帮助秦昭王逐步削弱宣太后、魏冉等"秦国四贵"势力直至从他们手中收回王权；在关乎秦国命运转折的秦赵"长平之战"中，提出使用反间计，迷惑赵孝成王以纸上谈兵的赵括替换掉战斗经验丰富的大将廉颇，致秦胜赵败。同时，范雎报复性极强，利用权力，公报私仇，举荐私亲，触犯秦法，最终使自己走上不归路。我们不妨看看秦相范雎是怎么复仇的。

戏弄须贾

须贾是谁？他是怎么成为范雎仇人的？这要从范雎在魏国谋事时说起。按照《史记·范雎蔡泽列传》《战国策·秦策三》记载，范雎是魏国人，有志向、有作为、抱负远大，他曾周游列国希图有国君接受自己的主张而有所作为，但没有成功，此后便在魏国中大夫须贾门下混事，职务也就是办事员角色。有一次，须贾为魏昭王出使到齐国办事，范雎也跟着去了。他们在齐国逗留了几个月，也没有什么结果。当时齐襄王看到范雎很有口才，就派专人给范雎送去了十斤黄金以及牛肉美酒之类的礼物，但范雎一再推辞不敢接受。须贾知道了这件事，认为范雎必是把魏国的秘密出卖给齐国了，所以才得到这种馈赠，于是他让范雎收下牛肉美酒之类的食品，而把黄金退了回去。

回到魏国后，须贾一直嫉恨范雎，就把这件事报告给魏国宰相。魏国的宰相是魏国公子魏齐。魏齐听了后大怒，不向范雎本人核实，就命令左右近臣用板子、荆条抽打范雎，打得范雎胁折齿断。当时范雎假装死去，魏齐就派人用席子把他卷了卷，扔在厕所里，又让上厕所宾客轮番往范雎身上撒尿，故意侮辱他。看守有意放走范雎，就向魏齐请示把席子里的死人扔掉算了。范雎因而得以逃脱。魏国人郑安平听说了这件事，于是就带着范雎一起逃跑，隐藏起来，范雎更改了姓名，叫张禄。也就在这个时候，秦昭王派出使臣王稽到魏国。郑安平当差役，侍候王稽。王稽问他："魏国有贤能的人士可愿跟我一起到西边去吗？"郑安平回答说："我这里有位张禄先生，想求见您，谈谈天下大事。不过，他有仇人，不敢白天出来。"王稽说："夜里你跟他一起来好了。"郑安平就在夜里带着张禄来拜见王稽。两个人的话还没谈完，王稽就发现范雎是个贤才，便约好见面时间带范雎和郑安平离开魏国来到秦国。

　　通过上述简短叙述，我们可以看到，范雎所遭遇的灭顶之灾，完全是由齐王爱惜人才引发，而魏国中大夫须贾则是告密者、魏公子魏齐是决策者、实施者；他能够接触到秦国使者并来到秦国，恩人是魏国人郑安平和秦国使者王稽。范雎改名张禄，于秦昭王三十七年（公元前270年）来到秦国，被任命为客卿；公元前266年，秦昭王四十一年，范雎被任命为相国，封为应侯。一人之下，万人之上。也正是这一年，他的复仇计划开始实施。为什么遭到范雎第一个复仇的人是魏国中大夫须贾？因为魏王并不知道秦国国相张禄就是范雎。这一年，魏王听到秦国将攻打魏国消息后，便派使者须贾到秦国讲和，须贾万万没想到，自己到秦国后所见到的正是几年前的仇家范雎。范雎向秦昭王汇报后，不仅不接受魏国使者，还对须贾百般戏弄。范雎大摆宴席，请来所有诸侯国的使臣，同坐堂上，酒菜饭食摆设得非常丰盛。而让须贾坐在堂下，在须贾面前放了喂马饲料，又命令两个受过墨刑的犯人在两旁夹着，像马一样喂他吃饲料。中大夫须贾受尽范雎牲口般侮辱后离开秦国回国。

逼杀魏齐

范雎当年在魏国受尽侮辱、九死一生的遭遇，责任完全在魏公子魏齐。此次须贾作为使者到秦国来，国事没有办成，不仅自己受到身为秦国国相范雎的报复侮辱，更要命的是须贾还接到了范雎的口头命令："为我告魏王，急持魏齐头来！不然者，我且屠大梁。"须贾归，以告魏齐。魏齐恐，亡走赵，匿平原君所（《史记·范雎蔡泽列传》）。意思是：范雎责令须贾："你回去后给我告诉魏王，赶快把魏齐的脑袋拿来！不然的话，我就要屠平大梁。"须贾回到魏国，把情况告诉了魏齐，魏齐大为惊恐，便逃到了赵国，躲藏在赵平原君的家里。

因此事涉及魏公子魏齐性命，魏国很难在短时间内办到。复仇心切的范雎也依仗秦强魏弱之势，催促魏国尽快落实。秦昭王四十二年（公元前265年），秦昭王将为范雎复仇、逼杀魏公子魏齐的事情上升为国家行动。秦昭王了解到魏公子魏齐藏匿到赵国平原君府上的情况后，就写信给平原君，将其骗至秦国，予以扣留，要求平原君交出魏齐的头颅。平原君是著名的战国七公子之一，他对秦昭王说："显贵了还要交低贱的朋友，是为了不忘低贱时的情谊；豪富了还要交贫困的朋友，是为了不忘贫困时的友情。魏齐，是我的朋友，决不会把他交出来。"

看到难以说服平原君，秦昭王随即又给赵国国君赵孝成王写信说："大王的弟弟在我秦国这里，而我相国范先生仇人魏齐就在平原君家里。大王派人赶快拿他的脑袋来；不然的话，我要发动军队攻打赵国，而且不把大王的弟弟放出函谷关。"赵孝成王看了信就派士兵包围了平原君的家宅，危急中，魏公子魏齐连夜从平原君家逃到赵国宰相虞卿府上。虞卿估计赵王不可能说服，就解下自己的相印，跟魏齐一起逃出赵国，打算通过信陵君投奔到楚国。信陵君听到了这个消息，因害怕秦国找上门来而不予接见。至此，走投无路的魏公子魏齐刎颈自杀。赵王取了他的脑袋，派人送到秦国。秦昭王这才放平原君赵胜回到赵国。

在秦昭王、赵孝成王两国国君干预下,秦相范雎拿下仇人魏齐脑袋的复仇目标终于实现了。在此过程中,我们也看到了在朋友生死关头不同人的不同表现,如:赵国平原君明知魏齐在自己府上躲藏,但直接告诉秦昭王不予交出;赵国丞相虞卿为救魏公子更是两肋插刀,直接解下相印,宁可不当丞相,也要为保护魏公子性命奔走运作;楚国信陵君与两位赵国志士比较,就逊色多了。

举荐私亲

范雎任秦国国相以后,在对须贾、魏齐予以公报私仇同时,还向秦昭王举荐在魏国受辱事件中冒着生命危险营救自己的恩人郑安平和欣赏、发现自己的秦国当朝谒者王稽。正是由于这两位贵人帮助,范雎才能逃过魏齐带给他的一大劫难,也才有在秦国更大舞台上施展自己远大政治抱负的机会。所以,对王稽和郑安平这两位恩人,范雎也不忘予以回报、提携。

在赵国把魏齐人头送到秦国、范雎成功复仇以后,他又借机向秦昭王进言"若不是王稽对秦国的忠诚,就不能把我带进函谷关;不是大王的贤能圣明,就不能使我如此显贵。如今我的官位做到了相国,爵位已经封到列侯,可是王稽还仅是个谒者,这该不是他带我进关的本意吧",委婉向秦昭王提出提携王稽的请求。于是,秦昭王便召见了王稽,任命他做河东郡守,谒者王稽的身价一下子连升数级,由公务员直接蹿升到省部级;紧接着,范雎又向秦昭王举荐曾保护过他的郑安平,秦昭王便任命郑安平为将军。委任状一颁发,范雎、王稽、郑安平等皆大欢喜。但因德不配位,两个人原本并不具备做大秦高官本领或天分,仅仅几年时间,就为范雎招致大祸:先是在长平之战以后,秦昭王派郑安平攻赵,被赵军包围,郑安平率两万多秦军投降赵国;两年后,王稽在河东郡守任上,因私通诸侯,被依法诛杀。

范雎怎么也没有想到,曾经有恩于自己的两大亲信——王稽、郑安平,竟是如此不争气。这样的结果,有悖于秦昭王对自己的信任。比此更严重的是,秦律规定:被举荐的官员犯了罪,举荐人也同样按被举荐官员的罪名治罪："任人而所任不善者，各以其罪罪之。"按照这一规定，被举荐者王稽、郑安平都是犯重罪、死罪，举荐者范雎不但自己要杀头，还要诛杀其父、母、妻三族。如果真的按照这一律法执行，范雎可真要输惨了。后来，秦昭王恐怕伤害相国感情以及念及对秦国贡献，下令不得议论相国与郑安平事情，"有敢于议论的，一律按郑安平罪名治罪"。虽然秦昭王不治他的罪了，但作为一名政治家的范雎，在此打击面前，心情一天比一天懊丧。后来，燕人蔡泽任相国，范雎因病回到封地，于公元前255年抑郁病亡。

日中而斜，月盈则亏。你站在桥上看风景，桥下的人也在看你。一个人受了欺凌，要复仇并没有错。只不过要看复仇者是一种怎样的状态。如果范雎是一介平民，向须贾、魏齐等权势阶层复仇，即使失败了，在天下人看来，其行为也属不畏强暴的英雄；但是，当范雎在秦国相国位置上复仇，其即使胜利了，在天下人看来，其道义上也是失败者，因其属性是官报私仇；还有其举荐自己私亲、恩人王稽、郑安平，即使这两人胜任职位，范雎也难逃以权谋私的嫌疑。"一饭之德必偿，睚眦之怨必报。"范雎在人生顶峰、志得意满的时候，一不小心将自己拖入死亡的泥淖，其原因是什么？是只顾自己高兴了，是只顾享受权力的快感了，只顾自己在桥上看风景了，看不到桥下那些看自己的人了。

周亚夫：三张反对票要了丞相命

(纵深系列之五)

读司马迁《史记·绛侯周勃世家》，其中描述的周亚夫悲剧，虽然已经过去了两千多年，但却恍如隔世。周亚夫从贵为丞相到蒙冤而死的悲剧说明，作为朝中重臣，对皇帝投反对票时，也必须谨慎出手；与皇帝打交道一定要百分之一万地重视，绝不能按照一般的思维规律贸然行事。否则，将要付出生命的代价。

细柳治军，初露锋芒

周亚夫这个名字，在《史记》中的曝光率可能不是太高。但是，要说起周亚夫老爸绛侯周勃，那可是大名鼎鼎。因为周勃与刘邦同属沛县，从反秦到灭项，周勃一直跟随刘邦，战功卓著。高祖六年，周勃被封为绛侯，并一直跟随刘邦参加平叛，后晋升为太尉。荡平诸吕时又立下大功。文帝即位，周勃官至丞相。周勃是刘邦最信任的功臣之一，刘邦临终遗言："安刘氏者必勃也。"

周亚夫在汉文帝时期，在其父周勃当朝宰相光环笼罩下，开始任职河内郡守。公元前169年，文帝封周亚夫为条侯。汉文帝后元六年（公元前158年），一个突发事件，使周亚夫声名鹊起。这一年，因为匈奴入侵，汉文帝任命周亚夫为将军，驻军细柳营。由于周亚夫治军严谨，即使是汉文帝到军营劳军，守备军营的将士在没有接到周亚夫命令之前也不放行。因此，得到汉文帝赏识，战事结束后，周亚夫晋升为中尉。文帝去世时还告诉景帝，国家遇有紧急情况，周亚夫可当重任。

吴楚除乱，官至丞相

周亚夫的命运注定与突发事件相联系。到了景帝三年（公元前154年），吴、楚等七国之乱爆发，汉景帝遵照文帝遗命，将周亚夫由中尉提升为太尉，委于重任，由他领兵攻打吴楚叛军。真是将门虎子。周亚夫把各路军队会合到梁国荥阳。当时吴楚叛军正在进攻梁国，梁孝王刘武是景帝的亲弟弟，是窦太后的掌上明珠。梁国形势危急，请求援救。太尉周亚夫坚持不予救援，却率军断绝吴楚叛军后方粮道。

这样一来，吴楚军队由于缺乏粮食，士兵饥饿，屡次挑战，周亚夫军队始终不出来应战，只好撤退。周亚夫要的就是这个结果。此时，周亚夫派精兵追击，大败吴楚军队。前后只用了三个月时间，吴、楚七国叛乱就被平定。这时，将领们才认识到周亚夫的计谋。周亚夫班师回朝，景帝重新设置了太尉官，将周亚夫升任丞相。

三违皇权，蒙冤自尽

数年间，周亚夫官位从河内郡郡守擢升至三公之首丞相，可见此时的他，多么受到汉景帝的器重。但他的仕途同样难于逃脱"盛极而衰"的规律。成为丞相后的周亚夫，在处理与汉景帝的关系方面，连续投了三张反对票，使景帝与他的关系日益疏远。第一张反对票是，汉景帝要废除原来的太子刘荣，改立刘彻为新太子，遭到作为丞相身份的周亚夫极力反对；第二张反对票是，窦太后向汉景帝提出要封景帝皇后王娡的哥哥王信为侯，周亚夫以高祖刘邦当年"白马盟誓""非功不侯"为由，认为王信无功，不能封侯，再一次令景帝失望；第三张反对票是，匈奴族有五人投降汉朝，景帝想要封他们为侯以鼓励更多的匈奴人不战而降。周亚夫说："那几个人背叛他们的君主投降陛下，陛下如果封他们为侯，那还怎么去责备不守节操的臣子呢？"景帝不听丞相的意见，还是把这几个匈奴人全都封为了列侯。

汉景帝这一封，周亚夫撂挑子不干了。汉景帝因此免去了周亚夫的丞相职务。周亚夫免官赋闲在家不久，他的儿子从掌管制造和供应皇家用品的官署那里给父亲买了500件殉葬用的盔甲盾牌。此属违法行为。事发后，周亚夫被投入监狱。罪名是，这些遁甲是周亚夫死后用于谋反。堂堂一国丞相，岂能遭受如此羞辱？于是，周亚夫蒙冤狱中绝食五日吐血而死。

不谋而动必败无疑

为文帝、景帝两代帝王立下汗马功劳的周亚夫就这样在狱中自尽了，表面上看，是因为他的儿子违法购买军需用品，实则杀害周亚夫的确是汉景帝。汉景帝为什么要将周亚夫置于死地，因为周亚夫屡屡违背景帝意志，因为周亚夫个性刚直，景帝要为其新任太子刘彻搬掉这个障碍。这一点，从《史记·绛侯周勃世家》记载的汉景帝请周亚夫吃饭中可以得到佐证。

当周亚夫被免除丞相职务后，汉景帝有一次在宫中请周亚夫等朝中大臣吃饭。汉景帝特意在周亚夫面前摆上一大块没有切开的熟肉，也没有准备任何能够吃这块肉的餐具。周亚夫见状无从下嘴，便立即招呼服务人员要刀叉切肉。此时，景帝大怒，对周亚夫说："要什么刀具，这还不满足你吗？"周亚夫看到景帝怒了，赶快站起来，脱帽谢罪，走了。这边周亚夫一走，那边汉景帝指着他的身影说："此怏怏者非少主臣也！"由景帝给周亚夫所做的定论分析，即使没有发生其儿子私购军火用于陪葬之案，景帝也会以别的理由置周亚夫于死地。景帝的阴险之心在于：为了给新立太子刘彻即位以后扫清障碍，他不仅废了原太子刘荣，将刘荣贬为临江王，接着以临江王刘荣违法侵占宗庙之地建宫殿为由，将刘荣下狱，并在狱中将刘荣逼死。试想，景帝为了刘彻，对自己亲生儿子都痛下杀手，何况周亚夫呢！

遗憾的是，周亚夫悲剧之所以发生，最直接的因素在于周亚夫性格耿直，军人出身，征战惯常事，忠贞无二心，只谋事不谋人。他不明白，作为丞相，对皇帝的意见连投三张反对票，该是多么严重的政治错误！他不去扪心自问：自己反对的理由难道皇帝不知道吗？他更不明白：职位高的领导永远比职位低的领导占有天然优势，因为职位高的领导所掌握的各方面信息永远比职位低的多，信息不对称就注定了大臣、重臣对皇帝意见不可轻易持否认态度。再如，面对皇帝摆在自己面前没有切开的一大块肉，周亚夫第一思维不应是要刀子切开，而是需要考虑皇帝为什么要那么做？景帝本意是想杀一下周亚夫锐气，要他明白：你的本事再大，官位再高，如果离开自己这个皇帝的帮助，嘴边上的肉也是吃不上的。遗憾的是，周亚夫遗传细胞中，"只琢磨事，不琢磨人"的因子较多，不谋而动，岂有不败之理？

叔孙通：七易其主图大业

（纵深系列之六）

叔孙通是秦汉时期的一个任职朝堂的高级知识分子，他的事迹通过司马迁《史记·刘敬叔孙通列传》、班固《汉书·郦陆朱刘叔孙传》、司马光《资治通鉴·叔孙通谏高皇帝》等史学大家的描述而广泛流传。我们发现，后人对叔孙通的评价褒贬不一。司马迁称赞叔孙通"大智若诎，道固委蛇"，能够因时而变，为汉家儒宗；司马光则指责叔孙通："叔孙生之为小器也！徒窃礼之糠秕，以依世、谐俗、取宠而已，遂使先王之礼沦没而不振，以迄于今，岂不痛甚矣哉！"两大史学家对叔孙通评价截然不同。无论从当时的历史背景还是从人的个性分析，司马迁的观点更加客观，而司马光对叔孙通的要求就有些苛刻了。

违心而谏——自保

叔孙通在历史舞台登台亮相的第一个大动作是违心而谏，实质上是在皇帝面前公开说假话。据《史记·刘敬叔孙通列传》记载，叔孙通在秦代的公开身份是待诏博士，也就是候补博士。当陈胜吴广起兵反秦后，秦二世召集30多位博士分析情况提出对策。此时，多位儒生都认为，这是聚众造反，是不可宽赦的死罪，皇帝应赶快发兵攻打他们。秦二世一听这些博士分析判断众口一词，脸色顿时变了样。于是，叔孙通接着说："大家说得不对。因为当今天下已经合为一个大家，又有贤明君主君临天下，使人人遵法守职，哪有敢造反的？不过是一伙盗贼行窃罢了，何足挂齿。让地方郡官搜捕治罪即可，不值得皇上忧虑。"秦二世听了很高兴,结果是,凡是认为造反的那些博士,都免掉职务并交给官吏治罪,叔孙通因没有说是造反,受到了秦二世嘉奖,包括二十匹帛、一套服装,职务由待诏博士转为正式博士。

走出秦宫后,有的儒生问叔孙通为什么昧着良心说讨好皇帝的话?叔孙通回答说:"如果不这样说,不是和你们一样要被治罪坐牢吗,那样就逃不出虎口了。"接着,他就离开秦国回到自己家乡薛地,参加了项梁领导的反秦武装。这段记载说明,叔孙通在秦二世面前公开说假话,目的在于自保,后来的事实也说明,当起义军不断逼近咸阳时,是章邯领导的秦军奋起反击。对于叔孙通的这段历史,清代经学家、文学家洪亮吉评价说"秦之亡,亡于赵高,实亡于叔孙通一言"。这话,明显说得太重了。试想,30多个博士都认为是造反,秦二世不予相信,为什么偏偏相信说假话的叔孙通呢?因为秦二世关于陈胜吴广起义的认定,是建立在赵高等不真实报告基础之上的。在这样的情况下,即使叔孙通也认为是造反,秦二世也不会承认,叔孙通反而会被像其他博士一样被关进监狱。

确定礼制——自信

叔孙通向历史展示政绩的另一个大成就是为刘邦制定礼仪制度。公元前202年,刘邦登基称帝,从战争时期转向巩固帝制时期的大臣们在朝堂上从未受过礼制约束,刘邦为此感到头疼。叔孙通看到刘邦这一情况后,就主动请缨,制定朝廷礼仪,得到刘邦批准。到公元前200年,经过近两年的理论论证和实际训练,在新建成的长乐宫,仪式庄严的汉朝礼制通过实施,得到刘邦赞赏:"吾乃今日知皇帝之贵也。"刘邦高兴了,除了赏给叔孙通黄金500斤以外,还提拔叔孙通为太常,跟随叔孙通多年的100多位弟子,也全部被晋升为郎官。可以说,确定礼制大获成功,使叔孙通博士生涯达到辉煌的顶点。

叔孙通为刘邦制定的礼仪制度,之所以能够得到刘邦赏识,这里最主要的原因应当归功于叔孙通个人的专业能力,是叔孙通个人学识水平以及众多弟子良好专业素质多年积累的集中体现。需要我们特别关注的一点是：这次朝中礼仪制度的实践和确立，是叔孙通主动向高皇帝争取来的中央一级重点项目，他为什么敢于主动争取，因为叔孙通在专业知识方面有这方面的底气和自信。这一自信是一以贯之的，在高皇帝十二年，叔孙通力谏高皇帝不要换太子，甚至要"颈血污地"，高皇帝最终改变了态度。惠帝时期，因天桥从高庙上部经过，叔孙通认为不妥，惠帝便决定为高祖另建一处以供祭祀。叔孙通的每次出手，均能完美成功，毫无疑问，其坚定的自信心是第一位的。

七易其主——自立

叔孙通满腹经纶，一开始在秦始皇时期任待诏博士，到了秦二世由于违心而谏，成为正式博士。楚汉战争开始，秦国灭亡，项梁势力最大，叔孙通跟着项梁。项梁战死后，楚怀王成了大王，叔孙通便服务楚怀王。巨鹿一战，项羽崛起，分封十八路诸侯以后，楚怀王被项羽边缘化，叔孙通倒向楚霸王项羽。彭城之战期间，刘邦联合多个诸侯国，集结56万兵力进攻项羽，叔孙通又离开项羽，投奔正处于低潮时期的汉王刘邦。刘邦登基称帝以后，给叔孙通提供了展示才华的国家级平台。刘邦驾崩，他又接着辅佐惠帝。就这样，叔孙通七易其主，直到在汉高祖时期站稳脚跟，找到自己的位置。

对于叔孙通七易其主这件事，有论者说叔孙通人品有问题，跟着哪个主人都没有用全部身心投入，不是说假话，就是阿谀奉承，叔孙通就是靠这样的方式才获得刘邦赏识的。这样的评价是不客观、不真实的。叔孙通七易其主说明他有不怕困难的勇气，有业务精通的底气，有自立不倒的骨气。客观而言，像叔孙通这样的高级知识分子，在当时那个背景下，不是那种"动则诸侯惊，静则天下安"苏秦、张仪之类的一流辩才，只属于二线儒士，需要通过推销自己才能得到诸侯国认可。在秦末汉初各诸侯国大量二线儒士中，叔孙通应当说是素质比较高的：他专业精，对商周以来的朝中礼仪制度，既继承又创新，适应新的时代要求；他懂经营，他的手下100多位弟子，要吃饭、要养家、要有活干，也全靠他的策划；他有理想，有抱负，思路灵活，适应性强，否则的话，他再有理想，如果不是在秦二世面前阿谀奉承说假话自保，早被秦二世治罪了，再远大的理想和抱负怎么去实现！

叔孙通七易其主再次说明，一个人要自立、要生存、要发展，获得皇帝认可、赏识，掌握当面逢迎是一门基本功。在叔孙通看来，对秦二世说假话是逢迎，为高皇帝换楚服是逢迎，制定朝中礼仪制度是逢迎，力阻高皇帝换太子也是逢迎，建议汉惠帝新建高帝庙还是逢迎。"逢迎"皇帝，能得到皇帝认可，在叔孙通看来是本分，"逢迎"一词在他的行为意识中或者已经成为褒义了。一个人的成长经历往往充满着艰辛和不易，个中滋味，只有亲历者最清楚。

田横：粪土万户侯　热血洒尸乡
（纵深系列之七）

从古到今，对一个人关键时刻的考验，无非是官位、金钱、死亡这样三件事，但是如何抉择，其背后起主导作用的是人性的光芒和人格魅力。根据《史记·田儋列传》《史记·郦生陆贾列传》《汉书·魏豹田儋韩王信传》的记载，我们看看秦末汉初时期齐王田横的人生选择。

抗秦复齐

田儋、田荣和田横三兄弟是战国时期齐国田氏王族后裔，也是当地的大宗族。秦末陈胜吴广反秦起义爆发后，田氏兄弟夺取当地狄县政权，宣布复立齐国，田儋为齐王，田荣为丞相，田横为将军。从秦二世元年（公元前209年）六月，田儋积极参与诸侯各国联合灭秦战斗，派兵支援赵国、救助魏国，后来战死。

田儋死后，田荣拥立田儋儿子田市为齐王，田荣还是丞相，田横还是大将。与田儋时期不同的是，田荣此时主政的齐国，吸取田儋教训，拒绝参加诸侯各国纷争。到了项羽分封天下十八诸侯王时，齐国被一分为三，田荣没有被封，所以第一个造反，凭借实力消灭了项羽所封的齐王田都、济北王田安和胶东王田市，自称齐王。结果，被项羽率军攻击而身亡。田荣从自称齐王到被项羽消灭，在位不到一年。

田儋战死，田荣死在项羽刀下，权力的接力棒传到了三兄弟最小的田横手中。田横像他兄长一样，拥立田荣的儿子田广为齐王，自己任丞相主持国政。由于项羽在彭城之战中,以数万楚军击败刘邦为盟主的50万反楚联盟大军,刘邦汉军处于低潮,项羽势不可当。此时,田横主政的齐国,很少卷入楚汉之间大战,到了汉四年(公元前203年)十月,韩信攻占齐国都城临淄,齐王田广被处死,田横自称齐王,撤退到博阳一带继续抵抗。

怒杀郦生

在后来的楚汉之争中,刘邦逐渐占据主导地位,田横平定齐国三年后,刘邦说客郦食其来到齐国。郦食其向田横游说,称天下之心是归顺汉王。在郦食其劝说下,田横认同了郦食其说辞,解除了齐国军队对汉军的军事防御。

但是,韩信在击败赵国、燕国以后,在明明知道郦食其受刘邦指派已经与齐国签订合约,齐国归汉这一情况下,仍然采用了谋士蒯通计策,率领大军突袭齐国,在齐国军队毫无戒备的状态下,打败驻守历下守军,接着又攻入都城临淄。田横见状怒不可遏,认为一定是郦食其与韩信里应外合,出卖了齐国,当即决定将郦食其烹杀。

田横的军队被汉军打败后,他逃到梁地投归老朋友彭越。一年多以后,刘邦消灭项羽,封彭越为梁王。田横害怕被杀,就带领他的部下500多人逃入海中,居住在一个小岛之上(今山东即墨的田横岛)。

血洒尸乡

刘邦登基做了皇帝听到这个消息后,认为田横兄弟本来就平定了齐国,齐国的贤士大都依附于他,如今要让他流落在海中而不加以收揽的话,以后恐怕难免有祸患。因此,就派使者赦免田横之罪并且召他入朝,田横却辞谢说:"我曾经烹杀了陛下的使者郦食其,现在我又听说郦食其弟弟郦商是一个很有才能的汉朝将领,所以我非常害怕,不敢奉诏进京。请求您允许我做一个平民百姓,待在这海岛上。"

使者回来报告,刘邦立刻下诏给卫尉郦商说:"齐王田横将要到京,谁要敢动一下他的随从人员,立刻满门抄斩!"接着又派使者拿着符节把皇帝下诏指示郦商的情况原原本本地告知田横,并且说:"田横若来京,最大可以封为王,最小也可以封为侯;若是不来的话,将派军队加以诛灭。"田横于是和他的两个门客一块儿乘坐驿站的马车前往洛阳。

在离洛阳三十里远有一个叫尸乡的地方,这一天田横等人来到此地驿站。田横对汉使说:"作为人臣拜见天子应该沐浴一新。"于是就住下来。田横对他的门客说:"我田横起初和汉王都是南面称孤的王,而现在汉王做了天子,我田横却成了亡国奴,还要北面称臣侍奉他,这本来就是莫大的耻辱了。更何况我烹杀了郦食其,再与他的弟弟郦商同朝并肩侍奉同一个主子,纵然他害怕皇帝的诏命,不敢动我,难道我于心就毫不羞愧吗?"说完之后,田横粪土万户侯,横刀自刎。

人格魅力

当两个门客手捧田横首级,跟随使者献于刘邦后,刘邦说道:"哎呀!能有此言此行,真是了不起的人呀!从平民百姓起家,兄弟三人接连称王,难道不是贤能的人吗!"刘邦忍不住为他流下了眼泪。然后,刘邦拜田横的两个门客为都尉,并且派两千名士卒,以诸侯王的丧礼安葬了田横。

安葬完田横之后,两个门客在田横墓旁挖了个洞,然后自刎,倒在洞里,追随田横死去。刘邦听说此事之后,大为吃惊,认为田横的门客都是贤才。刘邦听说田横手下还有500人在海岛上,又派使者召他们进京。使者到了岛上后,看到这500门客已在岛上集体自杀。为将者死,日夜追随的随从为之殉葬可以理解,但是,数量众多的500门客也为田横集体自杀,其除了田横的人格魅力外,其他因素很难解释。

从春秋战国到秦末汉初,是中国社会群雄争锋的时代,也是无数英雄辈出的时代。田儋、田荣、田横这三兄弟中,影响最大的是田儋。与前两位比较，田横影响并不大，可田横为什么至少可以被封万户侯的福不享，而选择在尸乡自杀。我想：这里除了司马迁记载的义不受辱以外，还有一种可能就是自从秦末抗秦复齐后，七八年来，几乎总是处于与楚汉战争状态中，对刘邦性格有所认知，比如他经历的郦食其说客事件，比如刘邦杀掉与他有救命之恩的丁公等。后来的事实说明，如果田横不死，其命运可能不比韩信、彭越强。

骊姬：步步惊心富贵梦

（纵深系列之八）

《晋世家》《赵世家》虽然在《史记》130篇中算不上名篇，但其记载的骊姬乱晋、三家分晋、赵氏孤儿等不少历史事件，对后世影响极大。三家分晋成为春秋与战国的分界线；赵氏孤儿更是经过多种艺术形式创作改编与传播，影响了几代人；"骊姬乱晋"事件反映的则是朝堂内不同势力之间，为追求富贵而绞尽脑汁，步步惊心、处处陷阱，杀伐不断的血腥场面。

骊姬：阴险狡诈工于心计

毫无疑问，晋献公、骊姬和骊姬妹妹是这一事件的主要角色。根据《史记·晋世家》记载，晋献公五年（公元前672年）伐戎，得骊姬和骊姬妹妹，献公很喜欢这姐妹两个。七年后（公元前665年），骊姬生了她与晋献公的儿子奚齐；晋献公二十三年（公元前654）年，骊姬的妹妹生下了她与晋献公的儿子卓子。

当然，骊姬作为戎狄部落首领的女儿被晋献公掳到晋国，毕竟不同于普通人一样受晋献公任意摆布，她的目的性非常明确，即：生儿子，做太子，继王位，做国母。一个弱女子，在忍受六七年以后，第一个目的实现了，就是生了儿子奚齐。接下来让儿子做太子的事情，难度就大多了。因为晋献公已经有了太子申生，如果立奚齐，就意味着要废掉申生。这事要做得不显山不露水，还要从晋献公嘴里说出废长立幼，阴险狡诈的骊姬采取了三大步骤：第一步，笼络了晋献公身边两个仆人，让其在献公面前为换太子吹风；第二步，以加强边防为由，将太子申生，公子重耳、公子夷吾赶出京城；第三步，则纯属对太子申生的陷害。太子申生为到曲沃祭祀逝去的母亲，把祭品胙肉送给献公。骊姬趁机在肉中放置毒药。当献公欲食时，骊姬假装关心："这肉远道而来，恐不干净。"结果，她把这带有毒药的胙肉先扔到地下，地面鼓包；让狗吃，狗死；让小臣吃，小臣也当即死。这说明胙肉有毒无疑。

面对早已预料中的结果，骊姬表演的机会来了，栽赃诬陷太子申生下毒谋害献公，并且无中生有告诉献公，这事情申生的两个弟弟重耳和夷吾都知道。申生知道消息后自杀身亡，重耳和夷吾两人采取的方式是远逃他国，奚齐没有任何悬念地成为新的太子，骊姬的第二个目的也达到了。

申生：宁可冤死也不争辩

骊姬诬陷太子申生毒害晋献公的事情发生于晋献公二十一年（公元前656年），在骊姬公元前672年来到晋献公身边的时候，晋献公已经有八个儿子，申生为长子，被立为太子，公子重耳、公子夷吾，和申生一样，在大臣和百姓中的威望都比较高，尤其是太子申生，为人忠厚，孝顺献公，在胙肉中下毒的事情公开后，晋国人都不相信是太子所为。除此以外，其余五个公子或许是政绩平平，史书中既没有名称，也没有与此相关的比较典型的事件记载。

知儿莫如父。晋献公对太子申生在胙肉中下毒谋害自己的行为感到蹊跷，认为太子不可能做出如此大逆不道的事情。可不是太子又是谁呢？晋献公沉浸在骊姬的温柔梦乡中习惯已久，所以他根本不往凶手是不是骊姬这一方考虑。骊姬呢？在这关键环节，也加大了洗清自己、加压晋献公的力度，按照《史记·晋世家》记载，骊姬趁此说道："太子下毒就是冲着我本人和儿子奚齐来的，我愿意和儿子一起离开晋国。如果不走，早晚要被太子害死。"晋献公一听骊姬这样说，更进一步加深了对太子的怀疑。当然，他也不能让骊姬离开自己。

太子申生听到了自己所送胙肉有毒、欲毒死父亲的消息后，第一没有向骊姬做进一步了解，第二没有向父亲做任何解释，即刻逃到新城。这一逃跑，晋献公对太子申生的疑虑更大了，凶手不是你，跑什么，不是不打自招吗？献公对此愤怒至极，立刻命人杀了太子老师杜原款。此时有人劝太子向献公揭露骊姬下毒真相，也有人劝太子像他的两个弟弟一样离开晋国到他国逃命。对此，太子申生说："不能对此辩解，因为父亲年纪大了，离不开骊姬，离开后吃不下饭睡不好觉；更不能逃跑，一个背着毒害父亲恶名的人，谁敢收留？"于是，太子申生就在新城自杀，甘愿蒙冤身亡。

荀息：忠君之心天地可鉴

荀息曾是晋武公时期的大夫。到了晋献公这一朝，荀息不仅是股肱大臣，还成为相国主持国政，深得晋献公信任。荀息作为献公的谋臣，足智多谋，功勋卓著。公元前655年，晋献公欲灭虢国，需借道虞国。荀息当即献计曰："请献公用良马、玉璧献给虞君。"荀息因为灭虢袭虞有功，更为晋献公所重用。

当然，更能体现荀息功劳的是晋献公临终托孤。公元前651年，晋献公病危之际，将荀息叫到床前，对荀息安排道："吾以奚齐为后，年少，诸大臣不服，恐乱起，子能立之乎？"荀息曰："能。"献公曰："何以为验？"荀息对曰："使死者复生，生者不惭，为之验。"于是，遂属奚齐于荀息。荀息为相，主国政。

仅仅几个月后，公元前651年9月，晋献公崩。时年，晋献公与骊姬所生的儿子奚齐14岁；晋献公与骊姬妹妹所生的儿子卓子仅仅3岁。荀息兑现与晋献公的诺言，立奚齐为新的国君，这一做法遭到掌控军权的里克、邳郑等大臣反对。理由是，奚齐年幼，应按顺序，兄终弟及，立重耳或者夷吾这样的成年贤者。但荀息坚持执行晋献公遗嘱，非立奚齐不可。随着双方较量公开化，里克安排杀手在晋献公灵前刺死奚齐。为了回击对手，作为相国的荀息又接着立更年幼的卓子为国君，但里克又于当年十一月，将卓子杀死于朝堂。面对如此惨状，荀息深感有负于先君献公嘱托，遂自杀。这位辅佐了晋武公、晋献公以及少主奚齐、幼主卓子四位国君的臣子荀息，就这样结束了自己的生命。

里克：拥立新君反遭夺命

里克与荀息一样，同样是晋献公的重臣。尤其是在晋献公东伐西讨、拓疆扩土中，里克率领晋国大军，凭借着自己独当一面的统御之才，成为晋献公最得力的将才。因为他坚定拥护太子申生继承王位，所以，献公死后，他和太子申生的拥趸者接连杀死奚齐和卓子两位少主。此时，王位继承权的权柄已经牢牢掌控在里克手中。于是，他派使者到翟国迎接重耳，欲立重耳为国君，被重耳拒绝；他又派人前往梁国迎接夷吾，夷吾不但愿意回国继位，还许诺继位以后将汾阳城封给里克，以作回报。

公元前650年，即晋献公死亡的第二年，夷吾回国成功继位，系晋惠公。令里克一万个想不到的是，夷吾登上王位后，作出的第一个重大决定就是赐死里克，更别说兑现给里克的汾阳封地了。晋惠公对里克说："没有你，我就不会被立为国君，虽然如此，可是你毕竟杀死了两位国君，逼死荀息。你想，当你国君的人不是太难了吗？"里克说："如果我不废除奚齐与卓子，国君您又如何兴起呢？国君想要杀死我，还愁找不到理由吗？何必说这话！我服从就是了。"于是，里克当着晋惠公面拔剑自刎。其实，晋惠公赐死里克的真正理由：一是里克真正拥戴的是重耳，只是遭重耳拒绝后，才转而迎接夷吾回国继位的，就是说里克与晋惠公并非一心；二是里克等人在朝堂内势力太大，晋惠公担心叛乱，司马迁在《史记·晋世家》中说：晋惠公"畏里克为变"。

谁是赢家

每当读《史记·晋世家》中的这段历史，总是唏嘘不已。因骊姬乱晋事件前前后后死了那么多人，最后谁是赢家呢？可以说，都输了，没有赢家。

最先死去的两个人：一个是骊姬用于试毒胙肉的小臣，人家就是一个服务人员，无辜地丧了命；另一个是太子申生的老师杜原款，还不明白怎么回事，就被晋献公杀了。这两人的死，太子申生有直接责任，因为你不去揭露下毒凶手骊姬，自己冤死，还带上两个无辜的人。接着是死去的奚齐和卓子，两个懵懵懂懂、活蹦乱跳的孩子，一下子从君王变成了争权夺利的牺牲品。荀息自杀冤枉吗？应是不怨，因为他对晋献公的承诺，远远超出了他的能力，作为政治经验丰富的大臣、老臣，这一点应当估计到。最富戏剧性的人物应当是里克了，在此次事件中，他在没有找到下家的前提下，接连杀死两个君王，逼死大臣荀息，错将朝堂当战场，明显缺乏理智，可以说，在他杀死新君的同时（因为目的不是自己为王），就决定了必死无疑的下场。结果，他尽管为拥立新君晋惠公立下大功，可最终却死于非命。毫无疑问，这些死去的人，个个都是人生舞台上的输家。

那么，被里克等人拥立为新君的夷吾，即晋惠公是赢家吗？我看也不是，他赐死里克、杀死邳郑等，使得朝堂大臣人人自危，其他普通官僚更是人心惶惶，怎么能有利于自己的统治地位呢？还有，骊姬事件的主角晋献公是赢家吗？我认为同样不是，他也是这次事件的受害者。因为虽然他没有死于非命，寿终正寝，但是，此后数千年来，只要一说"骊姬乱晋"，就必然与晋献公的名字紧紧黏结到一起，想分都分不开。这无论从哪个角度看，对晋献公的评价都不是加分项。骊姬的归宿如何？有史料称，里克属下在晋献公灵堂前杀死奚齐的同时，用鞭子打死了骊姬。不过，这一情节正史中难以查到。

附 篇

大河之北

尽显王者之气

- 邯郸
- 石家庄
- 衡水
- 保定
- 沧州
- 秦皇岛
- 廊坊
- 邢台

附一：河北秦文化旅游前景展望

在北京做新闻工作近二十年时间，每当与同事们谈起旅游的话题，谈得最多的主题是人文历史游，在国内游目的地选择方面，首先是北京，然后是西安。因为身在北京，该去的地方都去过了，所以大家对去西安的兴趣甚浓，因为西安作为多朝古都，人文历史的积淀非常厚实。当然，去西安更吸引大家的焦点，莫过于秦始皇陵、兵马俑、凤翔县城南郊的秦雍城遗址及城区内的秦穆公大墓等与秦文化相关的其他景点。其实，秦文化旅游的资源，河北省仅次于西安，前景极其广阔。

一、资源丰富

根据司马迁《史记》记载、地方文化历史研究和实地考古发掘的相关文物证明，秦始皇生在河北，亡在河北，在世期间的数次巡游，其中两次经过河北。秦文化遗存在河北省的一个特点是：全省范围内分布面广，相关遗址遗迹、故事传说等在全省11个设区地级市中，从南到北涉及邯郸、邢台、石家庄、衡水、沧州、保定、廊坊、秦皇岛等8个。

邯郸市是秦始皇出生地，秦始皇在邯郸度过了他的童年。战国时期，秦军攻克邯郸城以后，秦始皇再一次来到邯郸。公开资料显示，邯郸市在考古发掘过程中，发现多种秦代文物。市政建设方面，邯郸有秦皇大街，还在秦始皇出生地朱家巷附近的丛台公园内，开辟建设了颇具规模的纪念馆，每天到此参观的游人络绎不绝。可以说，历代邯郸人虽然对秦国、对秦代国君，尤其是长平之战时期的秦昭襄王以及后来的秦始皇没有好感。但是，社会的洪流总是奔腾向前的，走在改革开放前列的邯郸，秦文化元素的氛围愈来愈浓。

邢台市的广宗县是举世闻名的沙丘宫遗址所在地，前些年在车辆川流不息的京港澳高速公路邢台市区段，曾设置有一块蓝底白字的标志牌，上面写有"秦始皇亡故地"的提示。在广宗县城北大平台村，有沙丘宫遗址。广宗县沙丘宫周边，经专家研究，有多处与秦文化相关的历史遗存，不少村级单位的名称，皆与秦始皇亡故相关。地方历史研究部门还发掘出多种反映秦文化元素的民间传说。近年来，广宗县不断加大对沙丘宫遗址修缮保护的力度。基础建设方面：竖有石碑，完善保护措施。文化方面：广宗县曾举办过数次以秦文化为主题的研讨会，以扩大秦文化在学术界和社会的影响。邢台市平乡县老城是著名的巨鹿大战古战场，破釜沉舟使霸王项羽、秦将章邯名声大振。

石家庄市井陉县境内有秦皇古道，也是韩信与赵军背水一战古战场所在地；市区内中华大街中段建有南越王赵佗先人墓、赵佗公园；石家庄市赵县有与刺秦中人物高渐离相关的古宋城遗址。衡水市饶阳县有秦王弟"成蟜封饶"的历史记载；衡水市枣强县大营镇有秦始皇赐名的"天下裘都"大鼎。保定市易县有让历朝历代文娱精英掘金无数的刺秦主角荆轲塑像、荆轲塔、荆轲公园，一曲"风萧萧兮易水寒，壮士一去兮不复还"，千年传唱不衰；保定市易县还有刺秦策划者燕太子丹、刺秦中的荆轲助手秦舞阳、为荆轲刺秦割下自己头颅的秦叛将樊於期相关的纪念塔、血山村；保定市定兴县高家庄，是荆轲盟友流浪歌手高渐离的出生地、发迹地。沧州市盐山县千童镇建有与秦始皇求仙相关的千童祠、千童博物馆、千童公园等。秦皇岛市有孟姜女庙、秦始皇求仙入海处、高大壮观的秦始皇塑像，还有名扬中外考古界的"秦始皇行宫"；秦皇岛市昌黎县碣石山，秦始皇在此登山求仙，并令人刻下流传世代的《碣石门辞》。游客到了秦皇岛市，感受的不仅是最直白的城市名称，秦文化元素更随处可见。廊坊市大城县的秦王幼子墓，在当地知名度很高。

二、有待开发

河北省秦文化旅游资源如此丰富，但从近年来的实际情况看，除了秦皇岛秦始皇行宫、石家庄市赵佗先人墓公园有规模，易县的荆轲公园等有内容、有历史感，能够吸引大量游客以外，其他涉及秦文化的景点以及具有辅助功能的设施，均不同程度呈现出开发利用程度低的市场化短板。

邯郸市的秦始皇出生地纪念馆，早在十几年前国家级媒体就曾有开始建设的报道，但让公众看到开放的纪念馆，却是在 2022 年。并且馆内布置的相关展出内容，仅有一些图片文字，其他涉及秦文化的大量史料、实物等很难见到。石家庄市井陉县的秦皇古道景区，是国家重点文保单位，其遗存在坚石中、深度尺余的道道车辙，向人们诉说着几千年前这里的车水马龙、人欢马叫的繁华景象，世界文化遗产官员亲历考察后，称井陉的秦皇古道比罗马古道至少早 100 年。可这样一个有如此有深厚文化内涵的秦文化景点，现实是游客稀少，与该景点的历史价值、知名度等明显不符。

名扬海内外的邢台市广宗县沙丘宫大平台遗址。沙丘宫的史学价值、市场化预期价值等，首先应当感谢司马迁在《史记》中的记录。承载着商纣王、赵武灵王、秦始皇三代帝王大名的沙丘宫遗址，人们从史料中、从课本中早就在心里打下了丰富的历史烙印，可到了现场后才发现，这里仅仅是一堆封土、一块石碑、一墙文字。位于平乡县平乡老城的巨鹿大战遗址，被居民住宅所包围，一副憋屈、怜悯模样，特别出乎预料之外的是，在老城区内、在穿城而过的省道两旁，看不到一块巨鹿之战古战场遗址的标识标牌。

沧州市盐山县的千童祠，2021 年新冠疫情期间笔者到此游览，总体感觉建筑规模偏小，展室内昏暗不堪，最吸引人的是院内摆放的三个足有几十米高的、为怀念三千童男童女而举办信子节使用的铁制表演道具。从千童祠出来，听当地出租司机对信子节那悲痛的介绍，令人感动不已。遗憾的是，千童祠内此方面内容不够丰富。秦始皇派徐福求长生不老仙药，是秦文化中的大事件，河北学者郑一民有专著《东瀛圣迹考》，该事件历史厚重、内涵丰富、中外驰名。

三、优势突出

"这么近，那么美，周末到河北。"这一宣传语遍布河北、北京。很明显，该宣传语的目标导向是吸引京津旅游群体。其实，我们说秦文化在河北前景广阔，具体看河北省至少有区位、文化、行业、景点分布四个方面优势。

区位优势方面，京津是近邻。北京市统计局公布 2022 年人口与就业情况，年末常住人口总量 2184.3 万人；2022 年天津市国民经济和社会发展统计公报显示，年末全部常住人口总量 1363 万人；河北省 2022 年国民经济和社会发展统计公报显示，年末全省常住总人口 7420 万人；三省市总人口规模达

1.0967亿人。加之雄安新区蓄势待发，大量高等学府、央企总部、科研机构进入，文化水平、科技含量、人口素质皆属一流，对人文历史旅游业态而言，绝对是利好预期。这些都为在京津冀协同发展背景下，为高质量发展河北旅游奠定了人口、交通、出行便利化等方面的坚实基础。区位优势另一个表现是，每天从国际国内汇集到北京的航空、高铁和公路等多种现代化交通方式，带来了大量客源，游客到北京旅游的同时，即使是临时确定到河北旅游，地域优势可提供极大便利度。

文化优势方面：到目前为止，教育部公布全国高校名单，截至2023年6月15日，北京市高校总数92所，天津市56所，河北省128所，三地构成数量庞大的具有较高学历群体。有专业人士分析，学历越高，在旅游方面对人文历史主题的景区越感兴趣，因为每一处人文历史景点，都是独立存在，历史越久远、越原始，旅游价值越高。因此，河北的秦文化资源，距今近3000多年，历史底蕴深厚，符合对人文历史景点旅游需求的特点。

行业优势方面：北京、天津、河北都有数量众多的旅游企业以及大量旅游业从业人员。河北在秦文化旅游方面，可借势行业专家，在开发策划、市场预测、客流扩张等环节运筹帷幄，这是取得成功不可或缺的方式。再进一步，如与西安兵马俑、秦陵等世界级知名景点协同运作，则会使国内外秦文化旅游者，将目光向河北延伸。

景点分布优势方面，河北秦文化旅游同样优势明显。从南到北，数百公里，如果省级层面能够统筹考虑，将全省八个地市中的多个秦文化景点串连一起，不仅可以极大丰富游客旅游内容，还能够提升景区内服务方面的消费需求。

（李季平2023年12月于石家庄）

附二：河北省与秦始皇历史文化相关遗址遗迹名录

邯郸市

丛台区：秦始皇出生地（《史记·秦始皇本纪》）

丛台区：秦始皇出生地纪念馆（邯郸市旅游景点）

丛台区：秦皇大街（邯郸市街道名称）

邢台市

广宗县：秦始皇亡故地沙丘宫（《史记·秦始皇本纪》）

广宗县：沙丘平台遗址（百度百科 河北省广宗县介绍）

广宗县：秦始皇与沙丘传说（河北省第六批非物质遗产名录）

石家庄市

井陉县：秦皇古驿道（井陉县旅游景点）

新华区：赵佗先人墓（《史记·秦始皇本纪》）

新华区：赵佗公园（石家庄市公园名称）

新华区：赵佗路（石家庄市街道名称）

赵县古宋城：高渐离藏身处《史记·刺客列传》、赵县人民政府网 文化古迹）

衡水市

枣强县：秦始皇封大营镇天下裘都（枣强县政府网 枣强概况）

沧州市

盐山县：千童祠（盐山县旅游景点）

盐山县：千童博物馆（盐山县博物馆名称）

新华区：千童大道（沧州市街道名称）

新华区：千童公园（沧州市公园名称）

肃宁县：荆轲村（肃宁县村名）

保定市

易县：燕下都遗址（易县旅游景点）

易县：荆轲公园（易县公园名称）

易县：荆轲墓（易县旅游景点）

易县：荆轲塔（易县旅游景点）

易县：荆轲山村（易县村名）

易县：血山村（易县村名）

易县：血山塔（易县旅游景点）

河间市：瀛洲第一亭萦马处（《秦集史》第1040页）

博野县：秦堤（《秦集史》第1040页）

廊坊市

大城县：秦皇幼子墓（大城县政府网 大城县情简介）

秦皇岛市

北戴河区：秦皇行宫遗址（秦皇岛旅游景点）

北戴河区：孟姜女庙（秦皇岛旅游景点）

北戴河区：秦皇求仙入海处（秦皇岛旅游景点）

北戴河区：秦始皇东渡求仙传说（河北省第六批非物质遗产名录）

秦皇岛：海岛名称 秦始皇东巡驻跸处（《秦集史》第1040页）

昌黎县：碣石山石刻（《史记·秦始皇本纪》）

昌黎县：井儿峪（《秦集史》第1040页）

抚宁县：秦皇井（《秦集史》第1041页）

附三：参考书目

[1] 司马迁. 史记［M］北京：光明日报出版社. 2015.

[2] 刘向. 战国策［M］长沙：岳麓书社. 2015.

[3] 刘向. 说苑全译［M］贵阳：贵州人民出版社. 1992.

[4] 班固. 汉书［M］北京：中华书局. 2007.

[5] 王夫之. 读通鉴论［M］北京：中华书局. 2013.

[6] 钱穆. 史记地名考［M］北京：商务印书馆. 2001.

[7] 郭沫若. 中国史稿地图集［M］北京：中国地图出版社. 1996.

[8] 吕思勉. 先秦史［M］南京：江苏人民出版社. 2020.

[9] 吕思勉. 中国通史［M］北京：人民文学出版社. 2019.

[10] 马非百. 秦始皇帝传［M］南京：江苏古籍出版社. 1985.

[11] 马非百. 秦集史［M］北京：中华书局. 1982.

[12] 田余庆. 秦汉魏晋史探微［M］北京：中华书局. 1993.

[13] 夏曾佑. 中国古代史［M］北京：东方出版社. 2012.

[14] 韩兆琦 赵国华. 秦汉史十五讲［M］南京：凤凰出版社. 2010.

[15] 杨宽. 战国史［M］上海：上海人民出版社. 1955.

[16] 郭沫若. 青铜时代［M］北京：科学出版社. 1957.

[17] 郭沫若. 十批判书［M］北京：人民出版社. 1954.

[18] 郭沫若. 高渐离［M］北京：人民文学出版社. 1979.

[19] 辛德永. 生死秦始皇［M］北京：中华书局. 2019.

[20] 李开元. 秦谜：重新发现秦始皇［M］北京：中信出版集团. 2017.

[21] 易中天. 秦并天下［M］杭州：浙江出版联合集团. 2014.

[22] 王立群. 王立群读史记之秦始皇［M］桂林：广西师范大学出版社. 2008.

［23］鹤间和幸.秦始皇和他生活的时代［M］北京：中信出版集团.2019.

［24］吕苏生.河北通史：秦汉卷［M］石家庄：河北人民出版社.2000.

［25］郑一民.东瀛圣迹考［M］石家庄：河北教育出版社.2002.

［26］郑一民.徐福千童研究集［M］石家庄：河北教育出版社.1996.

［27］李文通.我们的燕国［M］上海：文汇出版社.2016.

［28］杨金廷，张润泽，范文华.赵国史话［M］北京：中国文史出版社.2010.

［29］邯郸市旅游局.邯郸深度游［M］北京：中国铁道出版社.2016.

［30］魏金瑞.三辅黄图校注［M］西安：三秦出版社.2006.

［31］马王堆汉墓帛书整理小组.战国纵横家书［M］北京：文物出版社.1976.

后　记

本书在创作过程中，河北、陕西、河南不少专家学者以及地方志部门专业人士给予了热情帮助，在此表示真诚感谢。另：《破釜沉舟古城营》《秦始皇何时游猎大城》《吕不韦河间之地始末》《别样琴师高渐离》《条侯周亚夫忠魂安景县》《徐夫人匕首》等在《燕赵都市报》已发表的文章，本次在收录时，有的对标题和内容予以调整，以符合本书整体风格。

李季平
2023 年 12 月